Sylvia Wolff
Ankunft im Leben

Sylvia Wolff

ANKUNFT

IM LEBEN

Begegnungen auf dem Weg zu Gott

Bibliografische Information Der Deutschen Bibliothek

Die Deutsche Bibliothek verzeichnet diese Publikation
in der Deutschen Nationalbibliografie;
detaillierte bibliografische Daten sind im Internet über
http://dnb.ddb.de abrufbar.

ISBN 3-7462-1754-7

© St. Benno-Verlag GmbH 2004,
Stammerstr. 11, 04159 Leipzig
www.st-benno.de
Umschlaggestaltung: Ulrike Vetter, unter Verwendung
eines Bildes von Mauritius, Michaela Steier
Gesamtherstellung: Kontext, Lemsel

*Da ist diese Berührung,
die mich aufhält manchmal
in meinen Schritten, die ich tue.
Ich bleibe einen Moment stehen
und horche dem Klang nach.
Eine Melodie,
von der ich nicht weiß, woher sie kommt.
Ich weiß nur,
sie erinnert mich
an etwas, das sehr alt ist.
Sie verwirrt sanft mein Denken,
berührt mich innen drin
für Sekunden.
Ich horche, warte,
aber wenn ich versuche, sie zu greifen,
ist sie weg.*

*Aber dieses Wissen
um dieses Singen in meinem Haus
ist sehr schön.
Ich glaube,
da war ER da,
da sang ER,
der mein Ich füllt so wie Deines,
und das berührte mich mit
Hoffnung.*

„Was ich gelernt habe, ist, dass die Bekehrungen zumindest eins gemeinsam haben: es war immer jemand, dem diese Menschen begegnet sind, nicht eine Idee oder ein System."

André Frossard

Viele Anfänge habe ich versucht, um den hier zusammengestellten Porträts einen Rahmen zu geben. Im letzten Jahr besuchte ich viele Menschen in ihrem Zuhause. Mit einem kleinen Tonband zeichnete ich unsere Gespräche auf. Die Idee zu diesem Buch entstand, als ich in einer Buchhandlung jobbte. Mir taten die Fragen der Kunden nach der Esoterikecke weh. Wenn ich sie dorthin führte, habe ich immer gedacht, es müsse ein Buch geben, wo Menschen erzählen, wie sie Gott gefunden haben. Zeugnisse in Lebensnähe. Echt. Ungefiltert. Ohne ein Theologiestudium im Rücken...
Meinen kostbaren „Schatz" – „die Interviews" – stapelte ich in Form von Kompaktkassetten im Regal über meinem PC und schrieb fast jede freie Minute. Geschichten von „Heidenkindern" und ihrer „Ankunft im Leben". Einlassen auf Vertrauen. – Die Zeugnisse erzählen von der Überwindung von Angst, von Heilung, Berührung und Gemeinschaft. Die Gewissheit, nicht allein zu sein. Augen des Glaubens, die sehen, was ist. Kein Traum. Wirklichkeit. Lebendiges blaues Wasser...
Glaube verändert die Wirklichkeit, weil dieser Glaube an Gott neu sehen lehrt. Fast wie ein Wackelbild. Kippt man es etwas schräg, zeigt sich ein anderes Bild. Die Ansicht wird verrückt. Ein Suchen nach Sinn, wie die Suche nach einer leeren Stelle im Puzzle der Schöp-

fung, welche genau mein Leben füllt. Ich weiß: dieser Platz bleibt leer, wenn ich ihn nicht besetze.
Für mich waren die Begegnungen mit den Menschen, die in diesem Buch erzählen, Atem und Hoffnung zugleich. Sie erzählen von ihrer Ankunft im Leben. Sie erzählen von Türen, aus denen Steine fielen, die sie vermauert hielten. Sie erzählen von der Hoffnung, die in ihnen lebt. Diese Menschen kennen sich nicht. Trotzdem baute sich aus den Wänden, die ihre Türen rahmten, ein Haus. Jeder dieser Wege ist einmalig. Die Erde, auf der sich Spuren zogen wie im Winterschnee, hat einen Horizont. Weites Land, auf dem Sehnsucht Heimat fand.
Glaube ist keine Weltanschauung, für die ich mich nur mit dem Kopf entscheide. Wer glaubt, hat Gewissheit erfahren. „Wer in der Liebe bleibt, der bleibt in Gott, und Gott bleibt in ihm" (1 Joh 4,16). Deus Caritas – In diesem Buch erzählen Menschen von einer leisen, zarten, aber stetig klopfenden Stimme in ihrem Innern, der sie gefolgt sind. Widersinnig erschien sie zunächst. Einfach zu leise. Zu diskret. Kein Zeitgeist. Es erfordert viel Mut, die eigene Welt aus den Angeln heben zu lassen von jenem Unbekannten, welches unser Sein in den Händen hält. Loslassen.
Können wir wirklich alles wissenschaftlich erklären? Was bringt ein Herz dazu zu schlagen? Was kommt nach dem Tod? Was erklärt, dass wir fähig sind zu lieben und zu hassen? Woher das Leid? Wofür sind wir verantwortlich? Wie umgehen mit der Armut um uns herum. Keiner verhungert am Straßenrand. Viele aber in den Wohnungen neben uns am Mangel an Liebe, dem Mangel an „Bruderliebe", der uns von der Liebe Gottes trennt (1 Joh 4,21). Ein schleichender schmerzhafter Tod, der viele Gesichter hat, und was am schlimmsten ist, er ist ansteckend. Hoffnungslosigkeit.

Menschen, die erst als Erwachsene zum Glauben kommen, können manche „Betriebsblindheit" der schon als Kleinkinder getauften Mitchristen ausgleichen. Sie können neue Wege zeigen, wie die Kirche besser mit den Menschen aus den verschiedenen Milieus der Gesellschaft ins Gespräch kommen kann. Außerdem berichten die Neugetauften von ihrer Suche nach Gott und von ihren oft langen und verschlungenen Wegen zum Glauben. Sie geben somit ein lebendiges Zeugnis für die Vorsehung Gottes mitten in der Welt und vom Wirken seines Geistes, heute in unseren Tagen.
Sicher eignet sich die Kirche schlecht als Trendsetter. Jesus lebte vor 2000 Jahren. Der Begriff „katholisch" setzt bei vielen negative Assoziationen frei. Wer an Jesus, den „Sohn Gottes" glaubt, wird belächelt, geht nicht mit der Masse. All den Menschen, die hier erzählen, begegnete Er – kein System, keine Idee. Hat Jesus einen Verein von Unmündigen und Verrückten ins Leben gerufen, die ein antiquiertes Weltbild vertreten? Sind das Narren, die bekennen: „Ich glaube an Gott!"? Und dann noch an die Kirche? – Das Buch spiegelt Fragen von Menschen. Unsere Fragen.

Sylvia Wolff

Inhaltsverzeichnis

Vorwort   6

*„Ich denke, ich wollte einfach
einen neuen Weg finden, und ich wollte ihn
auch sehr dringend finden."*
Anne, 25 Jahre, Historikerin   11

*„Immer nur den nächsten Schritt,
nicht den zweiten und dritten,
sondern immer nur den nächsten Schritt!"*
Torsten, 43 Jahre, gelernter Dachdecker,
seit 11 Jahren inhaftiert   30

*„Ich denke, das ist wie, wenn man sich
in einen Menschen verliebt."*
Anja, 30 Jahre, Sozialpädagogin   67

„Das war wie so eine stille Sehnsucht in mir."
Claudia, 45 Jahre, Cellistin   83

„Mehr Gnade erwarte ich gar nicht!"
Steffen, 41 Jahre, niedergelassener Internist   97

*„Vielleicht ist es auch einfach ein Wunder,
dass ich verstehen darf,
was in meinem Leben an Wundern passiert ist."*
Janet, 29 Jahre, kaufmännische Angestellte   107

„Ich spreche einfach den Tag über mit Jesus."
Berko, 33 Jahre, Polizeibeamter   137

*„Ich bin nicht in einen Fußballverein eingetreten,
ich bin auch nicht in eine Partei eingetreten,
mit deren Zielen ich vielleicht auf einmal
nicht mehr einverstanden bin..."*
Kathrin, 34 Jahre, Wohnungsverwalterin   150

*„Glaube ist also nicht irgendeine Schwärmerei
und irgendwas Unbestimmtes,
sondern Glaube ist auch etwas,
was wissenschaftlich durchdrungen wird,
wo Intellekt dahinter ist."*
Henry, 40 Jahre, Politologe, gelernter
          Werkzeugmacher   176

*„Es hat einfach keinen Sinn,
sich dagegen zu verschließen."*
Marco, 22 Jahre, studiert Lehramt   201

Nachwort   220

„Ich denke, ich wollte einfach einen neuen Weg finden, und ich wollte ihn auch sehr dringend finden."

Anne
25 Jahre, Historikerin, ein Bruder, eine Katze

Meine Eltern sind natürlich getauft, wie sie klein waren, und sind dann später, mit ihren Eltern aus der Kirche ausgetreten. Ich weiß bloß, dass es bei meinem Vater kurz vor der Konfirmation war. Da muss wohl noch der Pfarrer ins Haus gekommen sein und nachgefragt haben. Wie auch immer. Also meine Eltern hatten mit Kirche erst mal selber nichts weiter zu tun, wobei ich es bei meinem Vater nicht so sicher weiß, wie er dazu gestanden hat.
Thema zu Hause war das mal, als wir Nachbarn hatten, die evangelisch waren. Da war ich so 10, 11 Jahre. Ich bin mir jetzt nicht so ganz sicher, wann die eingezogen sind. Meine Eltern haben immer mit großem Respekt von Menschen gesprochen, die einen Glauben haben. In der Schule, das heißt nicht nur in der Schule, sondern generell, kam das ja immer so ein bisschen, sagen wir mal, lächerlich rüber. Glaube war halt was, ja, völlig jenseits des Normalverstandes. Meine Eltern haben mir aber eigentlich immer vermittelt, dass Menschen, die an Gott glauben, durchaus „fähige" talentierte Leute sein können.
Mit der Tochter unserer Nachbarn bin ich dann recht gut befreundet gewesen. Sie hat mir mal auf meinen eigenen Wunsch hin einen Taschenkalender ausgeliehen. Das war so ein kleines Format, vom Jahr 83. Da war für jeden

Tag so eine kleine Geschichte oder so was geschrieben. Ich kann mich jetzt an die Geschichten im Einzelnen nicht mehr erinnern, auch nicht, worum es da ging. Ich fand das einfach sehr anrührend. Mir hat das sehr gefallen.
Den Kalender habe ich lange behalten. Ich habe damals sogar angefangen zu beten. Immer allerdings möglichst so, dass es keiner sieht. Das ging vielleicht ein halbes Jahr oder vielleicht auch ein bisschen länger und hat dann aufgehört. Ich kann jetzt gar nicht mehr sagen, was mir damals so durch den Kopf ging. Es war eigentlich nur …, dass mich das, was ich da in diesem Kalender las und was ich mit meiner Freundin manchmal besprach, gefallen hat. Ich kann das jetzt so nicht mehr sagen, was es konkret war. Ich weiß, dass ich sie dann immer wieder gefragt habe, was sie für ein Gottesbild hat, was Gott halt für sie ist. Wenn ich das so richtig im Kopf habe, war das für sie jemand, der sie täglich begleitet und auch immer irgendwie die Hand über sie hält. Für mich war damals vor allem die Frage wichtig: „Wieso kann man überhaupt an Gott glauben?", weil das für mein Verständnis einfach nicht ging.
Wir lebten ja im Sozialismus. Ich hatte die Vorstellung, dass man durch eigene Kraft alles erreichen kann. Es gab ja diese Urknalltheorie und so weiter. Ich hab mir damals auch nicht unbedingt Gedanken darüber gemacht: „Wie ist die Welt entstanden?" Erklären kann ich es ohnehin nicht. Das hat mich auch nicht gestört, dass ich das nicht weiß. Ich konnte mir die Welt ganz gut ohne Gott erklären. Das war eher ein wissenschaftlich geprägtes Bild.
Ich habe aber an verschiedenen Punkten meines Lebens Kontakt zu Menschen gehabt, die in der Kirche waren, meist natürlich in der evangelischen Kirche. Katholiken gab es ja fast gar nicht. Später hatte ich auch einen

Freund, der evangelisch war. Da war ich 17. Er war in so einem kirchlichen Kreis und auch in einer Ten-Sing-Gruppe. Ich hab mich immer sehr wohl gefühlt, wenn ich mit solchen Menschen zusammen war. Ich hatte auch Klassenkameraden, die evangelisch waren. Ich habe die immer beneidet. Da war so ein Zusammengehörigkeitsgefühl. Ich hätte auch ganz gern dazugehört.

Ich bin dann mit meinem Freund zusammen weggefahren, auf so eine „Rüstzeit" nach Rumänien. Dort war für mich das dann besonders deutlich, dass das eine Gruppe war, in die ich gern gehört hätte, aber es irgendwie nicht konnte, weil ich diesen Glauben nicht hatte. Wir hatten dort auch Kontakt zu ungarischen Jugendlichen, ursprünglich war das dort mal ungarisches Land. Eine Ungarin, die mochte mich offenbar besonders, und die wusste auch, dass ich nicht getauft war. Sie zeigte immer mit dem Finger auf mich und sagte: „Du taufen!". Das war ganz wichtig für sie. Ich konnte mir eine Taufe damals überhaupt nicht vorstellen. Höflich abwehrend habe ich jedes Mal reagiert, soweit höflich, wie es eben ging.

Ich habe dann die Schule beendet und angefangen in Dresden zu studieren, erst mal Physik. Da habe ich dann aber schnell gemerkt, dass das nicht das Richtige ist, und habe gewechselt, unter anderem auf Geschichte. Gleich im ersten Semester bin ich dann in eine Vorlesung reingestolpert bei unserem Professor für Mittelalter. Es war eine Vorlesung über Zeitvorstellungen, wo es auch um die Entstehung der Welt ging und die Weltzeitalter. Ich weiß jetzt nicht mehr, wie das damals genau im Zusammenhang stand, aber da kamen wir auf Augustinus zu sprechen. Es gibt ja in seinen „Bekenntnissen" – das hab ich dann später rausgefunden – eine sehr lange Passage, wo es um Zeit geht. Was der Professor erzählt hat, war so interessant, dass ich mir einfach gesagt

hab: „Du musst mal was von Augustinus lesen!" Das war einfach so eine Idee.
Ich bin dann in die TU-Buchhandlung hineingestolpert, zur Reclamheft-Reihe gegangen, weil es natürlich die preiswerteste Ausgabe ist, und tatsächlich standen dort im Regal die „Bekenntnisse" des Augustinus. Das Buch habe ich mir dann geschnappt und hab während der Zeit, wo ich im Zug immer zur Uni gefahren bin – ich wohnte damals noch in Riesa –, immer mal so einen Abschnitt gelesen. Das bietet sich ja an, dass man es in Abschnitten liest. Das war dann so der Beginn, der so ... so einen inneren Prozess ausgelöst hat. Ich konnte zwar mit Einigem nichts anfangen, aber trotzdem ... wie er eben halt so Dinge erklärt hat, das hat mir einfach gefallen.
So nach und nach hab ich mir dann selber so eine ... Art von Gottesbild zusammengebastelt, das vor allen Dingen darin den Kernpunkt hatte, dass ich so ein allgemeines göttliches Prinzip in der Natur akzeptiert habe, dass es so eine Art Kraft gibt, die Leben spendet. Augustinus erzählt ja viel von der Natur. Das konnte ich gut nachvollziehen. Die Tatsache, dass es so schöne Pflanzen und so unterschiedliche Tiere gibt, kann nicht einfach nur ein Zufallsprodukt sein, sondern da muss einfach eine Kraft dahinter stecken, so eine Art Urkraft einfach. Man kann das wohl am ehesten mit so einem pantheistischen Weltbild vergleichen. Das war für mich akzeptabel. Aber was für mich absolut inakzeptabel war, das war dieser personale Gott. Gott als Person. Das passte für mich überhaupt nicht. Das ging nicht. Das war irgendwie so eine Schwelle, über die ich überhaupt nicht drüber hinweg kam. Dieses allgemeine Gefühl von Urkraft, das hatte ich dann, kam aber im Denken einfach nicht weiter.
Ich hab mir ja schon als Kind häufig so Fragen gestellt, über unsere Welt. Ich wollte wissen, wie das alles funk-

tioniert. Ich fragte mich, wie die Welt entstanden ist und wie es mit uns weiter geht...
Ich hab das Buch im Sommer '98 gekauft und hab so ein halbes Jahr bestimmt etwa, mit Unterbrechungen natürlich, in ihm gelesen.
Da passierte plötzlich etwas, was ich nur sehr schwer beschreiben kann. Was ich auch nicht gern beschreibe. Ich bin mir jetzt nicht ganz sicher, ob ich damals schon fertig war mit dem Buch ... könnte aber sein. Ich war in meinem Zimmer, in der alten Wohnung, noch in Riesa. Ich weiß, ich hab mitten im Zimmer gestanden. Ich hab da jetzt nicht irgendwie was Spezielles gemacht oder so. Ich kann es aus der Erinnerung nur so beschreiben: Ich spürte, dass ich ... wie befreit bin von meinen eigenen Grenzen. Das heißt, auch von meinen körperlichen Grenzen. Die hat man ja ... das war, wie als wenn einfach eine ungeheure Kraft von außen da in mir drin war. Es kam wirklich von außen. Das war wie so eine Art „Vereinigung".
Da brachen diese Blockaden, die ich bis dahin hatte, einfach weg. Also, dass ich diesen personalen Gott nicht akzeptieren konnte, das war danach wie weggewischt. Dazu kam noch: Mein Vater ist sehr früh gestorben. Ich möchte jetzt nicht sagen unter welchen Umständen ... alles was damit verbunden war, mit dem Tod meines Vaters, die schweren Sachen, die auf mir gelastet haben, das war plötzlich weg. Ich hab mich richtig befreit gefühlt.
Ich bin dann bestimmt ein ganzes Jahr durch so ein richtiges Hochgefühl gegangen. Mich hätte zu dem Zeitpunkt nichts in meinem Glauben anfechten können. Ich hab das sehr genossen, und ich wusste genau: Ich will getauft werden! Das war auf einmal völlig klar. Ich kann das nicht mehr sagen, warum ich ausgerechnet zur katholischen Kirche wollte. Ich glaube, ich hatte einfach so

eine Vorstellung, dass Glaube da ernst genommen wird. Das war so mein Eindruck. Ich hatte immer so ein bisschen das Gefühl, dass in der evangelischen Kirche zuviele Grenzen aufgeweicht werden. Das hat mir einfach nicht so richtig zugesagt von der Art und Weise her.

Ich war dann vielleicht einen Monat später, zu Karfreitag, in Pirna, wo meine Mutter damals schon gewohnt hat, zu einem katholischen Gottesdienst. Es war sofort das Gefühl da: Das gefällt mir, hier will ich bleiben. Ich hab gesagt: „Genau das ist es!" Danach bin ich in Riesa zum Pfarrer gegangen, bei uns in die Kirche. Wir hatten ein Gespräch. Allerdings hat sich das nicht weiter entwickelt, weil ich kurz danach umgezogen bin, nach Dresden. Ich bin dann in Dresden in die Garnisonskirche gegangen, immer am Sonntag. Ich hab mich nicht so getraut, auf die Leute zuzustürmen und sie zu fragen, und habe mich auch nicht getraut, den Pfarrer anzusprechen.

Dann las ich irgendwann in den Pfarrnachrichten, dass die Dompfarrei einen Glaubenskurs anbietet, und ich dachte: „Da könnte ich mal anklopfen!" Es stand halt auch da, wo man sich hinwenden muss und dass man vorher erst mal vorsprechen soll: persönlich. Ich bin also zu einem Gespräch hingegangen und war dann in diesem Glaubenskurs mit drin.

Wir waren sechs Leute. Der Kurs fing im Herbst an und ging auch noch bis nächsten Herbst. Der Pfarrer fragte mich dann jedoch, ob ich in der Osternacht getauft werden möchte. Das passte einfach grad in die Zeit. Für mich war es ja vom Zeitpunkt her nicht ganz so passend, weil ich eine Zwischenprüfung hatte. Ich hab da erst ein bisschen überlegt, ob ich das zeitlich mit der Vorbereitung auf die Taufe, auch für mich selber schaffe, aber ich bin froh, dass ich dann doch zugesagt habe. Für mich war klar, dass ich den Glauben, den ich gefunden hatte, auch in der Gemeinschaft leben möchte. Die Taufe war einfach eine Grundbedingung dafür. Anders wäre das für mich gar nicht gegangen. Ich wollte dazugehören. Das war für mich einfach so ein tiefes Wissen. Ich wollte auch, dass andere das wissen, dass da jemand kommt. Das war mir sehr wichtig.

Es war dann nicht so leicht für mich, es meiner Familie zu verkünden, dass ich mich taufen lasse. Ich hatte Angst, dass sie damit nicht umgehen und dass sie das nicht nachvollziehen können. Ich war dann froh, dass die Reaktion weitaus positiver war, als ich das befürchtet hatte. Also, es war dann nicht so, dass sie ablehnend war. Meine Mutter war bei meiner Taufe dabei. Natürlich wäre es mir lieber gewesen, sie hätte ein etwas fröhlicheres Gesicht gemacht. Das war so ein bisschen ein Wermutstropfen. Gerade im Familienkreis fällt es mir oft schwer, meinen Glauben verständlich zu machen. Vielleicht ist das auch ein Stück weit so, dass man als Kind seinen Eltern irgendwie nicht erzählen kann, wie die Welt funktioniert. Eltern meinen ja eher, sie wissen das besser. Man ist auch immer in der Position des Kindes. Das ist immer ein bisschen schwierig.

Ich fand gut, dass so viele zur Osternacht da waren. Aufgeregt vor der Taufe war ich nicht so direkt. Ich meine, gut, ich bin vor großen Ereignissen immer ein bisschen aufgeregt. Ich hab mich einfach unheimlich drauf gefreut. Ich hab der Taufe regelrecht entgegengefiebert und fand es dann fast schade, dass das nur so ein kurzer Augenblick war. Das war richtig Freude pur...!

In der Zeit nach der Taufe passierte sehr viel. Ich hatte danach natürlich das Problem, dass ich irgendwo ein „Anfänger" war und von vielen Sachen gar nichts wusste. Ich hab auch versucht, regelmäßig zu beten, hab aber am Anfang immer eine Form suchen müssen. Das war gar nicht so einfach. Ich hab es erst mit Psalmen versucht, aber das hat sich als nicht ganz so glücklich erwiesen. Nach meiner Taufe kam dann eine sehr turbulente Zeit. Ich hab auch immer mal wieder Zweifel gehabt, ob das wirklich stimmt, was ich da glaube, ob das tatsächlich wahr ist. Teilweise habe ich das wirklich wieder grundsätzlich in Frage gestellt und große Schwierigkeiten dadurch gehabt.

Immer wieder fragte ich mich, ob Gott wirklich Gott ist, als Person. Das, was ich ja vorher überhaupt nicht nachvollziehen konnte, das hat auch nach der Taufe sehr geschwankt. Ich hab dann immer zu einem anderen „Teil" von Gott einen besonderen Bezug gehabt. Manchmal war das der Vater Gott. Da hab ich mich gefühlt wie so ein Kind, was an der großen Hand geht. Manchmal auch Jesus, aber vor allem oft der Heilige Geist. Das hat sich immer geändert, je nachdem, was gerade so im Focus stand...

Ich weiß noch, ich bin als Kind – ich war so etwa fünf – mit meinen Großeltern in der damaligen Tschechoslowakei gewesen. Dort haben wir in einem Hotel gewohnt, welches ziemlich im Wald lag. In der Nähe von diesem Hotel war ein Pfarrhaus mit einem Kruzifix davor. Das hat mich damals so geschockt, wie es möglich sein kann, dass Menschen einen anderen an ein Kreuz festnageln. Das hat mich jedes Mal, wenn ich dort vorbeigegangen bin ... das hat mich so mitgenommen. Mein Großvater konnte mir das natürlich auch nicht richtig erklären. Er hat es versucht...

Natürlich hat das damals schon irgendwo eine Beziehung zu Jesus hergestellt, wenn auch erst mal eine Abwehr, eine Abwehr gegen das Symbol. Das war einfach schwierig für mich. Sonst hatte ich zu diesem Jesus eigentlich eine ganz positive Beziehung, auch weil ich gehört hatte, zum Teil durch meine erste evangelische Freundin, dass er offenbar ein sehr guter Mensch gewesen ist. Es ist ja auch nicht so eine völlig unbekannte Geschichte.

Dieses Bild von dem Mann am Kreuz, das hat sich bei mir so eingebrannt. Für mich war das sehr schockierend damals. Ich hab auch heute noch eine ziemliche Scheu vor Kruzifixen, geh da immer noch nicht gern dran vorbei, schau sie auch nicht so gern an.

Ich habe dann – das muss so im Alter zwischen zwölf und vierzehn gewesen sein – das Neue Testament gelesen. Meine Mutter hatte es gekauft. Ich glaube, sie hat das damals für Arbeitszwecke gebraucht. Das stand dann eben im Regal, und mich hat das Buch irgendwie interessiert. Sie hatte auch was unterstrichen. Wenn man das nur so liest, ist das schon ein eigenartiger Text. Am Ende von jedem Evangelium hab ich immer gehofft, dass es gut ausgeht. Diese Ostergeschichten sind bei mir überhaupt nicht haften geblieben. Ich weiß nur, dass das Ende von jedem Evangelium immer der Kreuzestod war. Das andere ist einfach nicht durchgedrungen bei mir, ist mir überhaupt nicht in Erinnerung geblieben. Aber dadurch – die Person Jesus kannte ich zumindest schon vorher ein wenig. Vielleicht konnte ich deshalb später auch einfach ohne Weiteres akzeptieren, dass Jesus wirklich der Sohn Gottes ist. Es gab einfach Sachen, die für mich in dem Augenblick klar waren. Deswegen sage ich heute auch: dass mir der Glaube irgendwie geschenkt worden ist. Das war plötzlich „klar wie Kloßbrühe". Das musste ich mir nicht irgendwie erarbeiten. Für mich war klar: Das ist das Richtige.

Der Heilige Geist ist für mich unheimlich wichtig. Mein täglicher Begleiter. Er ist ja auch derjenige, der immer ist, der immer versprochen ist. Vielleicht hat es auch damit zu tun – das denk ich mir jetzt so –, dass er noch am wenigsten zu fassen ist. Ich hab mich mit den fast wie Personen auftretenden Vater und Sohn am Anfang ein bisschen schwer getan. Der Heilige Geist passte da mehr in mein Verständnis. Ich hab eine lange Zeit wirklich in dem Bewusstsein gelebt, dass dieser Heilige Geist mit mir ist. Dass er mich wirklich trägt durch alles, was ich tue.

Das war nicht irgendwie ... ich denke, eine innere Stimme ist es nicht. Das ist so, dass man das im Inneren ganz genau weiß, dass er bei einem ist.

Gott ist: nie endende ganz tiefe Liebe. Das war für mich auch diese ganz tiefe Erfahrung damals, als ich allein in meinem Zimmer war, dass da jemand ist, der mich so sehr tief liebt, das kann niemand anders übertreffen, und das Schöne ist: Es bleibt immer. Es hört nie auf. Wenn jemand stirbt, der mir sehr viel bedeutet, dann ist der erst mal für mich weg, erst mal nicht mehr greifbar. Bei Gott weiß ich einfach: Er ist für mich da, solange ich lebe, und darüber hinaus. Er ist da!

Einer der wichtigsten Punkte war für mich immer die Wahrheit. Ich hab damals, als wir als Katechumenen gefragt worden sind, warum wir in die Kirche aufgenommen werden wollen, sinngemäß gesagt: „... weil ich Wahrheit kennen lernen will". Gott ist für mich die Wahrheit! Das war auch bei meinem Geschichtsstudium am Anfang ein ganz entscheidender Punkt, dass ich wissen wollte: Was ist wirklich passiert? Die Suche nach der Wahrheit hat immer eine große Rolle für mich gespielt. Meine Eltern waren immer sehr sauer, wenn ich gelogen hab als Kind. Ich kann mich noch an eine Szene sehr lebhaft erinnern, wo ich so eine Notlüge gebraucht hab. Ich wollte nicht zum Training gehen, ich hab Leichtathletik gemacht ... und das war so eine ganz hässliche Trainingsstunde, wo ich Hürden hätte laufen müssen. Das hab ich gehasst wie die Pest, und ich bin dann bei meiner Freundin geblieben, hab die Uhrzeit halt verpasst, teilweise bewusst, aber auch unbewusst. Meine Eltern waren stocksauer, weil sie davon überzeugt waren, dass das eine glatte Lüge war. Das hat sich mir sehr tief eingeprägt. Heute möchte ich immer alles ganz genau wissen.

Ich denke: der Glaube ist nicht so glasklar. Also ... jemandem zu glauben, der in die Welt kommt, dass er der Sohn Gottes ist und tatsächlich von den Toten auferstehen kann, das ist, denke ich, kein so leichter Punkt. Das ist eigentlich schon ziemlich viel, was da von einem verlangt wird im Glauben. Manchmal kommen da halt so Fragen hoch ... immer noch die Grundfrage: „Ist Jesus wirklich der Sohn Gottes. Ist das so?" Die Frage ist so wichtig. Der ganze christliche Glaube hängt ja daran, ob Jesus wirklich der Sohn Gottes ist und uns die Wahrheit verkündet hat. Das ist einfach so ein Knackpunkt – mit dem ich manchmal immer noch zu kämpfen hab. Im ersten halben Jahr nach der Taufe war das heftig. Dieses Hochgefühl war dann irgendwann mal weg, und dann kam der Moment, wo ich ins Schwanken geraten bin ...

Die Taufe hat mich verändert, grundlegend; zum Beispiel meine berufliche Ausrichtung. Ich wollte früher gern in der Wissenschaft arbeiten, und das war für mich danach einfach nicht mehr möglich. Ich hatte den Eindruck, egal was ich in der Wissenschaft mache, das kommt an die Wahrheit Gottes ohnehin bei weitem nicht ran. Mir kam das oft sogar total lächerlich vor.

Ich hab jetzt, weil ich gemerkt hab, dass ich gern schreibe, überlegt, ob ich vielleicht in einem Verlag arbeiten könnte. Jetzt versuche ich grad selber ein bisschen was zu schreiben ... aber na ja gut ... ob das nun so gelungen ist, ist eine andere Frage. Das ist halt alles noch so ziemlich in der Versuchsphase ...

Am Anfang hab ich gehofft, dass ich im innerkirchlichen Bereich arbeiten kann. Das ist aber momentan ziemlich schwierig, weil überall das Geld fehlt. Ich hab mich da schon erkundigt, nach einer Ausbildung zur Gemeindereferentin. Damit könnte ich aber frühestens im nächsten

Jahr anfangen. Das bedeutet aber noch mal vier Jahre Studium, die ich auch nicht finanziert bekomme, und danach müsste ich noch zwei Jahre Praktikum machen. Das ist also eine Frage, ob das finanziell überhaupt machbar ist, ob das wirklich gangbar ist.

Ansonsten gibt es ja nun nicht so viele Möglichkeiten. Ich hab immer auch überlegt, wie es mit einem Orden aussieht, hab aber im Augenblick für mich den Eindruck, dass das irgendwie nicht so ganz passt. Die Sehnsucht in einen Orden zu gehen war sofort „danach" da. Ich trag das schon die ganzen Jahre mit mir rum, aber irgendwie hab ich bislang nicht so das Richtige gefunden, wo ich gesagt hab: „Das ist es jetzt." Für mich war dann schon klar, dass ich nicht mehr heiraten will. Das ist immer noch so, auch wenn ich mir manchmal vorstelle, dass ich auch anders leben könnte, aber wenn das dann so an konkrete Situationen geht, wird das einfach klar für mich. Das passt nicht mehr.

Bei einem Orden war ich, das waren Dominikaner. Da bin ich über den Katholikentag an eine Adresse gekommen, in Speyer. Ich bin dort auch mal gewesen, und ich kenne auch die Missions-Benediktinerinnen in Dresden ganz gut. Bin dort alle zwei Wochen zum Schriftgespräch… Keins hat aber bislang so das entscheidende Moment gehabt, wo ich gesagt hätte, das wäre jetzt das, was ich machen möchte. Das hat sich einfach bislang noch nicht eingestellt. Momentan kann ich mir auch nicht so richtig vorstellen, in einer Ordensgemeinschaft zu leben. Es ist so eine ganz andere Lebensform. Ich wohne eigentlich gern hier in dieser Wohnung und sehe jetzt nicht unbedingt einen Grund, warum ich woanders leben sollte. Jeder Orden hat ja auch so seine eigene Ausrichtung, und da sich das bei mir auch immer mal ändert, was für mich gerade konkret im Mittelpunkt steht, weiß ich das einfach im Moment nicht so genau.

Es ist auch so ein Gefühl, dass das mit gewisser Einschränkung verbunden wäre. Ich bin ja auch immer noch so ein bisschen auf der Suche, was jetzt für mich das Wichtigste ist, an diesem spirituellen Weg. Aber diese starke Liebe, die ich erfahren habe damals, allein in meinem Zimmer ... das ist so umfassend gewesen. Ich möchte das auch ein Stück weit gern zurückgeben, darauf antworten einfach. Gerade am Anfang war das für mich fast unerträglich, dass es so viele Menschen gibt, die davon ... die das nicht richtig kennen und nicht akzeptieren können, dass es Gott wirklich gibt.

Mit Augustinus, das war halt diese entscheidende „Begegnung", die damals notwendig war. Er steht mir nahe, weil er ein Stück weit ja ein ähnliches Problem hatte wie ich. Augustinus ist auch jemand, der immer auf der Suche war, der erst mal in eine ganz andere Richtung gelaufen ist und dann so nach und nach durch verschiedene Sachen immer wieder dahin gekommen ist, tatsächlich den richtigen Weg zu gehen. Augustinus ist auch mein Namenspatron. Bei ihm war es ja der Paulusbrief, der dann so den wirklichen entscheidenden Ausschlag gegeben hat. Ich glaube, wir sind beide immer auf der Suche nach Wahrheit gewesen. Das ist, glaube ich, ähnlich, eine gewisse Gemeinsamkeit.

Ich versuche schon im Alltag keine bewussten Unwahrheiten zu verbreiten. Gut, es gibt Situationen, wo es aus Rücksichtnahme manchmal nicht so gut ist, mit der vollen Wahrheit raus zu platzen, aber ich versuche das schon, dass ich keine Unwahrheiten erzähle, und ich versuche auch oft, falsche Bilder zurechtzurücken, wenn ich weiß, dass etwas wirklich nicht stimmt.

Ich hatte auch eine Zeitlang ganz große Schwierigkeiten überhaupt mit der Welt, so wie sie im Moment existiert, zurechtzukommen, weil das alles irgendwie für mich so komplett schief läuft. Also ... ja ... zum Beispiel, dass es

offensichtlich im Augenblick absolut „in" ist, wenn man seinen Partner verlässt, nach dem Motto: „Es ist halt keine Beziehung mehr zwischen uns da. Wir trennen uns." Aber ... dass man versucht, seinen Partner wirklich kennen zu lernen als Mensch und dass man, wenn man sich einmal entschieden hat, auch wirklich zu diesem Menschen fest steht... Für mich ist das ein Stück weit so wie die Beziehung Gottes zu mir. Also wenn Gott zu mir plötzlich sagen würde: „Es tut mir leid, ich mag dich nicht mehr, ich verlass dich jetzt!", das wäre die Katastrophe schlechthin. Das ist eine gewisse Parallelität. Gut, eine Beziehung kann immer scheitern, aber ich finde das einfach unmöglich, wenn man da nicht wenigstens den Willen aufbringt, auch wirklich zu sagen: „Ich steh zu dir!" Dann kommt oft das Argument: „Aber die Liebe ist nicht mehr da!" Das hasse ich und das akzeptiere ich nicht. Es ist doch klar, dass eine Beziehung sich verändert, und es ist auch nicht immer dieselbe Liebe da, aber warum kann deswegen keine Beziehung mehr da sein. Ich hab oft das Gefühl, die Leute stellen sich vor, eine Liebe müsste halt immer super toll sein, aber dass das auch mal weggehen kann, dass das mal nicht so da ist... Ich denke, die Leute wollen sich einfach nicht festlegen auf eine Sache.
Ich glaub, das ist falsch verstandene Freiheit, das Gefühl, dass man was verpassen könnte. Freiheit bedeutet nicht, dass ich mache, was mir gerade in den Kopf kommt, sondern dass ich mich bewusst für was entscheide und auch weiß, dass das, was ich tue, Auswirkungen hat, dass das eben auch eine Verantwortung mit sich bringt. Das ist für mich Freiheit vor Gott!
Ich glaube nicht, dass ich je wirklich rausfallen kann aus Gottes Liebe, aber manchmal muss ich mir das schon sehr bewusst machen. Es gibt Momente, wo ich das Gefühl habe, dass ich völlig unmöglich bin und wo ich sage:

„Anne, das war jetzt völlig daneben!" Manchmal muss ich mir das sehr bewusst machen, dass Gott mich liebt. Gerade wenn mich das manchmal überkommt und ich mich zum Beispiel gegenüber einem anderen in irgendeiner Form unmöglich verhalten habe oder mal irgendeinen Ausraster hatte. Da sage ich dann: „Meine Güte, musste das denn jetzt wirklich sein? Warum habe ich mich da nicht liebevoller verhalten?"
Für mich ist es nicht vordergründig, dass es Gebote gibt. Im Neuen Testament steht, dass das höchste Gebot die Liebe ist. Das bedeutet für mich: Wenn ich etwas tue, was offensichtlich einen anderen verletzt, damit habe ich dieses Gebot gebrochen, das der Liebe, unabhängig davon, was es jetzt im Einzelnen ist. Ich merke dann ja: Das ist wirklich einen Verletzung Gottes. Ich habe die Liebe verletzt.
Eine Sache, die für mich sehr schwer war, war, die leibliche Auferstehung zu begreifen. Das ist sicher für viele irgendwie schwer zu begreifen. Bei diesem Erlebnis, wo plötzlich meine Körpergrenzen weg waren, wo keine körperliche Beschränktheit mehr war ... in dem Moment war für mich irgendwo klar, dass diese leibliche Auferstehung funktioniert. Das ist das, was ich erfahren habe.
Himmel ist für mich, wenn ich immer so bei Gott sein kann. Wenn ich mir vorstelle, dass das immer so wäre, das wäre toll. Dieses Dasein mit Gott ... wirklich immer gegenwärtig zu haben: Liebe, Wissen. All das, was einen so bewegt, annehmen zu können, also diese wichtigen ganz starken Gefühle ... zu wissen, dass diese Liebe Gottes da ist und dass man sich selbst auch verstehen kann darin. Also, dass man wirklich keine Worte braucht. Man wird von Gott nicht missverstanden, sondern: Alles ist klar. Man sieht, was wirklich richtig ist, was ich mit Wahrheit auch gemeint hab. Man kann versuchen, sich Himmel ein Stück weit vorzustellen, aber im Endeffekt liegt das einfach hinter unserer Vorstellungskraft. Ich

kann erahnen, wie das sein könnte, aber ich wage nicht, das genau zu beschreiben.

Ich hab in einer Zeit, in der ich sehr stark gesucht habe, eine Erfahrung gemacht, die mit Hölle vielleicht so ein bisschen vergleichbar ist. Das war wie, als wenn man ins Bodenlose stürzt, einem der Boden unter den Füßen weggezogen wird. Das war zur „Wende" '89. Da hab ich erlebt, wie die ganzen Ideale, die ich kannte und die ich für richtig hielt, mit einem Mal weg waren. Von Heute auf Morgen war alles weg und konnte auch erst mal nicht ersetzt werden. Mein gesamtes Weltbild ist plötzlich zusammengebrochen. Da hatte ich eine Zeitlang wirklich den Eindruck: Es ist ja alles erlaubt!

Ich hatte das Gefühl, dass ich wie in so einen Strudel reingezogen werde, wo nur ... Vernichtung ist. So stell ich mir irgendwo Hölle vor.

Ich hab damals von Dante „Die göttliche Komödie" gelesen. Das hat mich sehr beeindruckt, wie dort die Hölle beschrieben wird: Der Satan sitzt im „Innersten Kreis", in einer absoluten Dunkelheit, mit einem riesigen Packeisring umgeben. Hölle stellt man sich ja immer heiß vor. Nein! Das ist Packeis, weil das der gottfernste Ort ist. Der ist eiskalt und es ist stockduster.

Ich kann es mir nicht vorstellen, dass jemand dahin geraten kann, aber wahrscheinlich geht das. Ich weiß es nicht. Ich will mir das auch gar nicht vorstellen. Verfehlen tut sich ja jeder in irgendeiner Weise, ob nun schwerer wiegend oder nicht. Ich denke, es gibt Sachen, wo man wirklich unwissend ist. Da ist es aber dann immer möglich umzukehren, den Rückweg anzutreten. Ich stell mir nichts schlimmer vor, als sich von Gott bewusst zu trennen. Wir wissen ja nicht, was passiert, wenn ein Mensch stirbt. Wir wissen nicht, was in dem Augenblick wirklich abläuft. Gott sprengt Grenzen, und vor allen Dingen: Gott ist gerecht!

Ich merke immer stärker, dass ich selbst die Begegnung mit Gott suchen muss, weil ansonsten diese Verbindung abbricht. Gerade in der Zeit, wenn man sich Gott nicht so sehr nahe fühlt, ist das Gebet umso wichtiger. Es ist ganz entscheidend, dass ich mich als Mensch Gott öffne. Gott ist keiner, der einbricht, der einen überfällt, sondern der darauf auch reagiert, wenn ein Mensch bereit ist für ihn.

Dass ich zum Beispiel auf dieses Buch von Augustinus gestoßen bin ... oder dass ich in dieser Vorlesung war... Das Buch hab ich wirklich danach Monate lang nicht mehr in einer Buchhandlung gesehen. Genau zu dem Zeitpunkt, da war es aber da. Das sind alles so Dinge, wo ich heute sage: „Das ist kein Zufall!" Das Buch war da zu dem Zeitpunkt. Da sprach Gott zu mir. Dann auch, ich bin ein literarischer Typ, Bibelstellen ... manchmal haben Sachen mich einfach angesprungen, die von unglaublicher Bedeutung für mich waren, gerade nach Begegnungen mit Menschen.

Ich weiß noch, da war mal eine Frau, die mir sehr geholfen hat, einfach durch die Art, wie sie war, durch ihre positive Art. Das war in einer Zeit, wo ich nach Orientierung gesucht hab, weil ich das Studienfach gerade gewechselt hatte und nicht wusste, ob das gut ist oder wieder schief geht. Einfach die Art, wie diese Frau zu mir war, hat mir unheimlich geholfen.

Ich glaub, es gibt verschiedene Möglichkeiten, wie sich Gott offenbaren und einem was zeigen kann. Das ist sehr vielfältig. An Zufälle glaube ich überhaupt nicht mehr, dafür sind es einfach ein paar Zufälle zu viel, und dazu noch recht ungewöhnliche Zufälle.

Da war nochmal so eine Sache, wo ich in einer Phase war, in der ich viel nachgedacht hab, wo ich im Schwanken war. Da wollte ich nach Russland fahren für vier Wochen, als ich Slawistik studiert hab. Das hatte sich dann zerschlagen, wäre zu teuer geworden. Da hing ich ein bisschen in der Luft für den Sommer, und da bot plötzlich die Schwester Simone von den Missionsbenediktinerinnen an, ich könne doch vier Wochen mit nach Wessobrunn kommen. Sie bräuchten unbedingt noch Leute als Betreuer für das Jugendkurheim. Das hab ich angenommen ...

Dass ich dahin gefahren bin und dass ich überhaupt dieses Angebot bekommen hab dahin zu fahren, das war so ein Punkt, wo ich wieder auf den Weg gekommen bin. In Wessobrunn hab ich dann zu Gott gesagt: „Also hör mal, du, rede mal wieder mit mir, das brauch ich, so komm ich hier nicht weiter!" Und dann hab ich Gott wieder gespürt. Einmal ganz deutlich bei der eucharistischen Anbetung dort, die nach der Messe war. Und ein anderes Mal bin ich mit dem Fahrrad gefahren, nach Dießen. Das war in der Nähe, da konnte man gut mit dem Rad hinfahren ... Und auf der Rückfahrt dann ... da ist für mich vieles wieder ins Lot gekommen in dieser Zeit, wo ich dort gewesen bin.

Ich hab auch ziemlich schwierige Zeiten durchgemacht nach der Taufe, die dann wirklich so weit geführt haben, dass ich irgendwie überhaupt nicht mehr weiter kam. Eine Zeitlang ist es mir wirklich sehr schlecht gegangen. Ich denke, ich wollte einfach einen neuen Weg finden und ich wollte ihn auch sehr dringend finden. Vielleicht war das das Problem, dass ich einfach das Gefühl hatte: „Es muss jetzt irgendwas Neues kommen! Du kannst so nicht weitermachen, wie bisher!" Wahrscheinlich hab ich mich da irgendwie auch drin verheddert. Zweifel an Gott waren das nicht, sondern eher, dass ich unbedingt gleich Antworten von ihm wollte ... Ich wusste, es muss etwas Neues kommen, schon aus dem Bedürfnis heraus, das weitergeben zu wollen, was ich erfahren hab, aber ich wusste nicht wie. Vielleicht konnte ich zu dem Zeitpunkt

auch noch nicht wirklich damit umgehen, dass mein Leben so stark umgekrempelt worden ist. Jetzt bin ich zwar immer noch am Wuseln, aber ich hab mehr innere Ruhe. Ich denke heute, es ist der Faktor Zeit und die verschiedenen Erfahrungen, die man macht, die einem den Weg zeigen. Man muss sich Zeit lassen. Warten können.
Das Problem ist vielleicht auch, dass man sich nicht so richtig austauschen kann darüber. Es ist auch schwierig, das auszutauschen. Ich weiß jetzt gar nicht mehr, mit wem ich das mal so besprochen hab.

*„Immer, immer nur den nächsten Schritt,
nicht den zweiten und dritten,
sondern immer nur den nächsten Schritt!"*

Torsten
43 Jahre, gelernter Dachdecker,
seit elf Jahren inhaftiert

Mein Leben trennt sich in zwei Teile an einem Datum: den 15. 5. 1998. In ein Leben davor, was ohne Gott war, und ein Leben danach, was in Jesus Christus ist. Aber ich möchte von vorne anfangen...
Ich bin in einem atheistischen gewalttätigen Haus groß geworden, habe drei Geschwister gehabt. Meine Eltern haben Liebe assoziiert mit „versorgt sein", in Form von materiellen Dingen. Ich glaub, ich war sieben Jahre alt. Ich kam aus der Schule ... das war ein Sonnabend. Ich bin im Osten groß geworden, da hatten wir ja da noch Schule. Und auf dem Heimweg ... ich hatte eine Brottasche mit so einem langen Riemen und hab damit gespielt, und der Riemen ist abgerissen dabei. Ich kam nach Hause, meine Mutter war da, und ich wusste ja nichts von dem Vorspiel, was sich ereignet hatte zwischen ihr und meinem Vater, dass sie sich gestritten hatten und mein Vater eben halt nicht zu Hause war, weil er noch drei Stunden länger arbeiten wollte und meine Mutter mit dem Mittagessen auf ihn gewartet hat. Da platze ich rein und zeige ihr meine Tasche: „Hier, Mutti, schau mal, die ist kaputt gegangen", ... und auf einmal dreht sie sich um und entlädt sich in so einer Hasstirade auf mich.
Ich konnte es als Kind natürlich nicht in Zusammenhang bringen mit der Brottasche. Viel später habe ich erst er-

kannt, dass ich in dem Moment ... die Rolle meines Vaters eingenommen hab in ihren Augen. Sie hat dann auf mich eingeschlagen. Meine kleine Schwester saß am Küchentisch, und ich habe mich unter dem Küchentisch verkrochen. Meine Mutter zerrt mich an den Beinen wieder raus und schlägt weiter auf mich ein. Das war auch sehr laut, ich habe um mein Leben geschrieen. Da hielt sie inne und sagte auf einmal: „Ich kann nicht mehr. Ich schaff das nicht mehr. Ich bring mich um, und du bist schuld." Und zeigt mit dem Finger auf mich und dreht den Gashahn auf. Uns wurde ja als Kinder eingeschärft, wenn Geruch ist, das bedeutet Gefahr. Ich habe dann versucht, an diesen Knöpfen immer zu drehen, Richtung wusste ich ja eh nicht. Hab eben einfach nur versucht, da irgendwas umzustellen. Ich bekam dann erst Schläge auf meine Hände und dann eine Rückhand ins Gesicht. Sie ließ dann ab von mir und sagte plötzlich: „Ich häng mich auf!"
Ich muss das Ding irgendwie ausgestellt gekriegt haben. Meine Mutter ging auf den Dachboden hinauf ... das hörte ich, diese Bodentreppe hat ein bestimmtes Geräusch gehabt. Ich war völlig in Panik gewesen und hab aus Instinkt ein Küchenmesser geschnappt und meine kleine Schwester, die grad mal laufen konnte, und bin hinterhergegangen.
Meine kleine Schwester musste ich die Stufen fast hochzerren, weil sie so klein war. Meine Mutter stand oben auf einem alten Küchenstuhl und hatte eine Wäscheleine um den Hals geschlungen. Ich versuchte an ihrem Körper hochzukrabbeln. Sie schüttelte mich ständig ab. Da habe ich dann völlig von Sinnen am falschen Ende der Wäscheleine geschnippelt. Es hatte überhaupt keinen Sinn, hätte keinen Effekt gehabt. Das sagte meine Mutter plötzlich zu mir ... also stieß sie mich wieder weg und sagte dann zu mir: „Hör auf, diese Wäscheleine gehört Möllers."

Da ist etwas in mir kaputt gegangen. Sie hatte mich belogen. Sie wollte sich gar nicht das Leben nehmen. Das konnte ich erfassen in dem Moment.

Ungefähr ein Jahr später war wieder so eine Situation, die hat aber mit meinem Vater zu tun. Ich weiß nicht, was vorgefallen war, jedenfalls schlug er auf mich ein, und ich hab mich verkrochen ... Fernsehschrank und Couch, dazwischen da war so ein bisschen Platz ... da hab ich mich hingekauert. Mein Vater hat auf mich eingeschlagen. Er hat gar nicht mehr aufgehört, und meine Mutter rief dann aus dem Hintergrund: „Hör auf! Hör auf! Dieter, du schlägst den Jungen tot!"

Dieses „Hör auf! Hör auf, sonst schlägst du den Jungen tot!" hab ich mitgenommen mit mir und habe das nachher, wo ich auch sehr gewalttätig geworden bin, in Schlägereien mit rein genommen. Ich habe Schlägereien provoziert und hab dann immer so – das hab ich erst viel später erkannt – hab immer das Bild meines Vaters auf den Gegner projiziert, so ungefähr zu ihm gesagt: „Willst du gewinnen, musst du mich totschlagen." Diese Zielstrebigkeit, dass ich die Menschen hab merken lassen, es geht nicht um ein blaues Auge oder einen herausgeschlagenen Zahn, sondern: „Ich steh auf! Du wirst nicht gewinnen! Schlag mich tot, dann gewinnst du!" Das hab ich mit in meine Welt hineingenommen als Überlebensschema. Ich hab immer mein Vaterbild auf die jeweilige Person projiziert und habe meinen Vater geschlagen.

Die nächste Situation, die sich bei mir sehr eingeprägt hat, ist, da war ich vielleicht 9. Meine Mutter wurde von meinem Vater im Nachbarzimmer verprügelt, und ich hörte sie immer jammern: „Hör auf! Hör auf! Dieter, hör auf!" Ich habe mir dann irgendwie ein Herz gefasst und bin einfach rübergegangen ins Wohnzimmer und hab dann gesehen, wie meine Mutter ähnlich wie ich gekauert hat. Ich hab mich dann vor meine Mutter gestellt und habe meine Fäuste hochgehoben und hab gesagt: „Hör auf, meine Mama zu schlagen!" Da sagte mein Vater: „Was, du erhebst die Hände gegen deinen Vater?", und hat mich wieder zusammengeschlagen.

Ich glaub, ich war 15, da war eine ähnliche Situation, wo ich mich dann aber vor meinen Vater gestellt hab und wo ich gesagt habe: „Was, mehr kannst du nicht? Versuch mich doch totzuschlagen!" Er schlug auf mich ein, aber ich hatte schon ein Herz aus Eisen gehabt, völlig verhärtet, unfähig, Emotionen zu entwickeln, außer Angst. Angst hatte ich immer. Von dem Tag an hab ich aber gemerkt: Er hat keine Macht mehr über mich, jedenfalls nicht mehr mit Gewalt!

Ich hab dieses Überlebensmuster, das eine völlige Fehlneigung der Seele ist, mit ins Erwachsenenleben hineingenommen. Ich war voller Minderwertigkeitskomplexe. Ein Selbstwertgefühl konnte ich nicht entwickeln. Charakter habe ich nicht gehabt. Persönlichkeitsentfaltung gab es nicht. Ich wurde ständig klein gehalten. Es hieß immer nur: „Das schaffst du nicht! Du taugst nichts! Du bist nichts!" Ich hatte so den Eindruck ... ich bin nicht willkommen auf dieser Welt.

Irgendwann hatte ich mal meine Mutter gefragt, da war ich etwa acht ... mein Vater saß gegenüber am Tisch und hatte einen 14-Stunden-Tag hinter sich und ist fast über dem Essen eingeschlafen. Meine Mutter wollte ihre Alltagsprobleme anbringen. Er war natürlich nicht in der Lage, das aufzunehmen. Sie wurde sehr sauer darüber, und da habe ich gedacht: „Wenn mein Vater nicht antwortet, vielleicht hab ich jetzt mal die Möglichkeit, eine Frage zu stellen", und ich sagte zu meiner Mutter: „Du". Ich stand dabei zwischen ihren Beinen und versuchte auf ihr eines Bein heraufzukommen bei dieser Frage, weil es mir halt sehr wichtig war. Ich merkte, ihr Körper war völlig steif und ihr Ellenbogen schob mich andauernd weg, sodass ich keine Möglichkeit hatte hochzukommen. Da sagte sie auf einmal zu mir: „Wir wollten dich nicht. Du warst ein Unfall. Du warst total hässlich. Wir haben gedacht, die haben dich vertauscht!" – Das kann sich keiner vorstellen, was ich da gefühlt hab.

All diese Wunden, diese Seelenwunden habe ich in mein Leben mit hineingenommen. Später hab ich mitbekommen durch die Schlägereien, die ich provozierte: „Ach, jetzt kriege ich Aufmerksamkeit. Ihr grüßt mich, gut, auch wenn ihr mich aus Angst grüßt, Hauptsache, ihr grüßt mich und nehmt mich wahr." Ich hatte eine größere Sehnsucht zum Tod als zum Leben, weil das Leben ja nur wehgetan hat.

Dann hab ich irgendwann ein Mädchen kennen gelernt, die Antje. Das war 1983. Ich komme aus Schwerin, sie hat in Chemnitz gewohnt. Ich hab die Gelegenheit genutzt und bin mit ihr runter gezogen. Hab einen guten Start gehabt, denn arbeiten, damit hatte ich nie Probleme, aber ich war liebesunfähig, das wusste ich nur nicht, beziehungsunfähig ... ich habe ja nichts anderes gelernt. Ausdruck von Liebe war für mich Argumentation ... Angst verbreiten ganz einfach. „Unterdrückung ist das bessere Argument", dachte ich, denn die andere Seite hat ja dann geschwiegen.

Völlig kaputt war ich. Ich hab den Tod gesucht in jeder möglichen Art und Weise, die es gab. In Schlägereien, in Extremsportarten – Fallschirmspringen, Pasagliding, Jet-Ski, Bungee-Jumping, in allem was der verrückte Markt hergegeben hat. Bei diesen Grenzerfahrungen Leben-Tod, da hab ich mich lebendig gespürt.

Wir haben drei Jahre zusammen gewohnt, gemeinsame Wohnung. Ich bin immer fremdgegangen. Ich hab damals natürlich nicht verstanden, warum ich das überhaupt gemacht habe. Ich war einfach verliebt in das Verliebtsein, und ich habe sehr viel gearbeitet, sehr viel Geld verdient.

Irgendwann sagte dann die Antje zu mir: „Lass uns doch mal einen schönen Urlaub machen, du arbeitest so viel!" Da habe ich gesagt: „Okay, versuchen wir nach Bulgarien zu kommen mit Jugendtourist!" Man musste ja Visa bestellen. Da habe ich dann einen Antrag gestellt auf Visa für den „Goldenen Strand", und der wurde abgelehnt ... Oh, war ich sauer. Ich hab mir gesagt: „Mann, seit drei Jahren arbeite ich hier, habe so viel Geld, und da gönnen die mir nicht mal so ein bisschen Urlaub, drei Wochen."

Ich hab in meinem Umfeld Freunde gehabt, die den Antrag auf Ausreise gestellt hatten, und habe gesehen, dass es bei manchen funktioniert hat nach 3, 4, 5, 6 Jahren und dass bei manchen nach 5 Jahren eine Ablehnung gekommen ist ... Ich hatte für mich in dem Moment beschlossen: „Ich hau ab hier. Ich bleib nicht in diesem Land." Ich habe Antje davon erzählt. Sie war nicht begeistert davon, weil ihre Eltern halt hohe Positionen hatten, an der Uni und als Geheimnisträger in irgendeiner EDV-Verarbeitung... Da hab ich gesagt: „Also für mich steht der Entschluss fest!", völlig rücksichtslos ihr gegenüber.

Ich hatte mir genau überlegt, wie ich das mache. Sie hat dann irgendwann zugebilligt. Ich habe gesagt: „Pass auf, damit wir deine Eltern nicht in Gefahr bringen wegen der Stasi, werden wir uns jetzt trennen – zum Schein trennen! Und ich werde dich, sobald ich drüben bin, nachholen. Ich werde aber nicht an die Grenze gehen, mich erschießen lassen, sondern ich gehe an die Grenze, um mich verhaften zu lassen!" Ich hatte erfahren, dass Menschen, die wegen versuchter Republikflucht ins Gefängnis kommen, nach spätestens anderthalb Jahren abgeschoben werden. Und da habe ich gedacht: „Na, das ist besser, als fünf Jahre warten und ein Nein bekommen."

Ich bin dann an die Grenze gegangen, bin verhaftet worden, hab 15 Monate Gefängnis bekommen in Cottbus, bin dann entlassen worden, drei Monate später habe ich meine Entlassung aus der Staatsbürgerschaft bekommen und bin dann im Westen gelandet. Genau, wie wir es geplant hatten. Ich hatte keine Verwandten, keine Bekannten im Westen, gar nichts. Ich hatte aber in dieser politischen Haft halt Menschen kennen gelernt.

Einen davon habe ich in Frankfurt am Main in diesem Aufnahmelager wieder getroffen, den Matthias. Das war übrigens nachher ein späterer Mittäter. Ja und der sagte: „Na ja, hier hab ich keinen, aber ich hab Bekannte in Berlin. Warum wollen wir nicht nach Berlin? Kommst du mit? Versuchen wir da zu starten!"

Das habe ich dann getan. Wir sind nach Berlin. Hat alles super funktioniert ... also Wohnung, Job. Ich hab gleich zwei gemacht. Meinen Hauptberuf als Dachdecker und auf der Trabrennbahn nebenbei gekellnert. Da hatte ich dann innerhalb von zwei Monaten ein Auto vor der Tür stehen. Das war für mich alles unbegreiflich. Im Osten fünf Sorten Wurst, und dann gehst du dort in den Supermarkt und findest da einen fünfzig Meter langen Gang, wo nur Wurst ist. Das war für mich alles ... war zu viel ganz einfach. Das weckte in mir die Gier nach mehr.

Ungefähr ein Jahr später ist dann die Antje nachgekommen: Familienzusammenführung, aber ich habe das gar nicht richtig mitgekriegt ... wir haben nebeneinanderher gelebt. Ich war nicht fähig, ihre Liebe anzunehmen, weil ich Angst davor hatte.

Ich fing dann einen Meisterbrief an, weil ich mich selbstständig machen wollte, und stieß an meine mathematische Unterernährung. Bin gescheitert. Die Antje fing zu dem Zeitpunkt an – weil sie wohl erkannt hatte, dass es keinen Zweck hat – sich abzunabeln. Das waren dann plötzlich zwei Dinge, die auf mich einströmten. Ich hab mich nie Ereignissen oder Umständen gestellt. Ich bin immer davongelaufen. Jedenfalls war das so eine sich anbahnende Trennungsphase ...

Irgendwann rief dann ein Freund bei mir an. Er hatte kein Auto und fragte, ob ich ihn mal nach Ostberlin fahren kann zu einem russischen Emigranten, einem Künstler. Ich sag: „Klar, ich hab Zeit!", und bin mit ihm rübergefahren. Ich hab mir dann die Bilder angeguckt, hab mir sogar noch ein Bild gekauft. Da kam auf einmal Besuch aus Riga, zwei Russen. Die setzten sich an den Tisch. Da begann so ein Smalltalk, und so mittendrin stellten sie die Frage: „Könnt ihr Autos besorgen?" Ich sage: „Na, was stellt ihr euch denn vor unter Autos?" ... „Na ja, nur Mittelklassewagen, Luxusklasse ... mal umhorchen."

Noch am selben Tag bin ich zu einem Freund gefahren, einen Libanesen, der ein Restaurant hat, und habe ihm die gleiche Frage gestellt. Da sagt der, er kenne ein paar Studenten, die studieren Feinmechanik und hätten die ganze Wohnung voll von Schlössern und Türen stehen von Fahrzeugen. Dafür hätten sie ihr Studium aufgenommen. Die könnten das bestimmt besorgen.

Wir haben dann mit denen Kontakt aufgenommen, und die haben gesagt: „Na klar, alles was ihr wollt." Dann haben wir die Russen wieder kontaktiert und gefragt: „Was wollt ihr denn zahlen und was wollt ihr für Autos haben?" ... Das war dann obere Luxusklasse, ab 100 000 Mark fingen die so an. Und da haben wir gesagt: „Ja klar, können wir euch besorgen, und wo wollt ihr die Autos hin haben?" ... und so weiter... Ich hab dann so eine komplette Logistik aufgebaut. Also mit Papieren, mit Schlüsseln und Überführung nach Riga, und auf einmal waren wir mittendrin in einer organisierten Kriminalität.

Wir haben für ein Fahrzeug ungefähr 50 000 Mark bekommen. Da hab ich sonst ein ganzes Jahr für gearbei-

tet. Das lag plötzlich vor mir auf dem Tisch. Ich konnte das gar nicht fassen und ich wurde gierig.
So fing ich an, mit dem Matthias und dem Jörg zusammen eine Organisation aufzubauen, die sich vorwiegend mit Luxuskarossen beschäftigte, die nach Russland transferiert wurden ... nachher expandierte das nach Syrien. Diplomaten haben die gekauft in Rumänien. Da war auf einmal Geld da. Da hab ich in einer Woche etwa 70 000 Dollar verdient. Das waren über 100 000 Mark.
Das hat natürlich eine gewisse Macht gehabt, dieses Geld. Ja, und das Outfit ... alles, was ganz einfach zu dieser Welt dazugehört hat. Und ... ja, die Gewalt expandierte natürlich auch und die Menschenverachtung in diesem Metier. Schließlich und letztendlich hatte dieses Böse auch noch eine dynamische Steigerung dadurch, dass ich nicht nur betrogen, also sämtliche Gebote Gottes – von Gott hatte ich natürlich damals noch keine Ahnung – gebrochen habe ... Ich habe sogar einen Menschen, der meinem Egoismus im Weg stand, ermordet.
Ich hab den mitgenommen als Fahrer und hab den bewusst ... So drei Monate vorher war ein Ereignis gewesen, wo er im Prinzip mit seinem Verhalten meine Position in Frage gestellt hatte. Da hab ich ihm das gesagt und wusste dabei aber schon: „Du bist tot. Du bist schon tot, aber du weißt es noch nicht, weil ich den Ort und die Zeit bestimmen werde!" – Das passierte dann auch, darauf hab ich hingearbeitet. Ich hab ihn dann als Fahrer eingesetzt, der ein Fahrzeug mit überführt, und hab ihn dann in Riga ermordet, erschossen im Wald.
Das erste, was mir so aufgekommen ist, wo das passiert war, nachdem ich es getan hatte, war: „Er hatte keine Chance. Er hatte einfach keine Chance. Es war arglistig und hinterlistig." Ich bin dann zurück ins ... wir hatten da so eine Stammdiskothek in Riga ... hab mich betrunken

und hab gesagt: „Hey, Matthias, weißt du, was ich eben getan habe ... ich habe einen Menschen getötet." Da kam es so langsam hoch ... Ich hab es aber versucht zu verdrängen durch meinen Lebenswandel.
Das war im Juni '92 gewesen. Im September '92 sagte die Antje zu mir, sie möchte noch mal mit mir zusammen in Urlaub fahren. Höchstwahrscheinlich dachte sie, dass es in mir etwas bewirkt, dass ich wach werde. Sie fragte mich andauernd: „Torsten, was ist los mit dir? Schau mal, seit zwei Jahren sind wir hier im Westen, schau dich mal um. Wir haben ein Auto. Wir fahren in Winter- und in Sommerurlaub. Wir haben eine herrliche Wohnung. Was willst du? Warum bist du so unzufrieden?"
„Ich will mehr. Ich will mehr!", dachte ich.
Jedenfalls fuhren wir dann in den Urlaub nach Mallorca, und ich nahm einen Fallschirm mit, Paraglider. Wir hatten uns ein Auto gemietet und schauten uns die Insel an, und da war so ein Kloster auf einem Berg. Heute weiß ich, dass es „San Salvator" heißt. Das war ein Kloster mitten auf einem Berg: „San Salvator" – der heilige Messias. Oben stand Jesus so da, ein riesengroßes Bild. Ich hab mir von Freunden, die sind später noch mal hingefahren, Postkarten mitbringen lassen.
Ich ging aus kunsthistorischem Interesse in diese Kirche hinein und ich dachte: „Hey, so schönes warmes Licht und schön angenehm hier!" Ich machte meine Schleife dort, ging rum und ging wieder raus. Vor der Kirche war noch mal ein extra Raum. Da waren so Glasvitrinen rundum und da hingen Briefe und Zeitungsartikel und ich denk: „Hey, was ist denn das?" Da waren auch Artikel auf Deutsch dabei. Das war ein Wallfahrtsort!
Da haben die Menschen im Prinzip ihre Gebete abgegeben und haben in diesen Glaskästen ihre Gebetserhörungen publiziert. Das alles bezog sich auf einen Heiligen, der da lag.

Ich hatte ja so dieses ständige leere Gefühl in mir, dieses Gefühl von tiefstem Unglück halt, unglücklich sein ... und diese tiefe Sehnsucht nach Glück, Seligkeit ... Und ich dachte: „Na ja, schaden kann es ja nicht, und wenn er stimmt, dieser Humbug ...", und ich sag zu Antje: „Gib mir mal einen Zettel!" Ich weiß noch genau, es war ein alter Kassenbon, und da habe ich dann drauf geschrieben: ICH WÜNSCH MIR EIN LEBEN IN GLÜCK! Sie hat dann gefragt: „Was hast du aufgeschrieben?", und ich sagte: „Das ist egal, das sagt man nicht, sonst erfüllt sich das nicht!" Ich hab das Ding zusammengefaltet ... und da war der Heiligenschrein gewesen hinter einem Gitter, beleuchtet ... und ich habe den Zettel dann durch das Gitter durch geschmissen und der ist hinter den Schrein gerutscht ... Ich hab dann nicht mehr weiter daran gedacht, hab meinen Urlaub weitergemacht.

Zwei Tage später waren wir am Strand, und da war ein Berg in der Nähe, und ich dachte: „Nimmst du den Fallschirm mit, schön Paragliding!" Ich war ein sehr arroganter Mensch gewesen ... und dachte so: „Dann landest du direkt am Strand, und alle sehen, bemerken dich, und du hast die Aufmerksamkeit, die du haben möchtest..." Völlig krank!

Ich nahm dann den Rucksack – Antje lag am Strand – und fing an, den Berg zu besteigen. Ich habe den völlig unterschätzt. Ich habe vier Stunden gebraucht, um oben anzukommen. Auf einer Insel ist das ja so, dass sich der Wind dreht, weil sich das Meer aufheizt über Tag. Nun hatte ich natürlich oben nicht mehr die Startposition, um dort unten am Strand zu landen. Also musste ich von der anderen Seite den Schirm aufziehen, damit mich die Thermik über die Kuppe rüberzieht. Das versuchte ich mehrfach und es missglückte immer. Irgendwann hat es doch noch funktioniert und die Thermik riss mich hoch, ungefähr fünfzig Meter, und ich wollte dann über die

Kuppe rüber. Da riss auf einmal die Thermik ab und der ganze Fallschirm fiel in sich zusammen und ich stürzte zum Boden. Ich dachte zu mir, als die Felsen immer näher kamen: „Wenn du jetzt dort aufschlägst, bist du tot."
Ich schlag da auf ... Es ist nix passiert! Mir ist eine Ader geplatzt in der rechten Wade, und ich habe nachher handballgroß ein Hämatom gehabt zwischen den beiden Pobacken. Die Leute kamen gleich angelaufen ... „Der ist tot! Der ist tot!"... Ich dachte ja selbst, dass ich tot sein müsste ... nix passiert.
Ich bin sehr sauer gewesen über mich, dass ich es nicht geschafft hatte, nicht darüber dass ich abgestürzt bin, sondern dass ich es nicht geschafft hatte. Ich hab dann den Schirm zusammengeknüllt und bin losgegangen ...
Ich kam dann von diesen Felsen wieder runter, Antje filmte schon mit Videokamera, und ich ging erst mal in das Wasser rein, um das Hämatom abzukühlen. Sie kam dann an: „Was ist denn los?", und ich sage: „Normalerweise müsste ich jetzt tot sein! Ich bin eben abgestürzt."
Und da sagt sie zu mir: „Du wirst nicht sterben. Gott hat mit dir noch etwas vor!" Ich war völlig irritiert und sagte: „Was willst du denn mit Gott? Was hat denn Gott damit zu tun?"... Antje ist ja auch atheistisch erzogen, hatte keine Ahnung von Gott ... Da hat Gott schon geantwortet. Er war schon am Arbeiten ... der Zettel!
Jedenfalls fuhren wir dann nach Hause, und ich bin meinen geschäftlichen Tätigkeiten weiter nachgegangen. Ich war dabei, eine neue Route auszukundschaften über Schweden, weil Interpol aufmerksam geworden war. Ich fuhr dann also mit Matthias über Dänemark. Wir hatten in Schwerin eine Party gemacht und waren dementsprechend müde. Er war völlig bekifft gewesen. Wir kamen dort von der Fähre runter morgens um acht am 15. Oktober '92. Die hatten so ein Auto noch nie gesehen in Schweden und dann noch so junge Leute drin. „Wo möch-

ten Sie denn hin?", und bevor ich antworten konnte, sagt Matthias, der vorher geschlafen hatte: „Nach Kopenhagen!" Das ist doch genauso, als wenn ich sagen würde: „Ich will nach Moskau und fahr nach Moskau über Rom." Wir waren ja schon in Schweden.
Da mussten wir wieder rausfahren. Die hatten dann den Verdacht, dass wir Drogenschmuggler sind, und sie holten einen Drogenhund. Da wir ja auch Kokain geschnieft hatten und Joints geraucht, schlug der Hund natürlich an.
„Nun, fahren Sie mal da in die Garage rein!"
Die haben dort innerhalb von zwei Stunden unser Auto auseinander genommen. Nun hatten sie aber, um dies zu rechtfertigen, zwischenzeitlich eine Anfrage über Interpol gemacht. Und da stand ich schon drin. Da haben sie mich natürlich verhaftet. Sie haben mich dann verurteilt zu sechs Monaten.
In der Zwischenzeit hat die Staatsanwaltschaft Berlin die Auslieferung beantragt, und ich bin dann nach Deutschland ausgeliefert worden. In diesem Haftbefehl in Schweden standen nur drei Autos drin, und ich hab gedacht: „Drei Autos ... das müssen die mir erst mal beweisen! Ich bin nicht vorbestraft, da gehe ich doch wieder raus!"
Ich betrete deutschen Boden, da lagen fünf neue Haftbefehle. Vom Banküberfall angefangen, also alles dabei ... Ich hatte ja alles gemacht. Vorwiegend international organisierte Kriminalität in internationaler Autoschieberei. Ich dachte: „Nun ist es vorbei!"
Ich komme hier nach Moabit, Berlin, und werde in Einzelhaft genommen. Das war ja für mich unvorstellbar. Ich dachte, so etwas gibt es in Deutschland nicht. Aber Gottes Wege sind ... das ist halt seine Pädagogik. Er wollte ja was damit erreichen ...
Ich war fast fünf Jahre in Einzelhaft, hab keinen Kontakt mit anderen Menschen gehabt. Ich habe die ersten zwei Jahre noch dagegen gekämpft, und dann war der Leidens-

druck aber so groß und die innere Not, dass ich mir das erste Mal in meinem Leben die Frage gestellt habe: „Was ist passiert, dass du in diese Lebenssituation geraten bist? Wer bist du, Torsten, nicht vor den anderen, sondern vor dir selbst?"

Um einer Hospitalisierung vorzubeugen, hat die Staatsanwaltschaft dann verfügt, dass ich einmal die Woche rauskomme, 45 Minuten zu einer Psychologin, damit ich einen Gesprächspartner habe. Es gab damals noch kein Urteil. Ich habe dann fünf Prozesse gehabt, unabhängig voneinander. Der letzte hat zwei Jahre gedauert. Im ersten habe ich drei Jahre bekommen. Im zweiten wurden die drei Jahre aufgehoben, da habe ich fünf Jahre bekommen. Im dritten wurden die fünf Jahre aufgehoben, da habe ich siebeneinhalb Jahre bekommen. Im vierten wurden die siebeneinhalb aufgehoben, da habe ich neuneinhalb Jahre bekommen. Und im letzten habe ich fünfzehn bekommen. Das zog sich insgesamt über fast sieben Jahre U-Haft.

Da saß ich dann eines Tages auf dem Bett und habe gedacht: „Also für die nächsten Jahre ist hier erst mal Schluss. Hier wird nichts anderes passieren, an der Situation wird sich nichts ändern." Das war wie so ein Aussteigen aus dem Lebenszug. Aber auf der anderen Seite stand ein anderer Zug: Vergangenheit ... Da dachte ich: „Warum steig ich da nicht ein und setz mich ans Fenster und warte einfach darauf, was mir das Leben für Veränderungen und für Bilder schenkt, um nachzudenken." Das tat ich. Ich habe mich dann auch für ein Fernstudium eingeschrieben: Uni Hagen, Psychologie, um mich selbst zu verstehen, und habe angefangen, mein Leben anzuschauen. Natürlich erst mal aus Egoismus, purer Selbstsucht. „Suchst du erst mal, wo du Opfer bist!" So fängt es ja eigentlich auch an. Das war schmerzhaft, aber damit habe ich die Zusammenhänge erkennen können.

Das war irgendwie wie so ein Rucksack, den ich mein Leben lang getragen hatte. Den zur Seite zu stellen, zehn Kilo rauszunehmen und zu sagen: „Mutter, das gehört dir. Das ist überhaupt nicht meins. Warum sagst du, das gehört mir und ich hab mein ganzes Leben das Ding mitgeschleppt. Das ist deins, nicht meins!" Und: „Vater, das sind deine dreißig Kilo, nicht meine. Das hat mit deinem Leben zu tun, nichts mit mir." So dröselten sich langsam diese Verflechtungen auf, die zu meinen Fehlneigungen geführt hatten, und ich erkannte natürlich auch, was ich getan habe.
Ich konnte die Gefühle, die die Menschen empfunden haben müssen, die in meiner Lebensgeschichte gewesen sind... Ich konnte sie nachempfinden, weil das ja meine eigenen gewesen waren. Ich habe sie nur vervielfältigt und habe sie projiziert auf andere, weil ich sie nicht verarbeiten konnte. Im Endeffekt bin ich in meinem eigenen Leben keinem bösartigeren Menschen begegnet als mir selbst ... Ich fühlte dann eine Ohnmacht und eine Hoffnungslosigkeit, wo ich wider jede Hoffnung einfach anfing zu rufen. Das war so ein Prozess von fünf, sechs Jahren ... und da kam der 15.5.1998.

Ich hatte, weil die Sonne so geschienen hatte – das heizt die Zelle so auf –, ein weißes Laken vor dem Fenster runterhängen lassen und rechts davon von meinem Weihnachtspaket noch so ein rotes Bändchen, so ein Packpapier, was dann immer so flatterte ... Ich lag auf meinem Bett und beobachtete, wie der Wind immer dieses Laken hin und her bewegte. In dem Moment, wenn es zum Fenster herankam, sah man immer das Fensterkreuz. Kreuz. Und ich fing dann auf einmal an, in der Assoziation ... Kreuz ... ja, Gott ... Gott ... Kurz vorher kam so ein Osterfilm, es war ja um Ostern ... Ostern, Jesu Christi ... Ungefähr drei Wochen davor, da hab ich in mein Buch –

ich hab später noch mal nachgeguckt – reingeschrieben: „Dein Sohn hatte die Auferstehung. Dein Sohn hatte die zweite Chance, Jesus Christus. Gib auch mir meine Auferstehung!" Jedenfalls fing ich in dieser Situation an ... es war schon Gebet, ich wusste es nur nicht. Ich fing an, mit Gott über mein Leben zu reden. Ich hab gesagt: „Wenn es dich gibt, diese Gegensätzlichkeit von Gut und Böse, warm und kalt, hell und dunkel... Schau doch, was für ein Scheiß-Leben ich gehabt habe! Das hat mir einfach nur wehgetan, und anderen Menschen habe ich auch nur wehgetan. Ich will dieses Leben nicht mehr! Wenn es dich wirklich gibt, Gott, dann schenk mir ein neues Leben, schenk mir eine neue Chance!"

Und ich fing an ... ja, aus tiefster Seele über das Leben, was ich gelebt habe und das sich noch mal durch dieses Erzählen, durch diesen Dialog vor meinem inneren Auge abspielte, an zu schreien. Meine Seele hat geschrien. Das war kein Weinen, meine Seele hat geschrien, um Hilfe. Und ich wiederholte dann noch mal: „Gott, wenn es dich gibt, wenn es dich wirklich gibt, dann schenk mir eine zweite Chance für dieses Leben! Ich will dieses Leben nicht mehr." Und ich fing noch mal an, über diese Dinge zu reden, die ich getan habe. Ich bekannte meine Schuld, das wusste ich nur nicht. Und auf einmal kam ganz klar und deutlich: „... ich weiß!" Das kann sich kein Mensch vorstellen, wo ich mich da angefasst gefühlt habe in dem Moment. Ich habe gezittert.
Da war eine unsichtbare Wirklichkeit, die mit mir gesprochen hatte, und ich hatte auch das Gefühl von unsichtbarer körperlicher Gegenwärtigkeit. Mein erstes, was ich antworten konnte, war: „Also, es gibt euch doch!" Ich hatte keine Ahnung von Trinität und sprach von „euch", weil ich das Gefühl hatte, dass da etwas um mich herum passiert, was ich nicht sah. Und ich stellte die Frage:

„Warum kann man euch nicht sehen?", und Gott sagte zu mir: „Das Auge kann nicht sehen, was der Geist nicht erfassen kann." Gott ist viel zu groß, als dass wir verstehen oder begreifen können. Ich schrieb dann alles auf und schlief ein, wie ein Baby, völlig in Frieden. Ich konnte es gar nicht begreifen, war auch irgendwie erschöpft. Ich hab gar nicht realisieren können, was das gewesen ist. Ich wollte es auch verdrängen.
Nächsten Tag bin ich zur Freistunde, ich war ja auf einer Einzelzelle. Ich gehe raus, und da gucken mich die anderen an … Mir fiel das schon selber auf, dass ich die ganze Zeit gegrinst und gestrahlt hatte … Moses strahlte auch … Er trug ein Tuch, damit man sein Strahlen nicht sehen konnte, wo er Gott begegnet ist. Und die anderen fragten mich: „Was hast du für Drogen genommen?" Ich sage: „Ich hab keine Drogen genommen. Mir geht es einfach nur gut. Alles in Ordnung." … „Komm, erzähl, was hast du? Hast du irgendwas genommen?" … „Nein, alles in Ordnung, lasst mich mal einfach in Ruhe!"
Ich bin dann raus und ging die Treppe runter in den Freistundenhof und guckte in den Himmel und sah die Wolken und dachte: „Das ist unglaublich! Das ist einfach so schön! Das ist alles da gewesen, und ich habe das nur nicht wahrgenommen!" – Und ich seh das Grün von den Bäumen, Farben unglaublich. Ich konnte das einfach nicht begreifen und setzte mir dann meine Sonnenbrille auf … Ich war ja durch meine Straftaten in der hafthierarchischen Struktur ziemlich oben gewesen, und da gibt es ja dieses Abdienern der Leute, die zu einem kommen. Das hat mich plötzlich gar nicht mehr interessiert.
Ich legte mich dann auf die Wiese dort und guckte mir die Wolken an und lachte und freute mich darüber. Ich stand auf und ging an den Baum ran und guckte mir die Ameisen an, wie die hochkrabbeln, guckte mir eine Blume an, und ich sagte mir: „Das ist ja unglaublich, das ist

alles da gewesen, diese Schönheit. Warum habe ich das nicht gesehen?"
Ich konnte plötzlich bei Menschen zwei Gesichter sehen. Das eine war das, was er mir vorspielte, und das andere, das leidende, habe ich genau dahinter gesehen. Ich sah diese Maskerade, die ich ja selbst auch gelebt hatte. Die anderen sagten: „Was ist denn mit dem los? Jetzt ist er durchgeknallt, diese Einzelhaft hat er nicht überstanden. Jetzt ist er hin."
Für mich stand die Frage dann ständig im Raum: „Was ist das gewesen?" Ich versuchte das zu verdrängen. Ich kannte Gott ja nicht. Ich hatte Angst, denn wenn es Gott wirklich gibt, hatte das mit Konsequenzen zu tun für mein Verhalten, Gehorsam, Glauben, Vertrauen ... Ich war ein sehr aufmüpfiger Mensch gewesen ... Ich habe dann erst mal versucht, das wegzudrängen, aber es hat mich nicht losgelassen, dieses Ereignis. Und ständig die Frage: „Habe ich vielleicht eine Wahrnehmungsstörung gehabt oder so?" Kann ja sein, vielleicht zu lange alleine oder so. Aber das war so glasklar und so voller Liebe gewesen, dieses „Ich weiß!" Das kann ich einfach nicht beschreiben, so lieblich, so sanftmütig. Da war alles drin gewesen, Vergebung ... alles.
Ich dachte dann, ich versuche es mal rational zu erfassen und hab angefangen, mir Fachliteratur zu besorgen über Parapsychologie, Anomalien der Welt, Morphogenetische Felder ... was weiß ich nicht alles. Ich wollte es für mich rational erklären. Ich bin gar nicht auf den Trichter gekommen, dass, wenn Jesus über das Wasser gelaufen ist, das nicht rational zu erklären ist. Das kann man einfach nur glauben. Glauben ist mehr als Wissen. Das war mir aber noch nicht bewusst. Ich wollte es weg haben von mir. Das war mir alles zu groß, zu mächtig.
Ich hab mich ungefähr so drei Monate mit diesem Schrott beschäftigt, um für mich eine Erklärung zu finden. Zwi-

schenzeitlich habe ich dann auch von irgendjemand eine Bibel bekommen. Ich habe das Ding aufgeschlagen, kam überhaupt nicht klar damit, kein Verstehen, kein Begreifen, gar nichts, klapp das Ding wieder zu und schob es – mein Fernseher stand auf einem Regal – unter den Fernseher. Und merkte dann, dass ich gar nicht Fernsehen guckte, sondern dass diese Frage: „Was ist das gewesen?" ständig in meinem Kopf war und ich immer auf diese Bibel guckte.

Auf einmal war so ein Impuls da: „Nimm doch mal und schlag auf!" Und ich nahm das Buch und habe es aufgeschlagen, bei 1 Joh 1,9 – und mein Blick fällt genau hierhin: „Wenn wir sagen, dass wir keine Sünden haben, führen wir uns selbst in die Irre, und die Wahrheit ist nicht in uns. Wenn wir unsere Sünden bekennen, ist er treu und gerecht; er vergibt uns die Sünden und reinigt uns von allem Unrecht. Wenn wir sagen, dass wir nicht gesündigt haben, machen wir ihn zum Lügner, und sein Wort ist nicht in uns." Meine Antwort! Und dann habe ich gezittert, weil ich Angst hatte davor. Ich wusste ja noch nichts vom Heiligen Geist. Er sprach mit mir. Gott sprach mit mir. Er gab mir eine Antwort darauf, was ist passiert: „Junge, du hast deine Sünde bekannt, und ich habe sie dir vergeben, das ist passiert!" Ich wollte das natürlich wieder weg haben. Da war das zweite Mal etwas passiert, was ich mir nicht erklären konnte.

Ich habe dann weiter in meinen tollen schlauen Büchern gelesen, in allen, außer in der Bibel, und hatte die nächste Frage im Kopf: „Ja aber, du weißt, ich habe viele Dinge getan, und da ist jedes Gebot verletzt wurden, was du aufgestellt hast. Ist mir denn auch vergeben ...?"

Ungefähr zwei Monate später, genau das gleiche: Ich guckte Fernsehen und kriegte wieder den Impuls: „Nimm und schlag mal auf!" Ich schlug auf und da fiel mein Blick auf dieses Stück: „Ihr wart tot infolge eurer Verfehlungen und Sünden. Ihr wart einst darin gefangen, wie es der Art dieser Welt entspricht, unter der Herrschaft jenes Geistes, der im Bereich der Lüfte regiert und jetzt noch im Ungehorsam wirksam ist. Zu ihm gehörten auch wir alle einmal, als wir noch von den Begierden unseres Fleisches beherrscht wurden. Wir folgten dem, was das Fleisch und der böse Sinn uns eingab, und waren von Natur aus Kinder des Zornes, wie die anderen. Gott aber, der voller Erbarmen ist, hat uns, die wir in Folge unserer Sünden tot waren, in seiner großen Liebe, mit der er uns geliebt hat, zusammen mit Christus wieder lebendig gemacht. Aus Gnade seid ihr gerettet. Er hat uns mit Jesus Christus auferweckt und uns zusammen mit ihm einen Platz im Himmel gegeben. Dadurch dass er in Christus Jesus gütig an uns handelt, wollte er den kommenden Zeiten, den überfließenden Reichtum seiner Gnade zeigen. Denn aus Gnade seid ihr durch den Glauben gerettet, nicht aus eigener Kraft. Gott hat es geschenkt. Nicht auf Grund eurer Werke, damit keiner sich rühmen kann. Seine Geschöpfe sind wir in Christus Jesus dazu geschaffen, in unserem Leben, die guten Werke zu tun, die Gott für uns im Voraus bereitet hat."

Da habe ich mir dann gesagt: „Torsten, hier sind dreimal Dinge passiert, die du rational nicht erklären kannst. Such! Such!" Und ich fing an zu suchen. Ich fing an, die Bibel zu lesen, und da ich ja wusste, dass ich in naher Zukunft hier nach Tegel komme, fing ich an, mir meine Fragen auf Zettel zu schreiben. Mit hundert Fragen kam ich hier an und dachte: „Hier gibt es ja Evangelische und Katholische, ich werde mich mal an beide wenden. Die müssen ja Ahnung von Gott haben. Die müssen mir ja meine Fragen beantworten können."

Die Evangelischen haben gleich gesagt, ich sollte mal zum Psychiater gehen. Da verstand ich dann auch dieses Wort: „Du wirst Stein des Anstoßes sein." Wahrscheinlich ...

hätten sie sich genötigt gefühlt, ihr Gottesbild neu zu überdenken. Ich dachte: „Nun bin ich ja wieder isoliert. Davor habe ich mich einsam gefühlt, jetzt fühle ich mich wieder so einsam. Ist das denn überhaupt richtig, was ich denke, oder haben die vielleicht Recht?"
Dann bin ich zu den Katholischen. Da wurde ich etwas anders aufgenommen. Also, ich hatte das Gefühl, dass mir geglaubt wird, was mir passiert ist, aber ich hatte nicht das Gefühl wirklich verstanden zu werden. Das war alles sehr in Frage. Ich hab dann beim katholischen Pfarrer ein Buch ausgeliehen: Simone Weil, „Gnade".
Jetzt hatte ich die Bibel und dieses Buch „Gnade". Ich fing an es zu lesen. Ich habe alles verstanden, was da drin stand. Simone Weil erzählt ja zum Beispiel von dem inneren Dialog, den Katharina von Siena mit Gott führte. Und dann fing ich natürlich an, immer wenn Fundquellen aufgeführt wurden, das rauszuschreiben ... Katharina von Siena „Innerer Dialog mit Gott" war das nächste Buch ... Und so ging das dann weiter ... Johannes vom Kreuz ... Teresa von Ávila ... „Seelenburg", Theresia von Lisieux ... Ich hatte mich ja immer bei Gott beschwert: „Wo sind denn jetzt die Christen, die mir hier das Christentum vorleben, damit ich lernen kann?" Und ich hatte mich immer gewundert, dass er mir da ständig Steine in den Weg gelegt hat ... Ich denke, es war, weil er mich selbst lehren wollte. Er hat seine Heiligen herangezogen ... Die sind meine Unterweiser gewesen die ganze Zeit. Ich wusste ja am Anfang noch nicht mal, dass ich mich taufen lassen muss. So weit war ich noch nicht mit dem Lesen.
Ich habe mich dann in Tegel zum katholischen Religionsunterricht angemeldet, und dann gab es ja auch noch eine Bibelgruppe bei den Evangelischen von zehn Gefangenen, wo aber die Zehn entscheiden, ob eine neue Person hinzukommen kann, nicht der Pfarrer. Ich hatte ja sehr viele Fragen und wusste nicht, wie ich mich taufen

lassen soll. Da bin ich auch zu den Evangelischen in diese Bibelgruppe ...

Da kam ich an, mit meiner dicken Bibel und mit meinen hundert Fragen. Ich setzte mich dahin, und die guckten mich an: „Was willst du denn hier?" Und ich sagte: „Nun, hier ist doch eine Bibelstunde, oder?" ... „Ja." ... „Na, dann bin ich ja hier richtig. Ich habe viele Fragen zu Gott." ... „Ja, aber du gehst doch schon zum Katechumenat!" Ich sage: „Ja, ich bin aber nicht getauft. Ich weiß auch noch nicht, wie ich mich taufen lassen soll." ... „Ja, aber da müssen wir erst mal drüber entscheiden."

Es hieß zwar Bibelgruppe, aber ich habe dann schnell mitbekommen, da ging's um Kaffee, Kuchen und Telefonieren, nichts anderes. Gut, da war die Entscheidung für mich schon getroffen. Ich bin dann zum Katechumenat und habe dort den Pfarrer Probst kennen gelernt. Der hatte so eine schöne Art, einem Dinge nahe zu bringen. Da konnte ich dann auch Fragen stellen.

Und dann las ich bei der Simone Weil, dass es Heilige gab, die vier Stunden beten. Da dachte ich: „Was soll ich denn so lange Gott erzählen, vier Stunden?" Und mir ist dabei klar geworden, dass ich noch nie richtig gebetet habe. Ich sagte dann zu Gott: „ Also hör mal zu, ich möchte auch gerne beten, aber vier Stunden kann ich nicht. Ich weiß nicht, wie lange ich kann ... Hilf mir mal dabei! Ich kann das nicht! Lehr mich mal das Beten ..."

Ich weiß noch genau, ich habe auf die Uhr geguckt, sieben Minuten war mein erstes Gebet. Da war ich noch ganz stolz und ich sagte: „Sieben Minuten haben wir schon. Lehr mich das Beten!" Und er hat es mich wirklich gelehrt. Er hat mir dann einfach durch Ereignisse gezeigt, dass ich auf ihn vertrauen kann, und so ist das ganz einfach gewachsen.

Zum Beispiel meine erste Gebetserhörung ... Da kam ein Mitgefangener zu mir, ein Afrikaner, der hat keine Bibel gehabt. Er brauchte eine englische und fragte mich, ob ich eine besorgen könne, weil er gesehen hat, dass ich immer zum Katechumenat ging. Ich sagte: „Ich kann mal nachfragen. Ich weiß es aber nicht." ... Der evangelische Pfarrer, Herr Nüsterding, sagte dann zu mir: „Ich persönlich habe keine, aber vielleicht in der Gemeinde ..." Am Montag kommt er zu mir mit einer Tasche und sagt: „Ich muss ihnen unbedingt was erzählen. Haben Sie gebetet um die Bibel?" Ich sag: „Na klar habe ich gebetet um eine Bibel." Da sagt er: „Wissen Sie, was mir heute passiert ist? Ich muss um acht Uhr morgens die Kirche aufschließen, und da liegt auf dem Treppenabsatz der Kirche eine Bibel, aber keine deutsche, eine englische!"

Da habe ich mir dann mal angeguckt: Buch der Weisheiten und der Sprüche, und da standen verschiedene Anweisungen. Ich dachte: „Aha, wenn ich das so mache, dann wird das eintreten!" Und ich sagte mir: „Wenn du Gott bist und allmächtig und das hier rein schreibst und das so sagst, dann muss das ja so stimmen." Und ich fing an zu experimentieren. Ich habe im Prinzip verschiedene Verhaltensformen herausgenommen vom Buch der Sprüche und der Weisheiten und habe sie in mein Leben hineingenommen, habe sie, ohne es zu wissen ... Fleisch werden lassen. „Und das Wort wurde Fleisch durch unser Tun."

So bin ich gewachsen im Glauben. Durch viel Trockenheit ... Erst mal hat er mich richtig verwöhnt, mit Gaben und Ausschüttungen des Heiligen Geistes. Ich war übervoll ...

Manchmal hatte ich auch diesen Duft... Da habe ich mich umgedreht: „Wo kommt denn dieser Duft her?" Er hat mich gelockt mit allen Gaben, die er hat. Und dann nachher hat er mich auch richtig schön durchgeschüttelt. Da hat er mich durch die Wüste geschickt. Also wie: „Torsten, wenn ich dich mit dem Heiligen Geist beschenke von oben bis unten, dann ist es leicht, Gott zu loben!" Klar, da kann ich auch drei Rosenkränze beten oder vier, wunderbar, funktioniert alles. Aber: „Wie sieht es denn aus, wenn ich dir die Gnaden abziehe und dadurch deine Liebe läutere?"

Nun war ja für mich wichtig gewesen: „Du sagst, wir sollen uns taufen lassen. Da gibt es aber mindestens drei Konfessionen, orthodox, katholisch und evangelisch-protestantisch. Welche soll ich?" Und da hat Gott mir ganz einfach Bücher gegeben, die mit Kirchengeschichte zu tun hatten und Heiligen, wie die dazu gestanden haben ... Philip Neri zum Beispiel ... und ich habe ganz einfach verstanden ... Ich habe verstanden, dass katholisch allumfassend nicht nur heißt, sondern es auch ist und dass andere Glaubensgemeinschaften sich nur Teilwahrheiten rausgenommen haben. Es bleiben Wahrheiten, aber es sind nur Teile von einem Kuchen. Die katholische Kirche hat den ganzen Kuchen.

Ein halbes Jahr später, am 20.6.2000, habe ich mich dann taufen lassen, und jetzt liebe ich meine katholische Kirche ganz einfach. Auch weil ich verstanden habe, was Gott mit ihr machen wollte, dass er uns damit wie eine Burg geschaffen hat ... Das ist wie eine Burg. Und wir sitzen im Garten, im Hofgarten des Burgpalastes ... und die Dogmen kümmern sich darum, dass wir geschützt in unsrer Burg sitzen und uns entfalten können, ganz einfach.

Der Akt, die Taufe an sich ... ich meine, ich habe mich dann natürlich intensiv damit beschäftigt, weil es ja auch heißt: glaubend taufen. Glaube heißt ja Vertrauen ... und dann ist nach der Taufe etwas passiert ... Es sind dann danach alle vor mir raus aus der Kirche, ich habe mich mit Absicht ein Stück zurückhängen lassen. Ich habe mich dann vor den Altar gekniet und habe die Altarplatte geküsst, und dann wurde ein „Danke" gesprochen, was nicht mein „Danke" war. Ich hatte das Gefühl, es fließt raus aus der Welt, ins All und umfasst das ganze Universum und Alles sagt: „Danke". Ich glaube, dass Jesus das gesprochen hat, durch mich hindurch. Das war nicht mein „Danke", denn es flog weg. Es war nicht irdisch, das flog gleich raus zum Vater.

Von dem Tag an bemühe ich mich, in der Gnade Gottes, in der Vorsehung Gottes zu leben. Ich habe dann viele Dinge erlebt, die zu diesem Läuterungsprozess dazugehören, also, zu dieser Wüstenwanderung, die wir machen im Glauben ... Ich bin vielen Menschen begegnet, wo ich sage: „Danke, Vater!" Ich bin aber auch vielen Menschen begegnet, die mich gedemütigt haben. „Danke, Gott, denn ich selbst hätte es mir nicht so angetan!" Ich bin im Haftalltag, dadurch dass ich in der Gefangenen-Hierarchie ja ziemlich hoch angesiedelt war, sehr ausgelacht worden, von Menschen halt, die mit Gott nichts am Hut haben.

Gott ist herrlich mit seiner Pädagogik. Er hat für jedes einzelne Individuum seine eigene. Er geht auf jeden einzelnen Menschen ein und lehrt ihn das, was er braucht.

Für mich ist dieser Knast so eine Chance. Ich habe mal vor einigen Monaten; da habe ich mal so nachgedacht über meinen Aufenthalt hier, da war ich ungefähr drei Jahre hier in Tegel. Ich habe also über diese drei Jahre so nachgedacht und kam aus dem Lachen gar nicht mehr raus. Und ich sagte: „Gott, es ist unglaublich. Ich bin im Knast und ich bin das erste Mal in meinem Leben frei. Und die letzten drei Jahre waren die glücklichsten meines Lebens!" Das kannst du keinem anderen erzählen. Die schicken dich gleich in die Forensische Abteilung. Aber das ist tatsächlich so. Mein Zettel: ICH WÜNSCH MIR EIN LEBEN IN GLÜCK! Ich habe es jetzt. Ich fühle auch, wie Gott mich befreit von diesen ganzen Fehlneigungen, mich über Äußerlichkeiten zu definieren.

Da gab es mal ein Ereignis ... Ich habe Fernsehen geguckt. Ich hatte ja eine feste Gebetszeit und ich denk so: „Och, na ja, beten kann ich auch nachher." Ich fing an, Gott auf andere Positionen zu stellen. Und irgendwann sagte Gott dann zu mir, äußerst deutlich: „Du stiehlst mir meine Zeit!" ... „Okay", sag ich, „das versteh ich vom Verstand her. Ich habe aber nicht die Kraft. Hilf mir doch mal ... was soll ich tun?" ... „Raus den Fernseher. Schmeiß ihn raus. Das ist der einäugige Teufel. Schmeiß ihn raus!"... „Ja, ich kann das aber nicht. Gibst du mir die Kraft dafür?"... „Lass es uns üben!"
Ich dann ... das war die erste Aktion, den Fernseher umgedreht, Kabel gezogen, eine Woche durchgehalten und dann dachte ich: „Aber heute kommt doch ein Naturfilm, den kann ich doch gucken." Ich habe dann geguckt und dann war es nicht nur der Naturfilm. Da ging es wieder los. Da fing er wieder an: „Du stiehlst mir meine Zeit"... Gut, nächste Stufe, Fernseher rausgenommen, alles abgebaut, auf ein Regal gestellt und umgedreht. Es hat zwei Wochen gedauert, da habe ich wieder geguckt und ich sagte: „Ich schaffe das nicht. Hilf mir!" Und dann habe ich den Fernseher verschenkt, einfach raus, verschenkt.
Und dann sag ich: „Na wenn das so ist, was stört dich denn noch?" Dann fing er an: „Wo hast du denn all deine Sachen?"... Ich hatte kurz vorher Besuch gehabt und habe ungefähr zwei Stunden vor meinem Klamottenschrank gestanden. Der war voll aus diesen Straftaten ... Armani, Versace, was weiß ich. Alles, was es gibt ... Ich fing dann an, in der Erwartung des Besuches, mir verschiedene Kollektionen auf das Bett zu legen ... verbrachte zwei Stunden damit. Und da fragte Gott: „Was hast du denn da die zwei Stunden gemacht?" Und ich fragte zurück: „Was soll ich denn machen?"...
Ich habe mir dann wieder Bücher genommen, diesmal Franziskus usw... Ich habe geschaut: Was hat er denn

gemacht? Der hat einfach alles hingeschmissen und ich: „Also das mach ich nicht. Die teuren Sachen ... das kann ich nicht." ... „Gut, wenn du das nicht willst ..." Und er zog die Gnade ab. Da war ich damals ja noch fixiert auf Gnade. Bis ich dann irgendwann gesagt habe: „Ok, was ist es, was ich tun soll? Gib mir deine Kraft." ... „Hol den Müllbeutel!"

Ich habe dann geguckt, wer keine Sachen hat, oder wer wenig Sachen hat, und tat alles in einen blauen Müllsack rein, alles, keine Ausnahme ... Montblanc, Füllfederhalter und was weiß ich alles ... Uhr ... alles raus, alles verschenkt. Ich habe mich dann mit Blausachen hingesetzt. Alles, was du jetzt hier siehst an Sachen, sind Spenden. Ich habe mir nichts selbst gekauft. Alles haben mir Freunde geschenkt.

Ich bin dann in Blauklamotten gelaufen. Da haben die Anderen gesagt: „Na, jetzt ist er völlig durch! Der verschenkt hier seine ganzen Sachen, jetzt hat er einen Schatten." Und sie isolierten mich. Aber Gott wollte ja, dass ich isoliert bin. Ich glaub, er wollte mich einfach in die Stille ziehen. Das hab ich natürlich nicht verstanden. Doch dann gab er mir die Gnade und sagte: „Fasten".

Na, fasten ist ja auch eine schwere Sache. Ich esse gerne, bin zwar nicht dick, aber ich esse gerne. „Fasten", denke ich, „was heißt denn überhaupt fasten?", und dann sag ich mir: „Guck doch mal nach, was Gott unter Fasten versteht und was andere Menschen über Fasten sagen, die heilig sind." Da war gerade vorweihnachtliche Zeit. Da sagte ich dann: „Na ja, wenn du vierzig Tage gefastet hast, Jesus, dann gib mir doch mal die Gnade zu fasten!", und habe mich wegschließen lassen. Bin dann nur noch raus gegangen, ein bisschen trocken Brot mit Zwiebel holen, ein bisschen Wasser ... Das hab ich mir dann hingestellt und hab das über den Tag verteilt. Drei Scheiben Brot, eine Zwiebel oder eine halbe und Wasser.

Über drei Monate hat er mir geschenkt. Ich habe die Bücher in der Zeit verschlungen. Ich habe alles verstanden. Da kamen dann auch so Dinge wie Eucharistie, Liturgie ... das sind ja alles Fragen ... Gegenwärtigkeit Gottes. Ich verstand: Liebe ist kein Gefühl. Liebe ist Tun. Gefühl ist nur der Auslöser vom Tun. „Ich möchte aber ein Gefühl!", sagte ich. „Ach, einen brennenden Dornbusch möchtest du haben und ein Gefühl!" ... Das hat mir Gott alles erklärt, wie die Dinge sind. Also ins rechte Licht gerückt halt, in sein Licht. Ich fragte dann zum Beispiel auch: „Wie soll ich denn glauben, dass in dieser Hostie, dass da Jesus gegenwärtig ist?" Und er hat mich dann zum Alten Testament geführt ... und ich habe plötzlich verstanden, dass es die Wiederholung des Paschalammes ist und dass Jesus gegenwärtig ist in der Eucharistie, weil er sich in dem Moment wieder für uns aufopfert und dass Mittelpunkt unseres Gottesdienstes eben halt diese Eucharistie ist.

Ich hatte ja Probleme mit Pater Vincent, und ich sagte: „Na, wenn das das Christentum ist, dann gehe ich nicht mehr zum Gottesdienst!" Und da sagte Gott zu mir: „Lass dir von keinem Menschen den Weg zu mir verbauen! Von keinem Menschen." Ich habe dann auch diese Unterschiedlichkeit zwischen evangelischem und katholischem Gottesdienst verstanden. Ich hatte das Gefühl, bei den Evangelischen ist es mehr ein Event. Es ist zwar immer noch eine Teilwahrheit, das Wort Gottes eben, aber es ist ein Event, und da hat mir Gott erklärt: „Bei uns bin ich der Mittelpunkt. Egal, wie gut oder schlecht der Priester ist. Ich bin der Mittelpunkt!" Das ist die Fixierung. Ich hatte ja bei den Evangelen gesehen, wenn der eine Priester da war, sind sie nicht hingegangen, und wenn der andere da ist, sind sie hingegangen. Sie haben es vom Pfarrer abhängig gemacht...

Dann war natürlich meine nächste Frage ... Ignatius, Exerzitien ... Die habe ich dann gemacht ... und da habe ich dann auch gefragt: „Gott, was soll ich tun? Was soll ich denn hier machen? Was hast du für eine Aufgabe für mich?" Gott legt ja in uns Sehnsüchte hinein. Ich: „Och ... Missionar! Oder Mönch oder ..." Das wird ja sehr hochtrabend ... Wanderprediger oder was weiß ich nicht alles ... In den Exerzitien gibt es ja: „Wahl des Standes", und da hatte ich dieses Punktesystem, und da stand ja dann zum Beispiel: Wanderprediger, Eremit oder Mönchtum oder ... was war noch gewesen ... Heiler, Missionar. Das waren also so die Dinge, die mir gefallen hätten und wo ich dachte, die Gott auch gefallen würden. Ich habe das dann vor Gott gelegt. So wird das ja auch beschrieben in den Exerzitien, dass man das Gott zur Entscheidung im Prinzip unters Kreuz legen soll.

Das tat ich und schlief dann Abends ein und habe vorher gesagt: „Entscheide mal! Zeig mir mal, was du möchtest!" Und im Traum: andauernd Matthäus 22,10 ... 10,22. Ich natürlich nicht bibelfest, wusste nicht, was es ist. Und im Aufwachen immer noch andauernd dieses Echo Matthäus 22,10-10,22 ... 22,10-10,22. Ich wache auf und das ist immer noch in meinem Kopf. Und ich denk: „Na ... da wird Gott mir die Antwort geben!" Voller Erwartung aufgeschlagen 22,10: „Die Diener gingen auf die Straße hinaus und holten alle zusammen, die sie trafen, Böse und Gute, und das Festmahl füllte sich mit Gästen." Und ich fragte: „Was soll ich tun?"... Aha, das soll ich tun. Jetzt kommt 10,22: „Und ihr werdet um meines Namens willen von allen gehasst werden. Wer aber bis zum Ende standhaft bleibt, wird gerettet." Das war meine Antwort. Ich verstand nichts. Was sollte ich tun?

Ein Jahr später ungefähr wollte ich Näheres wissen, denn ich wusste, es geht ja langsam auch nach Draußen. Na ja ... und dann fing er mir an zu erklären: Gemeinschaft, was Gemeinschaft überhaupt heißt. Christliche Glaubensgemeinschaft, Gemeinde, das kann man nur haben, wenn man ein gleiches Ziel hat. Das ist im Kriminellen so und das ist auch im Positiven so. Was heißt nun für mich christliche Gemeinschaft? Oh ... und dann dachte ich an „Gemeinschaft der Seligpreisungen" aus Warstein, eine Erweckungsbewegung, und ich hab mit denen Kontakt aufgenommen. Ich hatte ja auch so eine Sehnsucht nach so einer Gemeinschaft. Es sollte aber nicht sein. Ich bekam dann aber immer die Zeitschrift von denen: „Feuer und Licht".

Und eines Tages, wieder ein Jahr später, September 2001, schlag ich diese Zeitschrift auf, und dann stand da eine Geschichte vom heiligen Benedikt Labre, einem Wanderprediger. Beide Bibelstellen, die ich hier eben zitiert habe, standen in diesem Artikel drin. Der Namenstag vom heiligen Benedikt Labre ist mein Geburtsdatum, der 16. April ... Die Haare stellten sich mir auf, wie Grammophonnadeln ... Ich las weiter und dann wurde in dem Artikel auch eine Glaubensgemeinschaft erwähnt: „Brot des Lebens". Ich wusste zwar noch nichts mit der Gemeinschaft „Brot des Lebens" anzufangen, hab sie aber damals trotzdem rot unterstrichen, mit Textmarker ... Wichtig war mir aber eben halt: Wanderprediger ... Das war ja was, was ich gerne tun würde, von allem loslassen und einfach Gott preisen und loben. Ich dachte damals: „Danke! Das ist jetzt der nächste Schritt, dass du es mir ein bisschen deutlicher machst."

Dieses Jahr im Februar sagte dann ein Mitgefangener zu mir: „Komm mal heute Abend zu mir Fernsehen gucken: Kirchplatz!" Ich sage: „Nein, ich habe keinen Bock auf Fernsehen!" – „Doch, komm mal!", und er drängelte so, dass ich plötzlich das Gefühl hatte: Aha, Gott will mir irgendwas sagen ... „Worum geht es denn?" – „Um Mönche" ... „Ach", dachte ich, das kann ja was für mich sein. Und ich ging hin und setze mich rein, und er verließ die Zelle. Das waren drei Berichte gewesen von je ungefähr

zehn Minuten. Der erste Bericht ging über die „Emmaus-Gemeinschaft". Da kannte ich ja einige Leute, und ich saß vor dem Fernseher, etwa zehn Minuten ... und es passierte nichts. Nur so ungefähr: „Ah, den kenne ich oder den. Ah ja, den kenne ich auch." Und so weiter und so fort. Der nächste Bericht, auch zehn Minuten, war vom Bruder Tadeusz, vom Franziskanerhof, von den Altkatholiken. Das habe ich mir auch angehört. Na ja, passierte auch nichts. Und dann kamen zehn Minuten Bericht von der Gemeinschaft „Brot des Lebens" ...
Gott sei Dank war keiner in der Zelle außer mir. Meine Haare standen wieder ab wie Grammophonnadeln. Ich sofort geweint, weil ich wusste: Das ist meine Antwort. „Danke, Gott!".
Am nächsten Tag, ich sofort ans Telefon, herausbekommen die Adresse, Telefonnummer und hier in Berlin mit denen Kontakt aufgenommen. Das meinte Gott mit Gemeinschaft! Das war der nächste Schritt! Er sagt: „Immer, immer nur den nächsten Schritt, nicht den zweiten und dritten, sondern immer nur den nächsten Schritt!" Was ich dort soll, ob ich dort einem Menschen begegne, der mir wieder den nächsten Schritt sagt, oder ob ich in der Gemeinschaft bleiben soll, das weiß ich nicht. Aber ich weiß, dass ich im Willen Gottes bin. Was gibt es Schöneres.
Dann kam mein erster Ausgang. Den habe ich gleich genutzt. Ich wollte wissen, wie die leben, was ihre Zielsetzung ist. Die haben mir dann auch ein Buch gegeben von Benedikt Labre, diesem heiligen Wanderprediger, damit ich die Entstehungsgeschichte dieser Gemeinschaft – die ist ja noch ziemlich jung – verstehen kann. Die ist ja erst kurz nach der „Gemeinschaft der Seligpreisungen" auch aus Frankreich gekommen... Da konnte ich lesen, was ihre Aufgabe ist und so. Ich versuche mich jetzt erst mal reinzufinden. Ich habe jetzt mit den

Leuten regelmäßig Kontakt, bin da auch herrlich aufgenommen wurden. Da gab es keine Fragen. Ich bin einfach nur Bruder. Und ich bin mit Familien zusammengekommen. Das war ja für mich nach elf Jahren Knast das erste Mal ... Und dann, mit dieser neuen Wahrnehmung, mit diesem neuen Lebensgefühl ...
Die anderen hatten mich vorher gewarnt und gesagt: „Also, unterschätz mal nicht die elf Jahre. Wenn du rauskommst, das ist alles so schnelllebig geworden", aber Gott sagte immer zu mir: „Es gibt zwei Dinge, die sich niemals verändern, das ist der Mensch und das bin ich. Wenn du dich daran hältst, ist alles in Ordnung."
Ich kam dann raus, also in Begleitung natürlich... kam dann raus und ging so dreihundert Meter und dachte immer: „Hey, ich denke, hier soll etwas passieren oder was. Es soll mich doch irgendwas aus dem Ruder schmeißen, oder wie." Gar nichts und ich hatte so das Gefühl, als wenn ich gar nicht im Gefängnis war.
Ich ging dann in diese Gemeinschaft, und die haben gerade Aussetzung des Allerheiligsten, Anbetung. Da habe ich dann Blumen gekauft und habe gesagt: „Gebt mir mal bitte ein bisschen Zeit! Ich möchte mich bei Gott bedanken!"
Ich war alleine vor dem Allerheiligsten, und da sagt Gott zu mir ... ich bete, also in der Stille, und da sagt Gott: „Merkst du was, Torsten?" Ich sage: „Ja ... es ist irgendwie egal. Also, ob ich im Knast bin oder hier. Es ist ... vom Gefühl gleich"... „Merkst du was, Torsten? Du hast den Frieden in dir!" Friedensfürst Jesus Christus! Da schoss mir diese Erkenntnis durch den Kopf: Egal wo du bist ... Es ist völlig egal, ob du auf der Müllhalde lebst oder im Hilton-Hotel, solange du Gott im Herzen hast ... das ist der Mittelpunkt. Er gibt dir den Frieden und auch Sicherheit. Das war eine schöne Erkenntnis. Das ist jetzt grad mal vor einem Monat gewesen.

Dazu kam dann natürlich auch diese veränderte Wahrnehmung, halt dieses nicht mehr so Ich-Fixierte. Ich habe die Menschen ganz anders angeschaut. Und Kinder ... ich habe ja elf Jahre keine Kinder gesehen. Wie ich sie da plötzlich beobachtet habe, wie sie miteinander umgehen. Dadurch, dass ich sie selbst bei mir festgestellt habe, konnte ich diese Verletzungen sehen, die sie sich unbewusst gegenseitig zufügen. Anselm Grün sagt ja, dass im Prinzip die Verletzungen, die wir haben, dafür da sind, dass sie zum Lebensquell für andere werden, weil wir sie dadurch verstehen. Wir verstehen, weil wir selbst verletzt wurden, und andere fühlen sich verstanden und durch das Verstandensein geliebt.
Ich habe draußen dann die Menschen beobachtet ... Tiere. Die hab ich ja auch lange nicht gesehen ... Hunde, Katzen ... Blumen. Ich bin dann halt an Bäume und Blumen ran und habe gerochen ... am Apfel riechen und, dieses aufnehmen ... aufsaugen. Das Leben ist schön mit Gott!
Ich gehe davon aus, dass ich im Frühjahr in ein anderes Gefängnis komme, in ein gelockertes Gefängnis. Ich denke, vielleicht im April. Und dann vermute ich, dass Gott mich noch ein Jahr dort behält im „Offenen Vollzug", und dass ich dann den nächsten Schritt wissen werde. Das ist Gott. Das ist nicht meine Schönheit, das ist seine Schönheit, was er mit Menschen tut. Wie groß ist seine Liebe! Ist dies nicht ein riesengroßes Zeichen seiner Barmherzigkeit? Da kann ich doch zu anderen Menschen sagen: „Schau mal, du hast viel weniger als ich gesündigt, und warum hast du Angst vor Gott? Hab keine Angst. Schau mal, was ich getan habe und wie er mich heilt!"
Jetzt, wo ich heil werde, habe ich erst verstanden, wie krank und kaputt ich gewesen bin. Aus der Perspektive des Krankseins habe ich es nicht verstanden, aber aus

diesem „Heilwerden" durch Gott. Gott ist Alles. Er ist Alles. Sogar die Liebe unter den Menschen ist nur ein Abglanz der Liebe Gottes. Gott möchte uns einfach nur zurücklieben, zurück vom Rand des Abgrundes, an dem wir stehen. Wenn wir Sehnsucht nach Glück haben, das heißt ja nichts anderes, als dass wir etwas von ihm in uns wiedererkennen.

Wenn die Menschen aggressiv werden, das zeigt ganz einfach: Ich habe da irgendwo in eine Wunde reingefasst. Das zeigt das Vorhandensein einer Wunde. Wenn wir diese Sehnsucht nach Glückseligkeit haben, dann ist das ein Zeichen dafür, dass wir den Urzustand mal hatten ... Adam und Eva ... ohne Sünde ... das ist noch in uns drin. Wie so ein Keim. Diese Sehnsucht kann nur Gott erfüllen. Wir können dieses Abgleiten von Gott dadurch aufhalten, dass wir umkehren und sagen: „Gott hilf mir!" und dann bei ihm bleiben. Er zieht ja ...

Ich hatte mal so ein Bild mit so einem Brunnen ... ich sitze in diesem Eimer drin, und Gott dreht oben an der Kurbel. Aber er dreht nur, wenn ich bete. Der Brunnen ist nach unten verengend gewesen. Also unten in der Tiefe ist der ganze Morast und der Dreck, und an den Wänden waren Hände, die immer nach dem Eimer, in dem ich sitze, gegriffen haben. Das war die Sünde, die den Eimer in Unsicherheit und ins Schwanken bringen will. Ich war damals gerade in einer Phase, in der ich sehr hochmütig gewesen bin, wo ich sagte: „Gott beschenkt mich reichlich! Wer seit ihr denn mit eurem kümmerlichen geistlichen Leben!" Und Gott hat dann einfach mal ganz kurz die Kurbel losgelassen, und da fingen die Arme der Sünde an, die Versuchungen, meinen Eimer zu berühren. Da habe ich mich aber schnell abgeduckt und versteckt in dem Eimer und Angst bekommen. Demut ... nur mit Demut, nichts anderes. Das ist der Boden der Heiligkeit, zu der wir berufen sind, und ich habe wieder ganz schnell angefangen zu beten, und Gott hat dadurch angefangen wieder zu kurbeln ... dem Licht entgegen.

Der Sündenfall ist – denke ich – einfach ungehorsam sein gegenüber Gott, einfach nicht auf Gott vertrauen, denn wenn Gott sagt: „Ihr sollt das nicht tun!", dann hat das seine Bewandtnis. Wenn ich mich dagegen auflehne, dann vertraue ich Gott nicht, dann misstraue ich ihm, dann bin ich ungehorsam.

Was ist passiert, als am 11. September das World-Trade-Center zusammengestürzt ist ... Was ist passiert in der ganzen Welt? ... Die ganze Welt fing an zu beten. Menschen, die vorher nie in die Kirche gegangen sind, liefen plötzlich in die Kirche. Die ganze Welt fing an zu beten. Was ist Gottes Absicht, wenn er Not und Elend zulässt? Verlier dabei bitte diesen Blickwinkel der Ewigkeit nicht aus den Augen! Unser Leben ist nur eine zeitliche Begrenztheit! Wenn wir heute sterben, haben wir immer noch die Ewigkeit, aber wir bestimmen, wo dieser Ort sein wird, durch unser Leben, durch Ungehorsam oder Gehorsam. Die Menschen, die reiben sich so oft an diesem Wort „Gehorsam". Das kommt von gehorchen, von horchen, von hören ... Das ist der Wortstamm dieses Wortes. Wenn ich etwas liebe, ist für mich Gehorsam kein Zwang, sondern ein Bedürfnis, eine Notwendigkeit. Notwendigkeit.

Gott ist Herr über Leben und Tod, und wenn er sagt, es passiert nichts ohne sein Zulassen, muss ich vertrauen. Auch wenn er das Böse zulässt, hat das seinen Grund. Hiob ist das beste Beispiel dafür. Wenn ich über meine Angst hinausschauen kann und vertraue und sage: „Gott, ich verstehe das nicht, was jetzt hier passiert, denn es geht auch gegen meine Eigenwilligkeit und gegen meine Selbstsucht. Ich sage aber: nicht mein Wille geschehe, sondern dein Wille ... Gib mir die Kraft, deinen Willen zu

erkennen, ihn zu leben, weil ich darauf vertraue, dass du nur das Gute in der Absicht hast. Ich kann das jetzt zwar noch nicht sehen, weil ich immer nur auf meine Fußspitzen und meinen Bauchnabel schaue, aber ich weiß, dass das dein Plan ist und dass am Ende des Planes das Gute steht!" So gehe ich durch die Wüste, und es wächst Gottvertrauen in mir. Irgendwann kommt dann wieder eine Oase, und dadurch bestätigt er es: „Du bist auf dem richtigen Weg!"
Ich liebe Gott. Ich habe ihn lieben gelernt. Das ist so ein langer Prozess gewesen, bis ich begriff, dass Liebe kein Gefühl ist ... jeder hat ja eine andere Sprache der Liebe. Der eine sagt: „Zweisamkeit ist meine Sprache der Liebe", der andere sagt: „Geborgenheit, ein anderer Zärtlichkeit" ... der Nächste sagt: „Hilfsbereitschaft" ... der Nächste sagt: „Geschenke" ... So gibt es verschiedene Sprachen von Liebe.
Wenn jetzt meine Sprache der Liebe zum Beispiel „Zweisamkeit" ist und deine Sprache „Geschenke", und ich versuche andauernd, mit dir zu sprechen über Zweisamkeit, dann fühlst du dich nicht geliebt, dann wird dein Tank nicht voll, sondern leer.
Wenn wir aber kommunizieren, dann sagst du zu mir zum Beispiel: „Also, ich möchte gern in die Oper gehen!", und ich weiß, wenn ich es tue, fühlst du dich geliebt, und ich sage: „Ich komme mit. Ich hab zwar keine Lust, aber ich tue es, weil ich dich liebe!" Oder Staubsaugen ... ich habe keine Lust zum Staubsaugen ... wenn deine Sprache der Liebe aber Hilfsbereitschaft wäre und du sagst: „Saug doch mal Staub oder wasch doch mal ab!" ... Ich habe da zwar keinen Bock drauf, aber ich mache es, um dir zu zeigen, du bist geliebt. Das ist die Sprache der Liebe. Liebe ist kein Gefühl. Das Gefühl ist nur der Auslöser. Liebe ist tun. Und all die Dinge, die wir in den menschlichen Beziehungen erleben, die sind ein Abglanz unserer

Beziehung zu Gott. Wenn ich sage: „Ich habe kein Gefühl beim Beten. Das ist alles so trocken und ich habe auch keine Lust!", es aber dann trotzdem tue, fühlt sich Gott geliebt. Gefühl ist nicht Liebe. Gott sagt uns doch: „Du brauchst gar kein Gefühl beim Beten, aber tu es einfach treu, dann fühl ich mich von Gott geliebt." Es ist wie bei den Menschen. So habe ich mein Gebetsleben in die Reihe gekriegt. Ich habe gesagt: „Okay, ich bin dir treu, weil du es liebst." Früher habe ich Menschen geärgert, heute sagt Jesus zu mir: „Komm, lass uns den Teufel ärgern. Sing mal ein Lied. Sing mal ein Loblied!"

*„Ich denk, das ist wie, wenn man sich
in einen Menschen verliebt."*

Anja
30 Jahre, verheiratet, zwei Kinder,
Sozialpädagogin

Ich bin verheiratet, mit dem besten Mann der Welt, habe zwei tolle Kinder und bin von Beruf Sozialpädagogin. Ich bin 1993 getauft. Eine lange Zeit. Mir kommt das vor, als wäre das schon ewig so. Das erste Mal, dass ich intensiver darüber nachdachte, ob es Gott geben könnte, das war kurz vor meinen Abiturprüfungen. Ich war mit Freunden zelten und wurde in ein Gespräch mit Christen verwickelt. Da ging es irgendwie um Organtransplantation. Wir waren in einem Eiskaffee und haben geredet. Sie machten da so eine Bemerkung von wegen, das Leben auf der Erde wäre gar nicht so wichtig, es kommt ja noch so viel danach ... Da habe ich sie angeguckt und verstand überhaupt nicht, wovon sie reden.
Also vorher in meiner Kindheit ... meine Eltern, die hatten nichts mit Kirche zu tun. Als ich etwa 12 war, habe ich wohl mal gefragt, was die Bibel ist, weil ich von der irgendwann gehört hatte. Da habe ich eine Bibel in die Hand bekommen und ich habe auch angefangen, sie zu lesen, aber nach den ersten Seiten habe ich es gelassen. Ich fand es uninteressant, diese ganzen Verwandtschaftsbezeichnungen... Ich hatte auch niemanden, der mir das erklären konnte. Für ein Kind ist das einfach unüberschaubar.
Ja, von daher ... „gelernt" hat man ja, Kirche ist was für alte Frauen, die nicht besser wissen, wie die Welt ent-

standen ist. Das war auch mein Standpunkt. Aber nach diesem Gespräch in dem Eiscafe, da war plötzlich etwas, wo ich ins Fragen kam. Diese Leute, mit denen ich redete, die waren so alt wie ich. Ich konnte das einfach nicht nachvollziehen, weshalb sie an einen Gott glaubten. Mich hat das fasziniert. Wir haben uns ewig unterhalten. Ich habe so viele Fragen gestellt. Sie haben mir irgendwas von Dreifaltigkeit erzählt... kein Wort hab ich kapiert. Das war nur so, dass sie davon mit so glühenden Augen erzählten, dass ich dachte: „Die glauben da wirklich dran. Das ist denen etwas ganz Wichtiges." Irgendwie ist da in dem Moment mein Weltbild verrutscht.
Ich weiß, dass ich oft als Kind im Bett lag und meine Eltern fragte: „Was ist dann, wenn ich tot bin?", und zur Antwort habe ich gekriegt: „Ach, das ist noch so lange hin. Du bist noch so jung." Und dann habe ich gefragt: „Aber, was ist, wenn das Haus jetzt einstürzt?", und sie sagten: „Ach das Haus ist erst neu gebaut, da wird nichts einstürzen"... Das waren so die Antworten, die ich immer und immer wieder bekam. Irgendwann hört man dann auf zu fragen.
Mit 18, das war dann gerade so eine Zeit, wo ich erst anfing, mir meine eigenen Vorstellungen vom Sinn des Lebens zu machen. Ich kann nicht sagen, dass ich auf der Suche gewesen wäre. Das war halt so, dass ich aufgehört hatte zu fragen, weil ich einfach keine Antworten mehr kriegte. Für meine ganze Umgebung – so erschien es mir jedenfalls – war alles einfach so, wie es ist. Da hat man nicht viel darüber geredet und auch nicht nachgefragt. Vielleicht war es für mich Glück, dass ich damals zelten war. Heute glaube ich nicht mehr an einen „Zufall."
Nach diesem Gespräch in dem Eiscafe war ich so durcheinander und konnte ganz lange keinen klaren Gedanken fassen. Ich bin dann ganz für mich alleine auf einen

Berg gegangen. Dort oben habe ich einfach nur gedacht: „Gott, wenn es dich wirklich gibt, dann zeig mir das irgendwie!" Ich habe wahrscheinlich das erste Mal in meinem Leben gebetet. Alles war aus den Fugen geraten.

Dann lernte ich dort jemanden kennen, der katholisch war. Er erzählte, dass Bob Dylan nach seinem Motorradunfall religiöse Lieder geschrieben hat. Wir haben uns ganz oft getroffen und nächtelang geredet. Da wusste ich noch nicht, dass er mal mein Pate werden sollte. Ich habe ihm alle möglichen Fragen gestellt: „Wie kann es sein, dass es Kriege gibt, wenn es einen Gott gibt? Warum macht der da nichts dagegen?" Und natürlich Fragen über Jesus ... was das für einer war.

Ich habe immer tiefer nachgefragt. Dass Christentum etwas mit irgendeinem Jesus Christus zu tun hat, das hatte ich schon gehört, aber wirklich nicht mehr. Aber das waren nicht die wichtigsten Fragen. Eher: „Wie kann es sein, dass es einen Gott gibt?" Ich weiß noch, dass mich damals diese Vorstellung fasziniert hat, dass wir ja in der Unendlichkeit und in der Ewigkeit schon leben und dass wir ja, mit normalem Menschenverstand, eigentlich schon sagen können, dass, wenn es irgendwo einen Anfang gab von der Geschichte der Menschheit oder von der Geschichte der Welt: Was war davor? Es muss davor etwas gegeben haben, und was wird danach sein? Auch die Sterne und das Universum ... Natürlich, man kann immer fragen: „Was ist danach, was ist danach ... da muss doch irgendetwas sein!", aber dieses Nachdenken über die nicht fassbaren Dimensionen, das war damals für mich irgendwie so ein Aha-Erlebnis ...

Ich hatte dann einen totalen Wissensdurst.

Dann hatte ich noch diesen Spruch gehört: „Wer Gott sucht, wird ihn auch finden", und ich habe gesagt: „Ich muss ihn finden!" Immer wenn es sich irgendwie ergeben hat und jemand angedeutet hat, dass er Christ ist, hab ich gefragt.

Spätestens – ich kann die Zeit jetzt nicht mehr einschätzen – ein halbes Jahr nach meinem ersten „Gebet" auf diesem Berg kam der Wunsch, mich taufen zu lassen. Ein ganz wichtiger Punkt war für mich damals auch, dass ich dachte: „Wenn alle Christen wären, dann wäre die Welt ganz anders." Das war damals ein so schönes Gefühl zu wissen, dass es Leute gibt, die sich zu diesem Gott bekennen ... zu diesem liebenden Gott und dass sie diese Liebe auch in die Welt tragen wollen, und ich wollte dazugehören. Ich dachte: „Wir müssten alle so leben und Jesus nachfolgen, dann würde es keine Kriege geben, keine Verletzungen." ... ein neues Weltbild. Ich denke, das war so der erste Wunsch, dass ich nicht draußen bleiben wollte, dass ich dazugehören wollte. Ich habe in dieser Zeit zum ersten Mal ganz deutlich gespürt, dass es Gott gibt.

Mein späterer Pate hat dann nach all den nächtelangen Diskussionen gesagt, ich solle doch einfach mal mit zum Gottesdienst kommen. Das war wohl das Beste, was er machen konnte. Ich war dann damals mit in der Hofkirche in Dresden. Die war fast voll. Die vielen Menschen dort zu sehen, die alle zu Gott gebetet haben ... Beim Friedensgruß gaben sich die Leute die Hand, egal ob sie sich kannten oder nicht. Das hat mich fasziniert.

Kurze Zeit später bin ich dann zum Pfarrer gegangen und hab um die Taufe gebeten. Ich hatte ein ganzes Jahr Taufunterricht. Das war eine lange Zeit, fand ich. Ich wäre lieber schon früher getauft worden. Ich hatte so eine richtige Sehnsucht danach.

Es war für mich eine sehr schwere Frage zu entscheiden, ob ich evangelisch oder katholisch werden sollte. Für mich war klar: „Ich will getauft werden!" Ich war dann ja zu Besuch in katholischen Gottesdiensten, von daher habe

ich einfach ganz viel Katholisches mitbekommen, war aber auch bei der „Jungen Gemeinde", die evangelisch ist. Für mich war das eine so unsinnige Frage. Ich wollte Christ sein. Ich wollte zu Gott gehören. Warum musste ich mich jetzt entscheiden, ob evangelisch oder katholisch?
Es gab dann zwei ausschlaggebende Punkte, warum ich letztendlich katholisch geworden bin. Der eine war, dass ich natürlich alle Leute, die ich getroffen habe, und die, mit denen ich im Gespräch war, gefragt habe, was sie mir denn empfehlen würden. Da habe ich es zwei Mal erlebt, dass mir evangelische Leute gesagt haben: „Also auf jeden Fall evangelisch. Katholisch, das kannst du dir nicht antun, die sind so was von verstaubt und arrogant." Die Katholiken waren da anders. Die sagten: „Hauptsache, du wirst überhaupt getauft. Wie, das ist eigentlich erst mal egal." Das fand ich gut. Es waren einfach die Begegnungen und die Menschen, die ich da getroffen habe.
Und der zweite Punkt war, dass, wenn ich zu einem evangelischen Gottesdienst gegangen bin, ich das sehr nüchtern fand. Da fehlte mir einfach das Wichtigste, dieses Feierliche. Dieses rein Nüchterne, das war mir einfach nichts. Da hatte ich das Gefühl, Gott ist nicht da. Das gab eine Menge Diskussionen. Ich musste mich ja scheinbar gegen etwas entscheiden. Damals wusste ich aber gar nicht, gegen was ich mich hätte entscheiden sollen. Ich hatte ja nicht gesagt: „Ja, ich werde jetzt katholisch, weil ich glaube, genau in dem Moment der Wandlung ist es dann so, dass Gott im Brot wirklich da ist." So denkt man doch noch nicht, wenn man sich taufen lässt. Klar, da passiert was in der Messe, das habe ich gespürt.
Ich diskutierte da vor kurzem mal mit einem evangelischen Pfarrer darüber. In der evangelischen Kirche gibt es ja noch so viele Verzweigungen. Es gibt dort Menschen, die glauben, „das Brot" ist nur ein Zeichen. Die

Lutheraner sagen aber wieder: In dem Moment, in dem man die Kommunion nimmt, ist es der Leib Christi, danach ist er es aber nicht mehr. Aus katholischer Sicht ist es so, dass, wenn das Brot einmal gewandelt ist, dann ist es gewandelt und es bleibt immer Leib Christi. Das ist so dieser Unterschied. Ich denke einfach, das macht doch Gott, und es ist sowieso, wie es ist, ob wir da jetzt die Wahrheit finden oder uns um diesen Punkt streiten. Ich behaupte heute auch, dass es in unserer Kirche Katholiken gibt, die „die Wandlung" bestimmt auch bloß als Zeichen sehen.

Mir ist es nicht so gegenwärtig, dass ich vor meiner Taufe extrem aufgeregt gewesen wäre. Ich weiß nur, ich habe mich unheimlich darauf gefreut. Es war wie der Beginn eines neuen Lebens. Der Pfarrer hatte ja vorher alles genau erklärt … die Zeichen … und ich hab nur gedacht: „Du musst da jetzt genau dran denken, und du musst dir das jetzt auch wirklich so vorstellen!" Aber das war dann einfach alles genau so, wie er gesagt hatte. Ich musste mir das nicht einbilden. Wie soll ich das beschreiben … Ich weiß, dass ich dachte, das Wasser ist angewärmt, und dann war das Wasser total kalt. Es war irgendwie ein Schreck. Mir war wie sterben und mit Jesus auferstehen. Ich habe das so empfunden in dem Moment. Es war so ein ganz unbeschreibliches Gefühl … alles war so ganz hell, so von innen her. Als ich dann dieses Taufkleid anhatte, da war mir, als würde Jesus wirklich genau neben mir stehen, als wäre er da …

Dieses dann wieder „in der Bank stehen" nach der Taufe, das war plötzlich, als wäre ich ein anderer, neuer Mensch. Nicht vielleicht anders, aber neu auf jeden Fall. Es war ein Gefühl, so völlig rein gewaschen von Schuld und Sünde zu sein, so ganz sauber … An die erste Kommunion kann ich mich nicht so erinnern. Ich weiß auch da nur, dass ich mich unheimlich darauf gefreut hatte.

In der ersten Zeit nach der Taufe hatte ich so ein ganz klares Sündenbewusstsein. Sobald irgendetwas gewesen ist, ich zum Beispiel irgendwie schlecht über jemanden geredet oder gedacht habe, das war immer wie so ein Stück Dreck. So als ob dieses weiße Leuchtende verdeckt und ein Stück davon ausgelöscht wurde. Jedes Mal habe ich dabei so einen richtigen Schlag ins Herz gespürt. Das ist mir noch sehr bewusst ... auch, dass ich jeden Morgen aufgewacht bin mit dem Gedanken: „Du bist ein Gotteskind!" Ich glaube, das war Liebe.

Manchmal vermisse ich heute die Zeit von damals. Das war so ein innerer intensiver Kontakt, als würde Gott neben mir stehen. Ich habe wirklich hautnah mit ihm gelebt. Ich hatte nur wenige solche ganz intensiven Glaubenszeiten in meinem Leben. Es gab immer wieder Dürrezeiten, wo ich irgendwo im Alltag versackt bin. Vor der Taufe und auch die ersten Monate danach, das war einfach eine Zeit, wo ich nur im Gebet gelebt habe. Ich wollte immer beten. Das war einfach so. Das kam in jeder Lebenssituation.

Ich war dann sehr unglücklich darüber, dass der Alltag so schnell eingezogen ist. Damals habe ich auch angefangen zu studieren. Da kam so viel Neues auf mich zu. Irgendwie ist dieses Gefühl nach der Taufe einfach durch so vieles überlagert worden. Die Zeit der Vorbereitung durch meinen Paten und der Taufunterricht, das war so eine ganz intensive Zeit – und dann war man halt Christ. Ich hätte danach einfach noch viel mehr Hilfe gebraucht, habe die aber nicht bekommen. Ich war oft am Wochenende zweimal zum Gottesdienst, weil ich das einfach wollte, aber es gab einfach keine Begleitung mehr. Ich war dann auch bei der Studentengemeinde in Dresden, aber das war nicht so meins.

Im September 1993 bin ich nach Berlin gegangen und habe dort angefangen, an der Katholischen Fachhoch-

schule Sozialpädagogik zu studieren. Ich dachte, dass man dort auch Orientierung und ein Stück weit Halt kriegt, auch im Glauben wachsen kann. Stattdessen wurde ich noch mehr verwirrt. Es waren so viele verschiedene Leute, die da mit mir im Semester zusammenkamen, evangelische, Charismatiker ...
Wir hatten eine Soziologieprofessorin, die hat nur von Bewusstseinssprüngen und schwarzen Löchern erzählt. Das war furchtbar für mich. Es gab auch Glaubensabende, die angeboten wurden. Da bin ich mal zu einem hingegangen. Dort erzählte der Professor, dass die Wunder von Jesus gar keine Wunder wären, sondern dass das alles medizinisch und im weitesten Sinne psychologisch zu erklären sei. Es war unheimlich schwer für mich, damit klarzukommen und erst mal niemanden im Rücken zu haben, der mich irgendwie auffangen konnte. Plötzlich war da diese Vielfalt von Christentum, diese vielen verschiedenen Glaubensrichtungen ... dann auch wieder dieser gleitende Übergang zu Sekten ... Ich war doch selber noch nicht so fest verwurzelt, wusste viel zu wenig und bin da dann einfach total reingeschmissen worden, wo ich doch kaum schwimmen konnte.
Ich war dann sehr unsicher. Für mich war es sehr schwer, meinen Glauben nach außen hin zu vertreten, weil ich den anderen gegenüber nicht argumentieren konnte. Die waren viel gefestigter in ihren Glaubensrichtungen. Ich wusste auch nicht, ja ... ist dies oder jenes jetzt typisch katholisch, und muss ich das jetzt unbedingt glauben, was sie erzählen. Das war für mich ganz schwierig. Mir tat unheimlich gut, sonntags zum Gottesdienst zu gehen und da ein Stück Heimat zu haben. Die Liturgie ist ja überall gleich, an jedem Ort. Das hat mir ganz viel Halt und Stütze gegeben. Ich habe dann im Studium eine Freundin gefunden, die war evangelisch. Sie hat mir sehr geholfen in diesem ganzen Wust. Ich war dann

mit ihr zu Bibelkreisen bei ihren evangelischen Freunden. Diese Begleitung, die nach der Taufe einfach abgebrochen war, dieses Wachsen im Glauben, ging dann eigentlich auf diese Art weiter.

In meinem Leben hat sich unheimlich viel verändert, seit ich Gott kennen gelernt habe. Ich denke, einerseits ist die Taufe so ein ganz äußeres Zeichen. Ich hab vor allen Leuten, auch vor meinen Eltern, die es bis heute nicht verstehen, bekannt: „Ja, ich will Christ sein! Ich will zu Gott gehören!" Aber es geht ja noch um etwas anderes. Ich glaube heute, dieses Gespräch in dem Eiscafe... Gott hat mich da hingeführt. Er hat mir da die Gnade geschenkt, dass ich über ihn nachdenke. Das war der erste Moment, in dem ich Ohren und Augen geöffnet bekam. Ich weiß noch, wie ein Mädchen sagte: „Ach, ich würde kein Organ von jemand anders nehmen. Dann sterbe ich halt." Ich fragte dann: „Wieso, wenn man sonst sowieso tot ist und so länger leben kann?", und sie antwortete: „Aber mir ist das überhaupt nicht so wichtig, das Leben hier auf der Erde." Die das sagte, war jünger als ich, also vielleicht 17. Heute verstehe ich sie.

Bevor ich diese Christen damals traf, habe ich nicht wirklich über Gott nachgedacht. Ich denke im Nachhinein, Gott war irgendwie in diesen Leuten. Er hat mir diese Leute geschickt, damit ich mit ihnen reden kann. Er war da, in der Luft um mich rum...

Vorher hatte ich in meinem Leben kaum jemanden getroffen, der Christ war. Eigentlich erinnere ich mich nur an zwei Begegnungen. Einmal bin ich mit einem Mädchen, das zwei Jahre jünger war als ich, zum Schwimmen gewesen. Als wir an der Kirche vorbeigingen, sind wir da rein, und sie hat mir die Kirche gezeigt. Sie hat mir Geschichten von den Aposteln und so was erzählt. Das hat mich damals nicht interessiert, aber trotzdem habe ich es mir so gemerkt. Komisch ... im Nachhinein.

Dann gab es später noch mal eine Begegnung in der 11. oder 12. Klasse. Wir hatten eine Partnerschule in Oberhausen, und da hatte ich eine sehr intensive Freundschaft zu einem Mädchen, das katholisch war. Sie war Messdienerin und hat auch Messdienergruppen geleitet. Sie hat abends oft christliche Lieder gesungen und ich habe mitgesungen. Es war aber nicht so, dass mir damals wirklich bewusst war, was ich sang. Ich denke, ich habe Gott erst finden können, als er mich gesucht hat.

Die Taufe war dann so ein Zeichen von seiner Seite und von meiner: Ja, wir gehen jetzt zusammen … Ich denke, das ist, wie wenn man sich in einen Menschen verliebt. Freude, wie ein Luftballon, der Raum schafft, einander kennen zu lernen. Der kann natürlich auch zerplatzen. Dann kommt es drauf an, ob innen drin Liebe gewachsen ist oder nicht. Mit der Taufe ist das wie mit einer Ehe: Es ist ein Schritt von beiden Seiten. Man sagt einfach: „Ja! Wir leben zusammen!" Genau so ist das mit Gott … ein Eheleben. Der Alltag ist natürlich manchmal nicht einfach.

Ich denke oft, mir muss früher doch etwas gefehlt haben … Ich verstehe jetzt nicht mehr, wie ich jemals ohne Gott leben konnte. Ich dachte, man hat halt Glück oder nicht, aber das habe ich nie irgendwie mit einem Gott in Zusammenhang gebracht. Schicksal eben … Für mich gab es früher keine Kraft von außen.

Heute glaube ich, dass Gott die Kraft, die Macht ist, die alles geschaffen hat, was ist. Er ist der Schöpfer, … der seine Schöpfung, also uns Menschen und alles, was ist, unendlich liebt … und deshalb will er auch, dass wir das Leben, also dass wir ihn lieben. Und er hat seinen Sohn auf die Welt gesandt, um uns davon zu erzählen … Gott kann man nicht definieren.

Mein Glaube beeinflusst die ganze Einstellung dazu, wie ich mein Leben lebe. Ich glaube, wenn man denkt, mit dem Tod ist alles vorbei, dann guckt man, dass man, natürlich ohne andere zu sehr zu beschneiden, wie man selber auf einen grünen Zweig kommt, es sich gut gehen lässt ... Sicher, ich habe von meinen Eltern ganz viele humane Werte vermittelt bekommen. Ich habe immer gern geholfen, aber ich denke jetzt auf einer anderen Ebene. Es ist halt nicht dieses: man ist nett, sondern: Gott liebt mich so sehr, dass ich gar nicht anders kann, als seine Liebe den Menschen weiterzuschenken. Das ist etwas anderes. Ich denke, die Hölle muss sein, wenn man im Himmel ist und auf sein Leben gucken kann und dann plötzlich sieht, was man alles falsch gemacht hat und wo man überall gefehlt hat. Dann steht man vor Gott, vor dieser endlosen Liebe und sieht, wie wenig man eigentlich geliebt hat. Ich denke, dass die Sünden, die ich jetzt begehe ..., dass ich mich damit auseinanderlebe mit Gott, wie in einer Ehe halt. Und „Höllenqualen" werde ich dann leiden, wenn ich das erkenne.

Ich denke oft, warum musste Jesus überhaupt am Kreuz sterben? Warum ist ein Menschenopfer nötig gewesen? Das muss damals wirklich ein Kampf zwischen Gut und Böse gewesen sein. Aber dass Jesus für uns gestorben ist und dass wir uns auf ihn berufen können, zeigt, dass das Böse einfach nicht Herr werden kann. Gott ist immer stärker mit seiner Liebe.

Meine ganze Familie glaubt ja nicht. Das ist schon eine schwierige Frage für mich. Wie soll ich damit umgehen, wenn ein mir wichtiger Mensch sehr krank ist und es für ihn einfach nichts gibt am Ende? Wenn ich zu einer katholischen Beerdigung gehe, ist das ein Stück weit schön und auch tröstlich. Aber als mein Opa gestorben ist, ... ein professioneller Beerdigungsredner, der meinen Opa überhaupt nicht gekannt hat und der bei jedem vielleicht die gleiche Rede hält, egal wer da im Grab liegt. Das war so trostlos und schrecklich ... und dann auch meine Mut-

ter und meine Oma so leiden zu sehen, das war furchtbar für mich.
Ich weiß noch, dass ich als Kind abends vor dem Einschlafen oft darüber nachdachte: „Was ist dann, wenn nichts mehr ist?" Ich hatte Angst vor dem Tod. Nachts hatte ich oft Alpträume. Heute denke ich ... also sterben will ich nicht, aber der Tod muss schön sein. Ich denke einfach, wenn man dann so in Gottes Nähe sein kann ... wo es doch jetzt schon so ist, dass ich so viel Liebe spüren darf, obwohl ich ja ein Stück weit getrennt von ihm lebe. Da muss der Tod, das ewige Leben in der Nähe zu Gott, ja unglaublich schön sein...
Aber was wird dann sein, wenn meine Eltern sterben, oder meine Schwester oder meine Oma? Es tut mir so leid, dass sie einfach so arbeiten, arbeiten, arbeiten, aber eigentlich gar nicht diesen Sinn im Leben sehen.
Damals, als ich mich taufen ließ, haben sie gesagt, ich sei verrückt. Sie haben mich nicht ernst genommen, und sie haben gesagt: „Wenn du dich schon taufen lässt, warum nicht in der Tradition der Familie, evangelisch?" Als sie dann mitgekriegt haben, dass es mir wirklich ernst ist, wurde einfach nicht mehr drüber geredet. Ich denke mal, es ist mit Eltern und Kindern eh schwierig. Das erste Mal, wo zumindest mein Vater ein bisschen interessierter nachfragte, was meinen Glauben betrifft, das war, als der Georg, mein heutiger Mann, das erste Mal mit in meiner Familie war. Mein Vater wusste, dass ich ihn kennen gelernt hatte, als er im Aspirantat war. Georg wollte eigentlich Salesianer Don Boscos werden. Da hat mein Vater mal so nebenbei gefragt, warum man in einen Orden geht, so äußerlich halt ...
Georg habe ich 1999 das erste Mal getroffen. Ich habe in einer katholischen Einrichtung gearbeitet. Als wir uns kennen lernten, war das noch einmal so eine ganz intensive Zeit, in der ich Gott „hautnah" gespürt habe.

Georg war ja schon mit dem festen Entschluss, bei den Salesianern einzutreten, nach Berlin gekommen. Er hat sich die Entscheidung für mich nicht leicht gemacht. Wir spürten aber beide, dass Gott uns zusammengeführt hat. Wir haben eine Liebe in solchem Übermaß gespürt, dass das gar nicht anders sein konnte, als dass Gott selbst diese Liebe ist. Ein Jahr später, 2000, haben wir dann geheiratet.

Für mich war es ein ganz hoher Wert, rein in die Ehe zu gehen. Nach der Taufe sehe ich es für mich so, obwohl das ja rein biologisch nicht so gewesen ist. Also als Jugendliche damals... Nicht dass ich schlimm gewesen wäre – ich hatte einen Freund vorher –, aber mit der Taufe, da habe ich ein neues Leben geschenkt bekommen. Was vorher war, zählte nichts mehr. Gott hat mich noch mal ganz von vorn anfangen lassen.

Unsere Hochzeitsnacht war dann wirklich eine Hochzeitsnacht... Auch wenn es schwer war, „aufeinander zu warten", aber wir hätten uns vorher so viel vergeben. Ich weiß, dass das antiquiert klingt. Aber ich bin sicher, dass diese Achtung, ja vielleicht sogar Ehrfurcht vor dem anderen unsere Ehe stark gemacht hat.

Georg und ich, wir haben schon in Berlin immer gebetet, dass Gott uns doch irgendwie zeigt, wo er uns gebrauchen will, uns dahin stellt, wo er will. Jetzt habe ich für mich das Gefühl: Genau hier ist es! Die Sehnsucht, die ich immer hatte … jetzt haben wir schon zwei Kinder … eine Familie. Ich habe das erste Mal in meinem Leben das Gefühl, dass ich sage: Hier soll ich sein! Genau hier sollte ich hin!

Ich hatte auch mal eine Zeit, wo ich dachte: „Soll ich vielleicht ins Kloster gehen?" Da wollte ich dann immer, dass Gott mal eine Entscheidung schickt. Zweimal ist es mir dann passiert, dass mir, als ich darüber nachdachte, ein Lkw über den Weg gefahren ist mit einer riesengroßen Aufschrift „Kloster" –, so hieß das Transportunternehmen! – Dann hab ich wieder gedacht: „Nein, ich will eigentlich gar nicht." Heute denke ich: „Versteif dich nicht auf Zeichen und erwarte keine Zeichen, sondern geh mehr nach deinem Gefühl!" Es war vielleicht ein viel deutlicheres Zeichen, dass ich immer so eine ganz tiefe Sehnsucht in mir hatte ... Ich wollte immer eine Familie haben, eine große Familie ...

Am Sonntag in die Messe zu gehen, ist für mich, einfach „platt" gesagt: Gott zu dienen. Ich denke immer, diese Stunde will ich einfach nur für Gott da sein. Ich will einfach abschalten, einfach auftanken und ganz klar nur zu Gott in Beziehung stehen ... und dann die ganz intensive Gemeinschaft und die ganz intensive Nähe bei der Kommunion... Das hat einen ganz hohen Stellenwert für mich. Es ist sehr schwierig, das auszudrücken. Man hört ja oft den Spruch: „... das ist ja was Kanibalistisches, seinen Gott zu essen".

Ich weiß nicht, wie ich das beschreiben soll ... ich denke einfach, das ist doch so ein ganz großes Zeichen von Gottes Liebe, dass er sich so klein macht, dass ich ihn aufnehmen kann. Ich hab oft an dieses Wort gedacht: „Ich hab dich zum Fressen gern!", oder „Ich könnte dich aufessen!" Das ist doch so, wenn man jemanden sehr liebt, dass man ihn einfach so nah und am besten in sich haben will. Das ist einfach so ein Zeichen von Nähe. Als ich schwanger war, hab ich oft gedacht: „Das ist so schön jetzt, dass ich Gott in mich aufnehmen kann und dass mein Kind dann auch noch etwas davon abbekommt." Das war, als wenn ich meinem Kind erklären würde, was Liebe ist. Das kann man nur erfühlen, nur im Glauben verstehen: Gott ist Liebe.

Ich erfahre Gott sehr durch meine Kinder... Wenn ich sie so erlebe, erlebe, wie sie wachsen ... Das sind für mich jetzt „Zeichen" Gottes. Früher habe ich gesagt: „Gut, das ist die Natur und das ist die Entwicklung!" Jetzt erlebe ich durch die Kinder ... ich weiß nicht, wie ich das ausdrücken soll ... einfach ganz deutlich, dass es Gott gibt. Alles, was jetzt passiert und was ich erlebe, das steht einfach automatisch in einem Zusammenhang mit Gott.

Wir beten gemeinsam, jeden Morgen und jeden Abend. Am Anfang war das so ganz intensiv, jetzt ist es halt so der Alltag. Es ist immer so ein Auf und Ab. Manchmal muss wieder ein Tief kommen, damit die Sehnsucht wieder wächst, mehr zu beten.

Heute bin ich unsicher, wie ich meinen Kindern Glauben vermitteln kann. Ich will nicht, dass meine Kinder einen verschrobenen Glauben kriegen. Zu Weihnachten war das schon eine ganz schöne Diskussion ... der Weihnachtsbaum, das Christkind. Ich hab erst gedacht: „Man muss doch mehr nüchtern rangehen. Man kann den Kindern doch nicht erzählen, dass das Christkind reingeflattert kommt und die Geschenke hinlegt. Es geht doch bei dem Fest um das Reich Gottes." Andere Eltern haben dann gesagt: „Man kann den Kindern doch nicht ihre Träume und ihre Märchen nehmen. Kinder brauchen Märchen und Träume!"

Ich frage mich oft: „Ist es einfacher, wenn man als Erwachsener glauben gelernt hat oder wenn man als Kind getauft wurde?" Ich bin heute sehr froh über die Erfahrung, als Erwachsene getauft zu sein ... das so ganz bewusst mitgekriegt zu haben. Ich denke, als Erwachsener ist es ein ganz bewusster Schritt, sich für den Glauben zu entscheiden... Ich weiß heute aber auch, dass jedes getaufte Kind, das mit den Eltern Mit-Glauben lernt sozusagen, irgendwann in der Jugendzeit oder auch später so einen bewussten Schritt machen muss.

Ich habe mir diese Frage oft im Zusammenhang mit der Taufe unserer Kinder gestellt. Der Georg war sehr für die Taufe der Kinder. Als sie geboren wurden, habe ich gedacht: „Sie sind doch schon Kinder Gottes. Wenn ihnen was passieren sollte, nimmt Gott sie doch auf jeden Fall zu sich, ob sie nun getauft sind oder nicht." Unsere Argumente für die Taufe waren dann: Wenn man getauft ist, dann ist man auch ein Stück weit in einer Gemeinschaft drin. Man wird ja in die Gemeinschaft der Kirche rein getauft und wächst mit Christen auf. Diese Möglichkeit wollten wir unseren Kindern eröffnen. Sie haben immer noch die Chance, sich dann später bewusst zu entscheiden, ob sie zur Firmung gehen wollen oder nicht. Diesen Schritt haben sie ja trotzdem noch. Wir wissen für uns, dass wir ohne diese Beziehung zu Gott nicht leben wollen, und die wollen wir unseren Kindern auch von Anfang an geben.

*„Das war wie so eine
stille Sehnsucht in mir."*

Claudia
45 Jahre, Cellistin, verheiratet, zwei Söhne

Eigentlich fing alles an, als ich noch ein Kind war. Meine Eltern waren beide evangelisch. Sie sind aber nach dem Krieg aus der Kirche ausgetreten, aus Protest dagegen, dass die Bundeswehr wieder eingeführt wurde und die Kirche sich nicht dagegenstellte. Sie traten damals in die Friedensunion ein und waren ganz engagierte Pazifisten. Jedes Jahr zu den Ostermärschen in Osnabrück, wo ich geboren bin, wurde ich schon als kleines Kind mitgenommen. Daran habe ich auch Erinnerungen. Ich lernte einfach sehr früh, dass man aus seiner Überzeugung heraus handeln soll, und nicht nur das tut, was einem aufoktroyiert wird.

Meine Eltern waren natürlich sehr gegen die Kirche eingestellt und übertrugen das auf mich. Später in der Schule war ich die Einzige in der Klasse, die nicht getauft war, also in einer isolierten Situation. Nicht getauft zu sein, wurde von meinen Eltern als besonders klug und richtig bewertet. Ich sollte mich als etwas Besseres fühlen. Ich bin schlauer, ich brauche das nicht: „Die Leute werden nur eingefangen durch die Kirche. Das ist alles Lug und Trug..."

Das war diese Welle des sehr starken Vertrauens auf naturwissenschaftliche Erkenntnisse. Ich weiß noch, wie mein Vater einen Löffel in die Luft hielt, und sagte: „Schau! Es kann keinen Gott im Himmel geben, der Löf-

fel fällt runter ... Siehst du, das funktioniert gar nicht. Also Gott gibt es nicht!"
Schon als kleines Kind hatte ich einen sehr tiefen Zugang zur Musik. Meine Eltern hörten viel Musik. Ich war immer dabei. Es fiel schon sehr früh auf, dass ich sehr aufmerksam zuhörte und, wenn es um irgendwelche symphonischen Werke ging, mich sehr zu den Bassinstrumenten hingezogen fühlte.
Eines Tages sagte ich: „Ich will Cello spielen!". Ich fing dann mit zehn Jahren an, nachdem ich Rhythmik- und Blockflötenunterricht hatte, Cello zu lernen. Das Cello war von Anfang an etwas Heiliges für mich. Ich fand dadurch etwas, was so tief ist. Es ist schwer, das zu beschreiben ... Im Grunde war das Cello eine große Chance für mich, vielleicht auch eine Rettung. Als Kind hatte ich viel zu wenige Kontakte zu Kindern aus anderen sozialen Schichten. „Mit denen spielt man nicht. Das ist kein Kontakt für dich!" Solche Sprüche waren gang und gäbe. Ich verstand das nicht und dachte immer: „Es spielt doch keine Rolle, wo ein Mensch herkommt."
Ich lernte sehr schnell, und mit zwölf Jahren wusste ich: „Ich will Cellistin werden!" In dieser Zeit spielte ich oft in Symphonieorchestern, wirkte aber auch sehr viel in Gottesdiensten mit. Bei den Predigten hörte ich immer genau zu. Ich wollte wissen: „Was wird da gesagt?" Es war für mich eigentlich nie plausibel, warum es Gott geben soll. Warum soll man an ihn glauben? Die Predigten erschienen mir oft relativ platt. Natürlich war ich auch durch die Antihaltung meiner Eltern beeinflusst. Es war für mich eine ständige innere Auseinandersetzung.
Ich hatte Freunde, die auch Musik machten, die damals sehr für die Kirche waren. Ich erinnere mich an eine katholische Freundin, mit der ich über die Gottesfrage

heftig gestritten habe, auch über die Sinnfrage und vor allen Dingen über das Akzeptieren dieser sehr autoritären Hierarchie in der Kirche. Ich dachte damals: „Man kann sehr religiös sein, aber sich einer Institution unterzuordnen, ist eine andere Sache." Im Grunde sind das ja auch Dinge, die nicht unbedingt etwas miteinander zu tun haben müssen.

Eine Erfahrung, die für mich auch von einer sehr tiefen Religiosität geprägt war, war die Natur. Ich war schon als Kind viel im Freien, habe die Natur beobachtet. Meine Eltern gaben mir viele Bücher ... z. B. Schriften von Albert Schweitzer. Ich habe als Jugendliche auch viel von Gandhi gelesen. Natürlich prägte mich das. Diese Menschen habe ich sehr bewundert. Das waren für mich Idole...

Als ich später meinen Mann kennen lernte, der katholisch war, überlegten wir hin und her, was wir tun sollten. Als wir heirateten, war ich vierundzwanzig. Ich sprach mich damals sehr gegen die Kirche aus. Ich sagte: „Wir können sehr religiös sein. Wir können auch in Gottesdienste gehen, aber wir gehören keiner Kirche an!" Das war so mein Plädoyer.

Mein Mann ist dann auch aus der Kirche ausgetreten... Unsere Kinder sind beide ungetauft. Ich dachte: „Ich will meine Kinder nicht bevormunden." Natürlich wollte ich sie auch religiös erziehen, aber in welche Richtung sie dann einmal weitergehen würden, sollte ihre Entscheidung sein. Mit dieser Vorstellung bin ich damals halt losgegangen. Heute würde ich das nicht mehr so machen, weil ich gemerkt habe, wie viel Unsicherheit man dadurch mitgibt. Es fehlt doch ein ganz wesentlicher Anker.

Die Bibel hatte ja schon mein Vater mit mir gelesen. Ich habe davon als Kind sehr wenig verstanden. Alles wurde immer von ihm bewertet. Als unsere Kinder klein waren,

kaufte ich dann auch eine Kinderbibel. Das war aber immer mehr wie ein Märchen für mich. Der Zugang zum Christentum kam eigentlich erst durch den Tod meines Vaters.
1988, da war ich dreißig, verlor ich meinen Vater. Ich begleitete ihn beim Sterben. Damals wusste ich noch nichts von Elisabeth Kübler-Ross und den Sterbephasen. Ich spürte nur, ich musste bei ihm bleiben. Er starb sehr langsam. In den letzten drei Wochen war ich an seinem Krankenbett, und ganz zum Schluss waren nur noch meine Mutter und ich bei ihm. Mein Vater ist jetzt für mich nicht einfach weg... Als er starb, sah ich, wie Energie aus seinem Mund kam ... wie so ein Licht. Ich war völlig fasziniert. Traurig war ich nicht in dem Moment. Ich war einfach nur ergriffen.
An etwas „Größeres" geglaubt habe ich schon immer. Vorher war das zugedeckt oder eingeschlummert. Das war sehr still, leise und klein, wuchs dann aber mit einem unglaublichen Ruck und hat mir seit dem Tod meines Vaters einfach keine Ruhe mehr gelassen. Mein Vater wünschte sich möglichst wenig Worte zur Trauerfeier. Davon hielt er nicht viel, und von einem Pfarrer hielt er schon gar nichts. Ich merkte, es tat mir weh, dass kein Pfarrer kommen sollte. Also spielte ich Cello. Ich spielte für meinen Vater ... eine Trauerstunde lang... Im Grunde versuchte ich dabei, einen Dialog mit ihm zu führen. Ich spielte ohne Ende...
Danach war es sehr schmerzlich für mich – damals lebten wir noch in Kassel –, dass ich mit niemandem darüber sprechen konnte. Meine Mutter war selbst viel zu verwundet. Als mein Vater starb, war sie vierundfünfzig, mein Vater war sechzig. Er starb also sehr früh... Ich merkte, meine Freunde hatten Angst vor dem Thema Tod. Ich spürte das. Ich verstand, warum sie nicht sprechen konnten, aber trotzdem wollte ich reden. Ich

schluckte alles in mich hinein und merkte, dass ich vollkommen allein war mit diesem Problem. Da dachte ich, dass es nicht richtig ist, wie die Menschen sich zum Tod verhalten. Warum diese Angst? Es ist bequem, Angst zu haben, zu verdrängen. Dabei betrifft der Tod doch jeden von uns.

In dieser Situation begann ich wieder in der Bibel zu lesen. Im Prinzip suchte ich etwas, was über das Menschliche hinausgeht. Meine Idole Schweitzer und Gandhi, die ich schon als Jugendliche verehrt hatte, waren alle Menschen wie ich. Ich fragte mich: „Was ist das, was diese Menschen so groß macht?" Wenn es eine Heiligkeit oder eine Großartigkeit in ihnen gibt, dann sind das ja auch nicht sie selbst. Und ich wollte an diese Quelle gelangen. Ich blätterte, las, suchte ... stellte aber fest, dass ich keinen Zugang fand.

In dieser Zeit nahm mein Mann eine neue Arbeit in Erfurt an. Mit den Schulen in Kassel waren wir nicht recht zufrieden und wir dachten dann: „Die private evangelische Schule in Erfurt, das ist es! Das machen wir, und außerdem ist die Stadt auch viel schöner." Wir zogen 1995 mit der Familie nach Erfurt um, und ich wurde fünf Jahre lang zur Pendlerin. Ich hatte in Kassel noch eine Celloklasse. Das Unterrichten liebe ich einfach sehr. Bald merkte ich jedoch, dass die Belastung sehr groß wird. Ich hatte immer einen Koffer neben dem Bett, drei Tage hier, drei Tage da, immer hin und her. Da blieb so wenig Zeit, weiter nachzudenken.

Hier in Erfurt bekam ich zunächst einen heftigen Kulturschock. Plötzlich waren hier lauter Leute, die genauso wie ich nicht getauft waren und zu keiner Kirche gehörten. Ich erkannte die Auswirkungen, die das auf die Masse bezogen hat, vom Moralischen her ... auf das Miteinander der Menschen, auch auf die Art der Gespräche, die man miteinander führte. Ich habe selten so dumpfe Augen gesehen. Häufig spürte ich eine unglaubliche Leere um mich herum. Mir wurde klar, was für ein Reichtum es war, dass alle in der Klasse getauft waren. Ich begriff plötzlich, was es bedeutet, in einer christlichen Umgebung aufgewachsen zu sein. Mit einem Schlag wusste ich: „Das ist die Konsequenz. So ist das, wenn keiner getauft ist!"

Nach einem Jahr in Erfurt hatte ich eine tiefe Depression. Wiederum wollte ich aber auch nicht weg. Ich wollte dieses Problem „knacken". Ich bin nicht der Typ, der wegläuft. Eher der, der versucht, eine Lösung zu finden. Sonntags besuchten wir dann häufig evangelische Gottesdienste. Wir suchten nach Gemeinschaft. Manche Predigt sprach mich auch durchaus an, aber wir haben recht schnell Einblick bekommen, welche sonderbaren Machtkämpfe – ich weiß nicht, ob das speziell hier so ist – zwischen evangelischer und katholischer Kirche stattfinden. Wir waren sehr enttäuscht und haben uns innerhalb der Gemeinden überhaupt nicht wohl gefühlt. Ich finde auch, dass die evangelische Kirche hier sehr autoritär ist. Viel autoritärer, als ich sie in den alten Bundesländern kennen gelernt hatte.

Später lasen wir in der Zeitung von der „Feier der Lebenswende", die Pfarrer Hauke im Dom einführte. Sie sollte für nicht getaufte Jugendliche eine Möglichkeit sein, den Schritt der „Lebenswende" in einem religiösen Rahmen zu feiern, um ihnen so einen Halt zu geben. Das sprach uns sehr an, aber wie sollten wir uns entscheiden?

Kurze Zeit später gab es eine ganz lustige Situation… Mein Mann, der damals wieder sehr auf die Kirche zuging, hatte zum Fest der „Heiligen Drei Könige" Pfarrer Hauke mit den Sternsingern zu uns eingeladen. Mein Mann hatte aber vergessen, uns davon zu erzählen. Plötzlich standen sie bei uns vor der Tür. Meine Söhne und ich waren völlig überrascht: „Was ist das denn jetzt?", mit Weihrauch und mit allem waren die Sternsinger hier im Wohnzimmer und wollten eine Wohnungssegnung durchführen. Pfarrer Hauke begriff sofort und fragte meinen Mann: „Wir sind doch richtig hier? Sie haben uns doch bestellt?"

Danach, im gleichen Jahr 1998, begann unser ältester Sohn im Herbst mit der Vorbereitung zu dieser „Lebenswende". Er nahm an der ersten von Pfarrer Hauke durchgeführten Feier teil. Die Jugendlichen hatten sich Themen gewählt, die ihnen wichtig waren, lasen dazu eine Geschichte vor und erzählten etwas von sich selbst. Ich spürte, wie die Kinder sich entfalten durften. Niemand zerrte an ihnen oder drängte ihnen etwas auf. Pfarrer Hauke spendete ihnen zum Schluss einen Segen... Das berührte mich sehr tief.

Ich hatte in Gesprächen mit Freunden immer wieder geäußert, dass ich im Prinzip einen Pfarrer suche, mit dem ich einfach mal darüber sprechen kann, welche Knoten sich in mir gebildet haben, welche Verhärtungen. Ich merkte, ich suchte und suchte, kam aber nicht weiter im Zugang zu Gott und im Vertrauen ... im Grunde hatte ich Angst, mich zu öffnen.

Schließlich habe ich mich überwunden und Pfarrer Hauke einen Brief geschrieben. Einen Tag später rief er mich an und hat mit mir einen Termin vereinbart. Wir trafen uns und haben lange miteinander gesprochen. Er schlug mir vor, ich solle einfach einmal in die Katechumenengruppe kommen, und dann würden wir weitersehen.

Ich war zwei Jahre in dieser Gruppe. Wir trafen uns, lasen Texte aus den Evangelien, die jeweilige Lesung dazu und sprachen darüber. Jeder konnte sich äußern. Mit welchen Menschen kann man über wirklich wichtige Lebensfragen sprechen? Hier in diesem Katechumenenkreis merkte ich plötzlich: „Ich kann über alles reden."

Da fingen Einzelne an, wenn ein bestimmtes Problem

erörtert wurde, von sich zu erzählen, ohne Angst zu haben, zuviel von sich preiszugeben. Pfarrer Hauke war dabei eher ein ruhiger, aufmerksamer Moderator.
Endlich konnte ich über die Wurzeln meiner Kindheit sprechen, auch über den Tod. Ich fühlte, ich kann Vertrauen haben zu anderen Menschen. Plötzlich konnte ich mich öffnen und auf sie zugehen. Niemand griff nach mir oder bevormundete mich. Ich konnte kommen und wieder gehen. Bei den Treffen sangen wir auch Lieder aus dem „Gotteslob". Natürlich hatte ich im Studium auch gesungen, aber ich spürte, dass mich das Singen geistlicher Lieder ganz anders, tiefer berührte.
Ich war dann auch eine Zeitlang hier im Chor. Da merkte ich, wie nah sich die Menschen in der Gemeinde sind. Wir taten sehr Unterschiedliches im Alltag, trugen aber etwas sehr Wichtiges gemeinsam. „Das Wesentliche teilen wir ja", dachte ich. Da begriff ich den Wert von Gemeinschaft. Als Kind war ich ja immer in einer isolierten Situation.
Jetzt hatte ich natürlich das Problem, mich irgendwie im „Niemandsland" zu befinden. Ich hatte mich aus meiner Konfrontation mit der Kirche herausgelöst und wollte mich auf sie zu bewegen. Ich war kein Gegner mehr, gehörte aber auch nicht dazu. Wo gehörte ich nun eigentlich hin? Das war keine leichte Zeit ... Mit meinem Mann sprach ich immer wieder darüber: „Wollen wir nicht in die Kirche eintreten?"
Die Liturgie in der katholischen Kirche habe ich als eine besondere empfunden, sie auch sehr intensiv wahrgenommen. Religiosität kam mir plötzlich viel, viel näher. Glaube war nicht mehr so abstrakt für mich. Ich merkte, mit welcher Inbrunst Menschen neben mir beten konnten, und vor allen Dingen spürte ich dieses Vertrauen, mit dem sie das taten ...
Eigentlich hat es mich schon immer berührt, wenn Menschen an Gott glauben konnten. Nur als Kind durfte ich

das nicht denken, und später war es dann wie weggedrängt. Ich hatte auch das Gefühl, die Kirche ist sehr vereinnahmend, und Frauen, speziell in der katholischen Kirche, haben sowieso nicht besonders viel zu sagen. Das störte mich plötzlich alles überhaupt nicht mehr.
Nach zwei Jahren im Katechumenenkreis war der Wunsch da, mich taufen zu lassen. Ich wusste plötzlich, ich muss es tun. Meine Blockaden waren weg. Wahrscheinlich konnte ich diese von meinen Eltern sehr emotionell auf mich übertragene Antihaltung nie wirklich tragen. Alles brach zusammen. Es war wie die Spitze eines Berges, den ich erklommen hatte. Ich wollte jetzt unbedingt dazugehören. Ich wollte Farbe bekennen und sagen: „Jawohl, ich gehöre zu euch, ich stehe zu euch!" Eigentlich hatte ich nach so einer Gemeinschaft immer gesucht. Ich machte die Erfahrung, ich kann Menschen um Rat fragen, wenn es Probleme gibt, oder zum Pfarrer gehen und mit ihm sprechen. Unsere Gemeinde ist nicht groß, wir kennen einander. Bevor ich an Gott glaubte, dachte ich oft: „Immer muss ich alles selbst machen." Alle Kraft, alle Lebensenergie versuchte ich aus mir selbst zu schöpfen. Ich überlastete mich permanent.
Ostern 2001 habe ich mich taufen lassen. Mein Mann war schon ein Jahr zuvor wieder in die Kirche eingetreten. Ich war dreiundvierzig, als ich getauft wurde. Die meisten anderen Taufbewerber waren jünger als ich. Ich gehörte schon zu den „Senioren" ... Die Taufe war für mich noch mal wie ein Schritt in ein „Neues Leben." Ich wusste um die Endgültigkeit meiner Entscheidung. In der Nacht danach konnte ich überhaupt nicht schlafen. Ich saß bis in den frühen Morgen mit Freunden und meinen Taufpaten zusammen, und ich spürte so eine unglaubliche Kraft in mir.
Ein halbes Jahr später hatte ich eine Krebserkrankung, die im Frühstadium erkannt wurde. Nachdem ich die Diag-

nose erfuhr, trug ich das ungefähr noch zehn Tage mit mir herum, bevor ich Pfarrer Hauke anrief und ihn um eine Krankensalbung bat. Er war ganz erstaunt und sagte, dass er es nicht häufig erlebe, dass jemand aus der Gemeinde darum bitte. Viele assoziieren die Krankensalbung mit dem Tod. Ich wollte diese Erfahrung einfach machen.

Wir trafen uns um 7 Uhr 30 in der Domkrypta. Pfr. Hauke nahm mir die Beichte ab, und dann empfing ich die Salbung. Wir beteten gemeinsam ... Das hat mich tief bewegt. Ich bin dann von dort direkt in die Klinik gefahren. Meine letzten Gedanken vor der Narkose sind mir noch sehr bewusst. Ich dachte: „Gott! Ich gebe mein Leben jetzt in deine Hand. Wie du es bestimmst, so soll es sein!" Ich hatte ja immer daran geglaubt, dass es etwas „Größeres" gibt, eine höhere Kraft, die im Grunde alles entscheidet. In dieser Situation hatte ich den Mut, auf sie zu hören und darauf zu vertrauen, dass ich nicht als Mensch der „Macher" sein muss, sondern dass ich innerlich abgeben kann. Ich konnte loslassen. Ich bin schon öfter operiert worden, aber mit einem solchen Frieden ... das war anders als sonst. Es ist schwer, das zu beschreiben ... Na ja ... und dann habe ich die Operation sehr gut überstanden. Ich wusste ja die ganze Zeit nicht, was nach der OP sein würde, habe Leben und Tod zu gleichen Teilen betrachtet ... Nach einer Woche bekam ich einen positiven Befund.

Dieses Abgeben-Können war eine ganz neue Erfahrung für mich. Schon während der Katechumenenzeit fühlte ich immer wieder, ich ertrage es nicht mehr, immer vollkommen selbstverantwortlich alles tun zu müssen, also: mit einem großen Über-Ich durch die Welt zu laufen. Wenn für mich gebetet wurde oder der Pfarrer seine Hände auf meinen Kopf legte und segnete, spürte ich immer diese starke Kraft, die sagte: „Du kannst Vertrauen haben! Du kannst Zutrauen haben!" Ich spürte, ich kann meine Probleme an Gott abgeben. Inzwischen habe ich Ruhe und Frieden gefunden und gewinne immer mehr Selbstsicherheit im Vertrauen zu anderen Menschen.

Nach meiner Taufe hatte ich den Wunsch, auch etwas in die Gemeinde mit einzubringen. Da kam ich auf die Idee, mit Kindern und Jugendlichen ein Kirchenorchester zu gründen, um gemeinsam Gottesdienste mitzugestalten. Das Orchester wuchs sehr schnell. Da waren dann plötzlich auch Kinder, die nicht getauft sind. Jetzt wiederholte sich für mich etwas. Einige gingen später auch zur „Lebenswende" ...

In Kindern erfahre ich Gott in besonderer Weise. Ich finde, sie haben eine ganz hohe Göttlichkeit in sich. Die Gefahr besteht darin, dass sie die im Laufe ihres Lebens verlieren. Wie leicht ist es, einem Kind das „Rückgrat" zu brechen. Wenn ich unterrichte, versuche ich Kinder immer sehr darin zu bestärken, diese „Göttlichkeit" in sich zu bewahren.

Wo ich Gott später auch sehr erfahren habe, war auf Wanderungen im Hochgebirge. Als ich klein war, waren wir oft am Meer. Das Hochgebirge war eine ganz neue Sache für mich. Da verstand ich plötzlich, wie klein der Mensch gegen die Naturgröße ist... Das wirklich auch zu begreifen: Ich bin ganz klein. Was kann ich bewirken? Menschen, die in den Bergen leben, sind viel mehr auf die sie umgebende Natur angewiesen als wir Städter. Das Leben ist viel unmittelbarer. Die eigene Machtlosigkeit wird einem viel stärker bewusst. Ich denke, ihre oft sehr tiefe Religiosität hat darin ihren Grund.

In Erfurt machte ich dann noch eine Hospizausbildung und begleitete Menschen beim Sterben. Der Tod macht mir heute keine Angst mehr. Der Mensch hilft sich ja mit Bildern. Ich kann mir gut vorstellen, dass eine Seele

wiedergeboren wird und dass sie als Energie weiter existiert. Solche Vorstellungen entstehen, wenn man Menschen beim Sterben nahe ist. Immer wenn ein Mensch starb, spürte ich noch eine ganze Zeit nach seinem Tod so eine gedankliche Nähe, so eine Kraft ... und ich wusste dann, sie kommt von dem Verstorbenen. In solchen Situationen ist mir bewusst geworden, wie wichtig eine angemessene Zeit für Trauer ist. In unserer Gesellschaft wird dem viel zu wenig Rechnung getragen. Man soll ja bei dem Toten eigentlich noch drei Tage bleiben, um der Seele zu helfen, sich in natürlicher Weise vom Körper zu lösen. Ich denke, dass diese Energie – nennen wir sie die „Seele des Menschen" – ewig ist.
Jesus ist ein großes Vorbild für mich. Sein Maß an Güte, Liebe und Demut ist für mich das Ideal, an dem ich wenigstens versuche, mein Verhalten zu meinen Mitmenschen zu orientieren. Viele Probleme hätten wir nicht, wenn wir seine Worte mehr umsetzen würden. Wir hören viel zu wenig darauf. Ich denke, um Frieden und echtes Miteinander auch im Großen zu erreichen, ist es entscheidend, dass ich in meinem Gegenüber den Menschen sehe.
Dieses Nachdenken hat auch mein Cellospiel verändert. Ich bin von Natur aus temperamentvoll, was natürlich auch in meinen Konzerten seinen Ausdruck findet. Früher war ich beim Spiel eher auf mich selbst bezogen. Ich spielte die Musik und sah mich ausschließlich in ihren Dienst gestellt. Heute hingegen spiele ich dieselbe Musik ganz bewusst in der Liebe zu anderen Menschen. Ich möchte ihnen Freude, Kraft und Trost spenden. Ich habe erfahren, dass ich Menschen dadurch ganz anders erreiche.
Bei Konzerten in Kirchen begann ich dann, Stücke religiösen Inhalts in das Programm aufzunehmen. Dabei wurde mir klar, wie wichtig bei ihrer Interpretation Vereinigung von musikalischer und geistlicher Aussage ist. Ich kann Menschen so sehr unmittelbar ansprechen. Ich

fühle mich da sehr durch Gott gelenkt, geführt. Wenn ich Cello spiele, spüre ich, dass Gott der Lebensquell ist, aus dem ich meine Kraft zum Wirken, zum Sein schöpfen kann. Nicht ich spiele, sondern Es spielt aus mir heraus. Ich bin nur das Instrument dazu.
Wir haben immer die Chance, uns zu verändern. Ich denke, wir leben, weil wir eine Aufgabe haben, und Ziel unseres Lebens ist es, den Sinn unserer Aufgabe zu erkennen. Gott leitet uns dabei. Er hilft uns, aus der Liebe heraus zu leben. Wenn man sich nicht um diese Erkenntnis bemüht, läuft man Gefahr, ein Leben der Unerfülltheit zu führen.
Durch die Taufe habe ich Vertrauen gewonnen. Vertrauen zu Gott und dadurch zu mir selbst. So ist in mir eine riesige Kraft frei geworden. Das ist ein ganz gewaltiger Unterschied zu früher. Ich merke heute, es ist ein Unterschied, ob ich regelmäßig bete, in Gottesdienste gehe, die Liturgie auf mich wirken lasse, die Predigten höre, Musik in Kirchen spiele oder ob ich mich von der geistlichen Welt fern halte. Den Sinn der Gleichmäßigkeit und Beständigkeit in den Riten der katholischen Kirche habe ich erst jetzt verstanden. Früher habe ich ihn als starr bezeichnet.
Jetzt erfahre ich die den Ritualen innewohnende Kraft für mich. Ich kann zur Ruhe kommen, mich besinnen, Kraft tanken... Wenn ich heute eine schwierige Situation bewältigen muss oder eine Entscheidung ansteht, dann ziehe ich mich zurück und suche Kraft in einer Andacht, einem Gebet. Ich danke immer erst, und dann frage ich und bleibe ganz ruhig sitzen. Das hat mir oft geholfen, Kraft zu schöpfen. Ich empfinde diese Kraft wie einen Strahl. Plötzlich spüre ich den inneren Fluss wieder stärker, wie wenn mein Körper warm durchblutet wird. Das kann man mit Worten nur schwer beschreiben ... In solchen Augenblicken spüre ich dann Gottes Wärme und Liebe wieder stärker.

Ich habe jetzt auch den Begriff „Demut" verstanden und für mich als etwas Gutes erkannt. Wenn mir heute in irgendeiner Form Unrecht geschieht, denke ich einfach: „Er oder sie weiß es nicht besser." ... Natürlich, wenn es sein muss, muss man sich auch wehren. Aber ansonsten versuche ich häufiger loszulassen, weniger zu richten über andere. Ich versuche einfach auf Gott zu vertrauen.

Ich habe schon als Kind von einer besseren Welt geträumt. Ich weiß, ich ging noch nicht zur Schule, da träumte ich in kindlicher Naivität davon, dass die Menschen viel liebevoller miteinander sein, sich nur Gutes tun und alles teilen müssten. Es war eine ganz märchenhafte Vorstellung, eine ganz kleine Ahnung vielleicht, auf welche Weise es sich lohnt zu leben. Das war wie eine stille Sehnsucht in mir.

> *„Mehr Gnade*
> *erwarte ich gar nicht!"*

Steffen
41 Jahre, niedergelassener Internist, zwei Kinder

Ich habe Medizin studiert. Mein Berufsweg ist geradlinig. Also da sind keine Brüche. Studium und Ausbildung zum Facharzt für Innere Medizin in Leipzig. Dann bekam ich keine Stelle in dem Krankenhaus dort, und in Dresden war eine niedergelassene Ärztin, die jemanden suchte. So bin ich hierher gekommen und habe diese Spezialisierung angefangen. Das sind meist ... schwer kranke Leute, die sehr viel Betreuung brauchen ... sehr viel Beratung und auch sehr viel Zuwendung.

Ich bin 2000 getauft. Spät. Es war nicht wie so eine Erweckung oder so was ganz Neues für mich. Meine Mutter ist katholisch, mein Vater evangelisch. Meine Eltern sind nicht in die Kirche gegangen, sie sind auch nicht kirchlich getraut und haben uns, die beiden Kinder, nicht taufen lassen.

Meine Mutter hat, würde ich sagen, ihre Erziehung schon katholisch geprägt, ohne uns jedoch ihren Glaubensinhalt zu vermitteln. Es gab Rituale, auf die sehr Wert gelegt wurde ... bei Tisch oder bei Feiern und so ... Das musste schon, auch wie Weihnachten oder Ostern, so ein bisschen rituell begangen werden, ohne dass man in die Kirche ging.

Das Gemeinsame war für meine Mutter immer wichtig. Sie hat uns zwar schon so ein paar grundlegende Dinge erzählt, so die Bedeutung der kirchlichen Feiertage, aber mehr nicht. Eine Schwester von ihr ist Ordensschwester in der Mission, und es gab auch andere Verwandte, die den Glauben in der Familie sehr gelebt haben. Das hat mich beeindruckt.

Ich habe dann auch die Katholiken – die waren ja schon in der Minderheit – immer so ein bisschen verteidigt gegenüber Angriffen von anderen. Ich kannte ja viele Katholiken. Die waren mir alle sympathisch, und ich fand das albern. Also in dem Dorf, wo ich herstamme, da war so eine einfache Struktur, da war man der Meinung: die Katholiken sind falsch.

Die Katholiken, das waren meist Zugereiste, also Vertriebene oder Geflüchtete aus katholischen Gebieten im Osten. Die waren schon auch ein bisschen abgesondert von den anderen. Nicht so deutlich, aber so ein bisschen dahingehend waren die Beziehungen schon.

Meine Kommilitonen später waren dann eher evangelisch. Na ja, ... Zölibat und Papst, das war für die immer so ein Angriffspunkt.

Ich habe mich schon ziemlich zeitig für Kunst und auch für Malerei interessiert und ... na ja ... wenn man in einem klassischen Bildermuseum ist, da sind oft biblische Themen dargestellt, und das hat mich halt interessiert. Die Gestalten, die dahinter stehen ... auch in Themen der Weltliteratur, aber eher so Malerei oder Baustil. Kirchenbauten vor allem. Die offizielle Linie in der DDR, die Kirche als rückschrittlich und überkommen darzustellen, passte für mich nicht zusammen mit diesem Aufwand und dieser Intelligenz, mit der die Kirche ja in früheren Zeiten angegangen worden ist. Für mich wurde das in der Kunst so deutlich. Mir war klar: da ist mehr dahinter, als hier offiziell dargestellt wird. Da lohnte es sich schon, mal der Sache näher auf den Grund zu gehen.

Ein Kommilitone von mir, der evangelisch war, mit dem bin ich dann auch mal in einer größeren Gruppe nach

Ungarn gefahren zu einer Rüstzeit. Die hatten da beim Pfarrer geholfen und das lief sehr fromm ab. Das hat mich beeindruckt, aber ich habe es damals noch sehr distanziert gesehen. Der Pfarrer hatte das auch gleich durchschaut bei mir. Er wusste, ich war derjenige, der nicht getauft war. Ich dachte: „Die Botschaft hör ich wohl, allein mir fehlt der Glaube ..." Das war dem klar, sofort, obwohl er Ungar war und gar nicht viel Deutsch sprach.

Und dann kam dazu, ich hatte Freunde, die aus evangelischen Pfarr-Elternhäusern stammten, und da hat mich wiederum sehr beeindruckt, dass ihr Glaube sehr aus der Mitte herauskam. Für sie gehörte ganz selbstverständlich dazu, dass man auch regelmäßig zum Gottesdienst ging.

Dann habe ich angefangen in Leipzig ... Pfarrer Führer, Friedensbewegung der DDR, Nikolaikirche ... da bin ich dann ziemlich regelmäßig zu dessen Predigten gegangen. Ich bin nie zum Abendmahl gewesen, klar ... aber der Pfarrer hat das sehr, sag ich mal, zelebriert, sehr ... das lief nicht so trocken ab, wie manchmal evangelische Gottesdienste ablaufen. Der Gottesdienst war zum Beispiel immer mit Abendmahl. Das war so etwas, was nicht ganz typisch ist.

Ich bin in die Kirche gegangen, weil ich auf der Suche war nach Sinn, ... nach dem Sinn des Lebens. Ich hab mir gedacht: „Es muss irgendwie mehr geben ...!", oder na ja, vielleicht hab ich gar nicht mal soweit gedacht. Ich merkte einfach, dass mir irgendwas fehlte. Es fehlte mir was, und ich dachte, das könnte ich vielleicht dort finden. Mir fehlte in gewisser Weise Gemeinschaft mit anderen. Mir fehlte auch Selbstbewusstsein. Ich fühlte mich so sehr auf mich allein gestellt.

Mit meiner Lebenspartnerin – wir sind ja noch nicht verheiratet –, das war auch ein langer Prozess. Sie ist katholisch, und sie ging damals, als wir uns kennen lernten, kaum zur Kirche, selten, fast gar nicht. Sie ist dann wegen mir immer in diese evangelischen Gottesdienste mitgegangen, relativ regelmäßig.

Ich bin dann hier nach Dresden gekommen, und sie ist nachgezogen, hat hier auch wieder Arbeit gefunden. Sie hat sich natürlich in der katholischen Gemeinde angemeldet. Wir waren hier dann erst in der evangelischen Gemeinde und ... na ja, die katholische Gemeinde ist sonntags noch ein bisschen näher. Das war natürlich nicht der einzige Grund, in katholische Gottesdienste zu gehen. Pfarrer Kuczera, der verstorben ist, war sehr beeindruckend. Er war ein Jesuit, der auch Psychologie studiert hatte. Der hat donnernde Predigten gehalten. Das war aber eher so, dass ich meistens so kopfeinzuckend dastand oder dasaß, als dass ich da gleich Zugang hatte. Da habe ich am Anfang gedacht: „Also katholisch, das werde ich nicht!" Um Gottes willen: „Oh Gott, der Anspruch ..."

Es war mir dann schon klar, dass es Gott gibt, aber wann das für mich klar war, das kann ich gar nicht mehr genau festmachen. Ich denke, so mit regelmäßigem Gottesdienstbesuch. Ob ich glaubte oder nicht, das spielte gar nicht die Rolle. Ich denke: „Es gibt Gott, ich muss nicht an ihn glauben. Es gibt ihn trotzdem. Es ist realer, als ich vielleicht denke."

Das kann auch schon viel früher gewesen sein, dass ich eine Ahnung davon hatte, da könnte es noch was geben, was ich kaum begreifen kann, wo aber jemand immer für mich da ist. So ein Gefühl hatte ich schon sehr viel eher. Es wuchs.

Wir sind dann regelmäßig zu Pfarrer Kuczera gegangen, über Jahre. Ich bin dann auch mal mit zu einem Fastenseminar gefahren. Es war theologisch wahnsinnig anspruchsvoll, wie immer bei ihm, und das war dann so, dass ich mir gesagt habe: „Also diesen Anspruch, den kann ich überhaupt nie erfüllen."

Wir sind Ostern dann natürlich auch zum Gottesdienst gewesen. Das war beeindruckend. Da sind auch Erwachsene getauft worden. Das habe ich bewundert, diesen Schritt. Da dachte ich: „In gewisser Weise könnte ich mir das für mich auch vorstellen." Da wurde die Sehnsucht ein bisschen deutlicher: Ich wollte dazugehören und ich wollte es auch öffentlich bekennen. Ich wollte dazu stehen, richtig, also nicht so mit halbem Herzen nur.
Es war ja bei Pfarrer Kuczera ein bisschen so, dass ich Angst hatte, überhaupt an ihn heranzutreten mit meinem Ansinnen ... und dann wurde er sehr krank. Er hatte Krebs und war sehr hinfällig und konnte auch bloß noch im Sitzen predigen. Und da hatte ich dann halt diesen Traum. Ich habe geträumt, ich wollte dort irgendwas machen in der Gemeinde, und Pfarrer Kuczera hat mir im Traum ganz deutlich gesagt, also, wie er so war: „Du kommst dafür nicht in Frage. Du bist ja schließlich nicht getauft! Das geht nicht. Schluss." Da bin ich richtig irgendwie wie aufgewacht, da war mir klar: Ich muss mich taufen lassen ... das muss ich eben doch machen. Und da war Pfarrer Kuczera gestorben, wahrscheinlich sogar in der Nacht oder am Tag danach, wo ich diesen Traum hatte. Das fiel zusammen. Das war so verrückt. Es war mitten in der Woche. Ich war da, als er das letzte Mal sonntags Gottesdienst gehalten hat. Ich bin ihm danach nicht mehr begegnet.
Dann war das Requiem für ihn. Es war für mich plötzlich klar: Wenn der neue Pfarrer kommt, bitte ich ihn um die Taufe, und das war dann tatsächlich so. Ende des Jahres wurde der neue Pfarrer eingeführt, und bei der erstbesten Gelegenheit bin ich zu ihm hingegangen und habe ihm das gesagt. Der war nun von seiner Mentalität ganz anders. Es ging dann sozusagen schnell.
Was mich dann sehr bestärkt hat, war: Almut und ich, wir hatten uns lange ein Kind gewünscht. Medizinisch

war nichts gefunden worden. Wir hatten fünf Jahre gewartet. Also fünf Jahre bewusst gewartet und es ging nicht. Almut war sehr verzweifelt. Sie wurde ja älter und ihre Freundinnen hatten Kinder bekommen. Das war schlimm für sie. Und na ja ... kurz nachdem ich den Wunsch geäußert habe: „Ich will mich taufen lassen!", ist sie dann schwanger geworden.

Zu meiner Taufe war überhaupt niemand von meinen Verwandten gekommen, meine Schwester nicht, meine Eltern nicht. Die fanden das nicht so wichtig oder konnten damit nicht so richtig umgehen. Ich war dann so froh, dass eine kleine Verwandte von mir, mein Kind, doch dabei war. Das war sehr tröstlich für mich.

Freunde von uns waren auch da. Die haben sich dann schon sehr herausgefordert gefühlt, dazu Stellung zu nehmen. Viel mehr, als ich gedacht hatte. Auch Freunde, die das gar nicht so verstehen konnten, fanden das sehr beeindruckend. Ich dachte ja gar nicht, dass das so bemerkenswert erscheint.

Ich war auch von denen – es waren ja mehrere, die getauft wurden – der Älteste. Das war gleich mit Firmung, eigentlich zu viel auf einmal. Die Taufe war eigentlich einschneidend und aufregend genug, dass man dann noch gefirmt wurde hinterher, das konnte man nicht mehr so mit dem Gefühl erfassen, fand ich. Bei der ersten Kommunion, da habe ich gemerkt, dass es mir alles sehr nahe ging.

Mit der Taufe habe ich mich dann natürlich richtig zugehörig gefühlt und auch irgendwie viel stärker. Ich bin beruflich gerade in einer sehr schwierigen Umbruchsituation. Es kommt in dieser Gemeinschaftspraxis zur Trennung, und es ist für mich im Moment immer noch nicht klar, wie das weitergehen wird ab Januar.

Bei Gott kann ich meine Wünsche und Sorgen abladen. Gott ist jemand, der mich tröstet und wo ich immer-

wieder Kraft finde. Ich bin jetzt an so einem Punkt, wo ich gar nicht versuchen will, das zu begreifen, was das genau ist. Es ist für mich so, und ich brauche es so sehr, dass ich das einfach nur noch für mich annehmen kann, ohne dass ich darüber nachdenke, ist es richtig oder falsch. Zweifel an Gott habe ich gar nicht mehr.
Ich weiß, ich kann sonntags dort hingehen und ich muss mich nicht anstrengen. Ich muss gar nichts Besonderes machen, ich kann da nur Ich sein und ich werde angenommen, so wie ich bin. Ich weiß jetzt, dass ich nicht so verloren bin. Ich kann immer darauf hoffen, dass sich ein Weg für mich findet, auch aus diesen beruflichen Schwierigkeiten.
Früher war das eher so ein akademisches Betrachten von Gott, dass ich es interessant fand, die Bilder und die biblische Geschichte, die da dahinter steht ..., aber die Botschaft eben, die hatte ich überhaupt nicht verstanden. Es ist keine Weltanschauung. Es erfasst die gesamte Persönlichkeit.
Wenn ich heute Schwierigkeiten habe, bete ich. Das mache ich vielleicht noch zu selten, aber ich mache es. Ich spüre Gott im Alltag. Mir ist das schon oft so gegangen, dass ich ganz niedergedrückt war und dann plötzlich erkenne, dass es doch nicht so entscheidend wichtig ist, sondern dass es irgendwie mehr gibt. Das ist manchmal so, wie wenn der Heilige Geist oder ein Engel gesandt wird, und dass es mir dann plötzlich wieder besser geht. Mit einem Mal ist so eine Tröstung da oder so eine Hoffnung. Das kommt dann manchmal ganz plötzlich.
Mit dem Heiligen Geist, das war für mich früher so eine schwierige Sache. Ich konnte mir das nicht so richtig vorstellen, was das sein soll. Heiliger Geist war mir natürlich ein Begriff, aber wie man das erleben könnte, war mir überhaupt nicht klar.

Eine entscheidende Sache war dann Helfta, dieses Kloster in Sachsen-Anhalt. Wir fahren einmal im Jahr, immer zu Himmelfahrt, mit Freunden in den Harz, und Helfta liegt direkt an der Straße, die da hinführt. Da war immer so ein Schild, und ich habe irgendwann gesagt: „Hier müssen wir einfach mal gucken ...!"
Da waren die Schwestern noch nicht dort. Das war damals bloß ein Haus, als Ausstellungsraum eher notdürftig hergerichtet, aber es war beeindruckend, was man da vorhatte. Man ahnte die Größe des Komplexes und was da mal war. Irgendwie hatte ich dort den Eindruck, den Geist zu spüren. Für mich war er dort einfach erlebbar.
Jetzt sind da ja wieder Leute hin. Die bauen das auf. Man hat einfach das Gefühl dort, da ist mehr da als nur die Personen. Irgendwie Kraft spürt man dort, wie was Übernatürliches. Da ist mehr da, als man so mit dem bloßen Auge sieht, da ist mehr dahinter.
Das fühle ich oft bei so alten Gemäuern. In Italien hatte ich auch so ein Erlebnis ... Ich habe keine Schwierigkeiten mit der Unbefleckten Empfängnis, aber mit dieser übergroßen Marienverehrung. In gewisser Weise dachte ich: „Naja ... aber dann ..."
In Undine, glaub ich, war es, dort gibt es in einer Kirche ein Deckenfresko von Tiepolo: „Die Himmelfahrt Mariens". Das war einfach ein Traum ... also unerreicht ... es war schwebend, entrückt. Ich musste es lange ansehen. Also, da war für mich klar, da ist doch mehr dahinter als bloß Legende. Diese Aussage, die Schönheit der Farbe und die Schönheit der Komposition. Da hab ich plötzlich gedacht: „Da ist doch was dran."
Ich habe manchmal Schwierigkeiten mit dem Neuen Testament, mit einigen Sachen. Da finde ich das Alte Testament irgendwie lebensnäher. Die Geschichten im Alten Testament finde ich irgendwie realistischer, da kann ich mir das vorstellen, so ist das gelaufen.

Das Leben Jesu, so wie es beschrieben wird, das kann ich mir nicht so richtig vorstellen. Na gut, das Leben Jesu, das ist schon beeindruckend, das ist für mich keine Frage, aber dass es so Jemanden geben kann ... Die Evangelien und auch die Briefe, ja eher noch die Briefe, da sehe ich einfach zu wenig, dass das lebbar ist.

Klar wäre das schön, wenn das so wäre, aber ich halte es für nicht lebbar. Na gut, man kann sagen, es ist ein Ideal, was kaum erreichbar sein wird, und das konnte nur Jesus erreichen, auch seine Jünger schon nicht mehr.

Die alttestamentarischen Sachen sind dagegen für mich eher nachvollziehbar, diese ... wie so eine Urkraft, irgendwie. Da kommen diese Generationen mehr zum Tragen und wie sich das alles entwickelt hat ... Genesis, so der Ursprung von allem.

Wir haben dann noch ein zweites Kind bekommen, im März. Unser Sohn ist jetzt zwei Monate. Die christliche Erziehung der Kinder ist uns sehr wichtig. Wir nehmen sie auch mit zum Gottesdienst. Da ist ja immer Kindergottesdienst. Unsere Tochter ist getauft, unser Sohn noch nicht, aber das waren eher organisatorische Probleme. Wir hatten einfach bis jetzt noch nicht die Kraft, das zu organisieren.

Wir beten jeden Abend mit den Kindern. Das ist uns wichtig, und wenn wir, das ist nicht jeden Tag, aber wenn wir es schaffen, zusammen am Tisch zu sitzen, dann beten wir auch.

Almut sagt, dass ich mich nach der Taufe verändert habe, auch die Menschen, die so näher dran sind, sagen, dass ich ruhiger geworden bin, dass ich auch einfach lockerer mit mir umgehe, großzügiger. Früher war ich sehr streng mit mir. Das war auch sehr wichtig für die Liebe zu den Kindern, dass ich heute meine Schwächen annehmen kann, durch die Erfahrung der Liebe

Gottes. Unsere Tochter ist ja sozusagen für uns der lebendige Beweis für seine Existenz.

Eine Bekannte ... ich glaube, die ist sogar getauft, aber nicht so christlich lebend, die hat mal zu mir gesagt: „Glaubst du das wirklich?", und ich habe ihr geantwortet: „Weißt du, wir sind sozusagen ‚schwanger' geworden, als ich mich entschlossen habe, mich taufen zu lassen." Da war sie ein bisschen entsetzt und sagte: „Das kann ja nun nicht sein." ... „Doch!", sagte ich, „... und mehr Gnade erwarte ich gar nicht!"

Diese Vorwürfe und Anschuldigung, die Katholiken seien so rückschrittlich, verbohrt und frauenfeindlich, doktrinär-hierarchisch, kann ich gar nicht annehmen. Es gibt sicher Dinge, wie überall, über die man sich streiten kann oder die einem vielleicht ärgerlich vorkommen. Ich habe diese Vorurteile ja auch gehabt. Sicher kann man sagen, das Zölibat ist vielleicht nicht der Weisheit letzter Schluss für das Leben der Pfarrer. Ich kann mir schon vorstellen, dass das schwer ist, aber wer Priester wird, der weiß doch, worauf er sich einlässt.

Auch diese Angriffe gegen den Papst ... aber, wenn der irgendwo auftritt, so einen Zulauf hat niemand. Niemand kriegt so viele Leute zusammen. Der Papst macht das ja gar nicht, die Leute kommen von sich aus. So lange wie der Papst damals in Mittelasien war, haben die Amerikaner sich nicht getraut, Afghanistan anzugreifen. Diese Autorität und diese Botschaft, die dahinter steht, denke ich, nehmen die Kritiker gar nicht wahr ... die Nächstenliebe und der Friede!

„Vielleicht ist es auch einfach ein Wunder,
dass ich verstehen darf, was in meinem Leben
an Wundern passiert ist."

Janet
29 Jahre, kaufmännische Angestellte in der Friedhofsverwaltung, im Alter von siebeneinhalb ins Heim gekommen

Meine Mutter wollte mich nicht mehr haben. Meine Schwester ist bei der Mutter geblieben ... ja, und da bin ich 1982 aus der gewohnten Umgebung rausgerissen worden, ins Heim „abgeschoben". Bin acht Wochen später schon adoptiert worden nach Freiberg. Hab dort eine neue Familie gefunden, bin ohne Glauben aufgewachsen, hab aber schon als kleines Kind immer so den Wunsch gehabt, in ein Kloster zu gehen.
Kloster war für mich der Inbegriff der Ruhe. Da wäre ich akzeptiert, wie ich bin. Das war eigentlich immer so mein Gedanke ... In mir war immer der Wunsch nach Ruhe da, nach Ruhe und Anerkennung. Das, was ich zu Hause gehört hatte, war: Das wird so und so gemacht und das wird auch so gedacht und nicht anders. Ich hatte einfach immer den Wunsch nach Geborgenheit, so innerer Geborgenheit. Im Kloster findest du zu dir selber, dachte ich. Irgendwann hatte ich bei den Großeltern einen Film gesehen, wo es um ein Kloster ging. Ich war im Grunde genommen schon immer fasziniert von diesen Nonnen.
Eine Beziehung zu Gott ist eigentlich erst '89/'90 entstanden, als ich mehrere Selbstmordversuche hinter mir hatte, also viel später. Meinen Adoptiveltern wurde damals gesagt, sie sollten doch möglichst alle Erinnerungen und

auch alle Dinge, welche Erinnerungen wecken könnten, aus meinem neuen Leben verbannen, kein Spielzeug, keine Sachen, nichts von früher ... und wenn ich anfing: „Was macht meine Schwester?", „Was ist aus meinem Bruder geworden?", kam immer: „Du hast keine Schwester. Das bildest du dir nur ein."
Ich war so ziemlich die Einzige in der Klasse, die sofort nach dem Unterricht nach Hause zu den Großeltern gegangen ist. Freundinnen wurden mir vorgeschrieben. Es könnte ja jemand kommen und mich wieder „wegnehmen". So bin ich ein Einzelgänger geworden, hatte viel Zeit zum Nachdenken.
1989 kam dann die Krise mit meinen Eltern, wo ich mich auf die Hinterbeine stellte, versucht hab, meinen Kopf mal durchzusetzen. Ich hab versucht, über das Jugendamt ausfindig zu machen, was aus meiner Schwester und aus meiner Mutter geworden ist. Meine Eltern wussten nicht, dass ich Geschwister in der Familie, wo ich erst aufgewachsen bin, hatte.
Dann hab ich mich '89 intensiv damit beschäftigt, wo ich her komme. Mit den Eltern reden ging nicht, die Eltern haben abgeblockt und gesagt: „Du willst wohl lieber dahin zurück." Mittlerweile kann ich sie da auch verstehen, dass sie einfach Angst hatten, aber mich hatte es eben auch unheimlich viel Kraft gekostet zu sagen: „Ich will aber wissen, wie es war."
Zum Teil hab ich vom Jugendamt Auskunft gekriegt, zum Teil konnten sie mir auch nicht mehr viel sagen. Meine Schwester lebt, die hab ich einmal getroffen. Es war einfach zu viel, was dann kam, gemeldet hat sie sich nicht mehr. Wir leben Welten auseinander. Meine Mutter hat sich ein Jahr nach meiner Abgabe ins Heim das Leben genommen. Also hatte sie vorgesorgt, dass mir nichts Schlimmeres passiert, dass ich nicht zum Vater muss oder so. Meine Adoptivmutti sagte dann: „Bloß gut, dass

du hierher gekommen bist." Ich dachte dann: „Irgendwo muss es eigentlich auch jemanden geben, der das alles lenkt. Denn wo ich ausfindig gemacht habe, wie es meiner Schwester geht, und sah, was für ein Glück ich eigentlich hatte, da ist mir zum ersten Mal bewusst geworden, dass da wirklich jemand Größeres da sein muss, denn lauter solche guten Zufälle gibt es einfach nicht.

Das war dann eine Zeit, wo ich mich von niemandem verstanden gefühlt hab. Meine Eltern konnten nicht verstehen, dass ich auf die Suche nach den Wurzeln gehe, und in der Schule hatte ich kaum eine Freundin, mit der ich mal reden konnte. Ich bin eigentlich nur vor Mauern gestoßen und hab gar keinen Ausweg gefunden.

Hab dann Tabletten geschluckt, Rudodel war's und Faustan, starke Schlaf- und Beruhigungsmittel, auch nicht zu wenig, bin 3 Tage wie im Tran rumgelaufen. Meine Eltern haben es nicht wahrgenommen, wollten es einfach nicht wahrnehmen ... Die haben ja gesehen, dass die Tabletten gefehlt haben, und einen Abschiedsbrief hatte ich auch geschrieben, aber ... die haben das eigentlich wie Luft behandelt. Nach außen war ich die schlechte Tochter, die undankbar ist.

Irgendwann hab ich das sein gelassen, zu versuchen, mir das Leben zu nehmen. Ich hab immer nur Tabletten genommen, zu was anderem war ich zu feige, und irgendwo wollte ich ja auch, dass ich weiterlebe. Ich wollte halt ein Zeichen setzen, um jemanden zum Reden zu haben.

In der Schule hatten wir eine Zeugin Jehovas in der Klasse. Es ergab sich dann, dass sie immer einen Tag in der Woche bei uns war. Sie ist ein Stück weiter weggezogen und wir hatten nachmittags Unterricht. Und einmal hab ich dann einfach gesagt: „Was drieselste denn in der Stadt rum? Komm doch einfach mit zu uns!" Ja, da konnten die Eltern nichts mehr machen. Da war sie regelmäßig bei mir für eine gewisse Zeit.

Sie hat sich immer gewundert, dass ich doch relativ gute Antworten hatte auf das, was sie gefragt hatte, von wegen Gott und was so alles in der Bibel steht. Die gehen ja immer so fragemäßig vor, die Zeugen Jehovas. Es ging dann in den Gesprächen z. B. darum, ob wir die Zeit, die für einen Tag in der Entstehungsgeschichte ... ob man das wirklich in einem Tag messen kann. Da hab ich gesagt: Also, wer so etwas glaubt, der lebt in einer falschen Realität.

Ich meine, Gott ist so groß, und wer weiß: Was für ihn ein Tag ist, das sind für uns vielleicht hundert Jahre. Ich meine, wer weiß, ob es für Gott eine Zeitdimension gibt. Ja, solche Sachen halt ... Ich hab aber relativ schnell, sagen wir, nach einem Jahr etwa, zu ihr gesagt, sie soll mich doch in Ruhe lassen damit, weil die Art und Weise, wie die Zeugen Jehovas am Alten Testament festgehalten haben ... von wegen keine Blutwurst essen und was medizinische Hilfe anbelangt, diese Einschränkung. Ich denke mir, Gott würde nicht die Entwicklung zulassen, wenn wir sie nicht nutzen sollten. Da haben wir schöne Streitgespräche geführt. Manchmal sagte sie dann: „Eigentlich hast du ja Recht." Ich hab in ihr dann Fragen wachgerufen, die sie nicht beantworten konnte. Da war sie dann auch nicht böse, als ich gesagt hab: „Komm, lass es!" Es war interessant, aber so richtig überzeugt hat mich ihre Glaubensauffassung nicht.

Die Schule war 1991 zu Ende. Meine Lehre, Bürokauffrau, war auch eine sehr stressige Zeit. Ich wusste, das ist nichts für immer. Nur im Büro sitzen ist nicht das Wahre. Irgendwann fing der Arbeitgeber halt auch an, mir Sachen und Aufgaben zu geben, die nicht in meinen Aufgabenbereich reingehörten. Plötzlich musste ich an die Kasse oder musste Regale auffüllen. Ich meine, gut, da war ich wenigstens mit Kunden zusammen. Das hat mir ja schon immer Spaß gemacht, mit den Leuten ins Gespräch zu kommen, Leute zu beobachten. Das kann man hervorragend, wenn man an der Kasse sitzt und nichts zu tun hat.

Während der Lehre hab ich mich eigentlich gar nicht mehr mit dem Glauben beschäftigt, aber die Sehnsucht nach dem Kloster war ja immer irgendwie im Unterbewusstsein da. Mitte der Neunziger Jahre hab ich dann mal den Mut gehabt und hab an ein Kloster geschrieben und gefragt, wie man denn aufgenommen werden könnte. Da hab ich erst mal erfahren, dass es verschiedene Richtungen gibt, evangelisch, katholisch und ja, die Freikirchen halt.

Das Nachdenken war ja eigentlich, dass ich gemerkt hab, Selbstmord ist auch nicht der Weg. Was oder wem nützt das, wenn ich nicht mehr da bin? Ich hab mich dann auch oft gefragt: „Wem nützt es, dass ich überhaupt da bin ... Wozu existiere ich?" Die Frage kam dann halt irgendwann.

Meine Eltern konnten damit überhaupt nichts anfangen, dass ich mich in Richtung Glauben entwickele, und: Ich habe mich nie für Jungs interessiert, als Partner oder so. Meiner Mutti kam das schon etwas komisch vor. Als ich 18 war, hat sie dann das erste Mal versucht, etwas dagegen zu unternehmen. Das hat, Gott sei Dank, nicht funktioniert. Da hatte sie für mich eine Annonce aufgegeben, hat die Briefe aussortiert, hat die Briefe gelesen. Das hat sie mir dann offenbart, und auch, dass tatsächlich dreie geschrieben hätten. Da bin ich ausgerastet und hab gesagt: „Tu das nie wieder, und so wie sie gekommen sind, kannst du sie wieder zurückschicken!"

Sie hat es wieder getan. Zu meinem zwanzigsten Geburtstag hab ich einen Mantel geschenkt gekriegt, und in der Manteltasche waren Briefe. Meine Mutti sagte: „Ich dachte, du freust dich." Da ging das Theater wieder von vorne los. Da dachte ich mir: „Ja eigentlich, wenn du einen Freund hast, dann bist du deine Eltern auch ‚ein Stück weit los'." Die Annoncen, die meine Mutti aufgegeben hatte, waren nicht gleich, und es war ja einige Zeit dazwischen. Kurios war, dass zweimal der gleiche schrieb. Irgendwie war ein Brief dabei von einem, der schon auf die erste Annonce reagiert hatte. Da hab ich dann gesagt: „Na gut ... man könnte sich ja mal treffen", eigentlich mehr meiner Mutter zuliebe als aus eigenem Interesse.

Ja, auf jeden Fall hat sich dann ein bisschen was entwickelt, mit dem Mann, der zum zweiten Mal geschrieben hatte. Ich bin dann mit nach Hainichen gezogen zu ihm. Wir hatten uns dort eine gemeinsame Wohnung aufgebaut, und ich habe den Kontakt nach Freiberg komplett abgebrochen. Der Freund war sehr eigenwillig und, wie sich dann später rausstellen sollte, ein Alkoholiker, der am Wochenende seine Flasche Schnaps brauchte. Drei Jahre war ich mit dem Mann zusammen. Mittlerweile weiß ich, dass es nur eine Flucht war, eine Flucht vor der Einengung von meinen Eltern, vor meiner Mutter hauptsächlich. Ich hatte ja kein Stück Privates. In Hainichen, wo seine Eltern lebten, ging das dann von vorne los. Da mischten sich seine Eltern ein.

Seine Schwester war evangelisch und hatte eine Tochter, die sie mehr oder weniger religiös erzogen hat. Ich bin dann zweimal in einem evangelischen Gottesdienst gewesen, zum Schuleinführungsgottesdienst und einmal Ostern, was mich aber eher abgeschreckt hat, weil ... die Gottesdienste waren so nüchtern, so leer, so trostlos. Das war sehr ernüchternd, hab da keinen Zugang gefunden, hat mir nicht das gebracht, was ich eigentlich erhofft hatte. Auf jeden Fall hab ich dort eine Bibel gekauft.

Ich hab meinen Freund dann drei, vier Mal vor die Wahl gestellt: Entweder der Alkohol oder ich. Hab dann irgendwann gesagt: „Schluss, ich kann nicht mehr. Ich will einfach nicht mehr." In Freiberg hatte ich keine Wohnung mehr, also ging ich zurück zu den Eltern, zurück in den goldenen Käfig. Da hatte ich aber schon die Bibel im Gepäck. In Freiberg hab ich mich dann einfach soweit zurückgezogen, wie meine Mutter mich ließ, und hab die Bibel auch ab und zu gelesen. Na ja, da fehlte natürlich jemand, mit dem ich drüber reden konnte.

Ich hab dann versucht, über die Bibel mir so ein Wissen über den Glauben anzueignen, und hab geguckt: Was steht dort eigentlich über das Gebet? Dank meinem Vati habe ich mir immer mal so einen Bibelfilm anschauen können, ob das jetzt Joshua war oder so ... zumindest Ausschnitte habe ich mal gesehen. Da kommt ja auch immer wieder mal das Gebet vor, und das hat mich einfach fasziniert ... wie man so viel Vertrauen haben kann zu jemandem. Eigentlich jemanden, den man nicht greifen kann, den man nicht sehen kann, wo man gar nicht so genau weiß, existiert er oder ist das nur eine Einbildung von uns Menschen.

Das ist so der Stachel, den ich immer im Hinterkopf hatte: Einbildung ... das ist mir von der Mutti eingetrichtert worden. Dann hab ich mir irgendwann ein Buch gekauft: Grundgebete der Christen. Da standen das Vaterunser, das Glaubensbekenntnis, Rosenkranz und dann halt noch die verschiedensten Grundgebete. Der Rosenkranz hat mich fasziniert. Den hab ich mir dann angewöhnt. Ich hab mir auch selber einen gebastelt, einfach so von der Beschreibung, wie es dort stand mit den fünf Gesätzen.

Irgendwann hatte ich in der Zeit dann auch den Mut und bin mal in die katholische Gemeinde, und hab da mal nachgefragt. „Ja ... Sie können sich ja auch mal mit dem Pfarrer unterhalten" ... und das war mir dann doch zu viel ... es muss wohl der Küster, der Kaplan, nein, der Kantor muss das gewesen sein ... Auf jeden Fall brachte der mir dann einen Rosenkranz an, und den hab ich in Ehren gehalten. Ich hab mir dann zur Gewohnheit gemacht, jeden Morgen und jeden Abend entweder einen ganzen oder ein Gesätz vom Rosenkranz zu beten. Dabei habe ich eine Art innerer Ruhe gefunden. Dieses gleichmäßige Wissen und Danken für das, was man eigentlich jeden Tag hat, was man als selbstverständlich hinnimmt. Es gibt ja alles zu kaufen, man braucht sich nicht kümmern, man wird's schon irgendwie packen.

Was bei mir vielleicht eine Rolle mit spielte: Ich hab als Kind Verzicht üben müssen. Es gab sehr wenig zu essen. Manchmal haben wir uns was in Mülltonnen gesucht, zumindest als ich in Karl-Marx-Stadt gewohnt hab. Ein Weißkrauteintopf ist mir lieber als eine Banane. Ich meine, von einem Weißkrauteintopf wird man einfach satt, von einer Banane nicht unbedingt. Wir haben auch nicht mehr dieses Zeitgefühl: Wann wächst dies oder jenes eigentlich, wann ist Aprikosenzeit oder Pfirsichzeit ... es gibt immer alles. Wie hat man sich zu DDR-Zeiten auf Weihnachten gefreut, weil es da endlich mal Orangen gab. Dankbar sein, dass man satt wird, dass wir eigentlich alles haben. Das geht gut beim Rosenkranz ... nun ja, es gibt reichlich Vater Unser, es gibt die vielen Ave Maria ... ich kann nicht sagen, warum, weshalb ... Es war einfach für mich so ein Mittel, um zur Ruhe zu kommen, die innere Unruhe ein Stück weit zu unterbinden. Maria als Person hab ich das damals gar nicht so zugeordnet.

1998 bin ich dann zur Kur gewesen. Hab mich ja schon in Hainichen bemüht, irgendwie was anzufangen, weil irgendwas nicht gestimmt hat. Ich hatte einen schlechten Bezug zur Realität, habe eigentlich mehr in einer Traumwelt gelebt als im Hier und Heute. Das war vielleicht auch bedingt dadurch, dass ich keine Arbeit gefunden habe und mich auch nicht unbedingt dahinter geklemmt hab. Ich hatte Angst vor den Absagen. „Mich braucht eh niemand", dachte ich immer, war auch mit dem Wenigen, was ich an Arbeitslosengeld hatte, zufrieden. Ich war sechs Wochen zur Kur, die dann noch mal für eine Woche verlängert worden ist, weil die Therapeutin festgestellt hat, dass ich ein gespaltenes Verhältnis zur Mutter habe. Also, dass da viel mehr Arbeit notwendig wäre, als gelaufen ist.

Meine Eltern sind dann 1999 das erste Mal seit Ewigkeiten wieder in den Urlaub gefahren, Pfingsten, und mein Vati fragte mich: „Was können wir dir denn mitbringen?" Und spontan kam: „Einen Rosenkranz!" Und meine Mutter: „Was willst du denn damit?" Sie hat richtig rumgeschimpft. Und mein Vati sagte: „Nun, wir werden mal schauen." Er hat ihn mitgebracht. Es war ein ganz niedlicher kleiner. Ich habe dann einen Verschluss daran gemacht, damit ich ihn als Kette tragen konnte. Basteleien hab ich schon immer gern gemacht. Dass ich ihn dann als Kette getragen habe, hat meinem Vati nicht so gut gefallen.

Als meine Eltern Pfingsten '99 weg waren, bin ich das erste Mal allein zum Gottesdienst gegangen, und zwar in eine katholische Kirche. Ich weiß nicht warum, aber der Gedanke war einfach: Jetzt sind die Eltern nicht da, jetzt kann ich mal gehen und brauch keine Rechenschaft abzulegen.

Es ist ein hohes kirchliches Fest, soviel wusste ich damals ja. Bin einfach hingegangen, hatte mich noch in der Adresse vertan, war erst an einer falschen Stelle. Nun gibt es ja an Feiertagen zwei Messen. Was für ein Glück! Die erste Messe habe ich vor der Tür verbracht. Da haben mich schon so fasziniert ... die Gesänge einfach, dass da auch die gesamte Gemeinde mitsingt. Ich hab mich unheimlich nach Ruhe gesehnt. Der Gottesdienst hatte schon angefangen, und ich hab mich nicht getraut reinzugehen. Irgendwo hatte ich so viel Erfurcht. Auffallen wollte ich ja sowieso nicht, dachte: „Ich hab also noch Zeit." Dann hab ich gewartet.

Es kam dann eine Masse rausgeströmt, und ich hab versucht, möglichst den Leuten aus dem Weg zu gehen. Zum zweiten Gottesdienst, der eine halbe Stunde später angefangen hat, war die Kirche wieder voll. Pfingstsonntag! Ich hab mich ganz hinten hingestellt und war fasziniert, diese Feierlichkeit. Das ist wahrscheinlich das gewesen, was ich bei der evangelischen Kirche vermisst habe ... diese Gebete, auch diese ständige Bewegung. Also, die Ehrfurcht, die ich immer hatte, dass man beim Vater Unser aufsteht oder beim Glaubensbekenntnis ... Auf jeden Fall war ich von dem Gottesdienst begeistert, auch wenn ich nicht alles verstanden habe. Normal am Anfang, glaube ich.

Pfingstmontag war ich auch noch mal. Was mich zwar gestört hat, waren die ganz vielen Leute dort. Und dann hab ich mir mal den Aushang angeschaut, den es da in der Kirche gibt, und festgestellt, dass jeden Sonntag um 8 und halb 10 bei uns Messe ist. Da habe ich mich entschieden für die 8 Uhr-Messe früh. Dachte mir: „Na ja, da ist vielleicht noch nicht so viel los!" Hab mich immer ganz hinten, ganz links hingesetzt. Irgendwann kam dann so ein kleiner dicker Herr auf mich zu und fragte, ob ich beichten wollte. Ich hab den angeguckt ... „Nö" ... da zischte er wieder ab. Da hab ich mir überlegt: Beichte, was ist denn das? Das war für mich ja völlig fremd.

Irgendwann hat mich dieser kleine Herr – das war der Pfarrer – wieder angesprochen, ob ich nicht noch mehr wissen wolle. Und von da ab hab ich einen Glaubens-, Taufvorbereitungskurs mitgemacht, immer Montag abends. Meine Eltern mussten damit leben. Meine Mutti konnte das gar nicht verstehen, schon gar nicht, als ich gesagt habe: „Eigentlich will ich mal ins Kloster!"

Dann wollte der Pfarrer gerne jemanden haben, für Ostern 2000 für die Taufe. Ich war als einzige ansprechbar für diesen Termin. Mir war es eigentlich zu zeitig. „Ja, aber

Sie wissen doch schon so viel." Ich hatte mich ja inzwischen auch in der Gemeinde engagiert, hab ein halbes Jahr im Kirchenchor mitgesungen, konnte dann nicht mehr. Meine Stimme machte nicht mehr mit. Habe dann bei der Kinderbetreuung mitgemacht, bin im Gebetskreis gewesen. Wir haben Ausflüge gemacht, Gottesdienste vorbereitet ... bin gut eingebunden gewesen. Und dann hab ich gesagt: „Gut!" Das Problem war dann: Wen nehme ich als Taufpaten. Hab dann aus dem Gebetskreis jemanden gehabt und zu dem hab ich jetzt auch einen richtigen Kontakt.

Die Taufe war für mich ein kompletter Neuanfang. Ich hab mich das erste Mal zu Hause durchgesetzt. Ich hab Halt gefunden, zwar nicht hier auf Erden im Grunde genommen, also auf der Lebensseite, aber ich wusste: Das ist es! Das ist der Weg, den ich gehen wollte. Als ich dem Pfarrer am Anfang gesagt habe: „Das Kloster ist mein Ziel!", hat er – für mich damals noch unverständlich – gesagt: „Na, wenn das nicht mal nur eine Flucht wäre ..." Nun gut, ich hab dem Satz nicht viel Bedeutung beigemessen, aber mittlerweile kann ich ihm Recht geben.

Während der Taufvorbereitung hatte der Pfarrer mich mal bestellt, da hatte er noch ein Hochzeitsgespräch und noch Kolping – oder war das der Pfarrgemeinderat? Da war ich jedenfalls erst mit anderen in einem Gästezimmer – bis er alles erledigt hatte. Ich hab mich in einen Sessel gesetzt und keinen Pieps gesagt. Wurde angesprochen, ob ich nicht was trinken wollte. Ich habe dankend abgelehnt. Und da muss ich meinem jetzigen „fast Mann" das erste Mal aufgefallen sein. Also, Kloster ade. Das Leben hatte mich wieder.

Durch den Glauben bin ich irgendwie gefestigt worden ... durch die Taufe allein ... dass da jetzt irgendeine Veränderung kommt, glaub ich eigentlich nicht. Das war mehr

wie die Bestätigung: Das, was du machst, wird unterstützt und ist richtig, und das soll die Gemeinde auch sehen. Das war ja für mich das erste Mal dann eine Handauflegung ... da strömte wie Kraft und Wärme. Dadurch habe ich auch mehr Mut gehabt. Ich habe dann plötzlich auch mehr ... innere Kraft gehabt, sagen wir es mal so. Die kam langsam oder wurde mir bewusst ... Es war ja Taufe, Firmung alles zusammen. Ein Abwasch, wie unser Freiberger Pfarrer sagen würde.
Zur Taufe war ich aufgeregt. Vor allen Dingen, weil ich ja von der Familie ganz alleine dort war. Das war für mich ja doch traurig, dass meine Eltern nicht mitgegangen sind. Mein Vati war zu dem Zeitpunkt schon krank, und meine Mutti hat gesagt, sie lässt den Vati nicht alleine. Ihr war es früh um fünf wahrscheinlich auch zu zeitig, und sie wollte sowieso nichts mit der Kirche zu tun haben.
1999 hatte ich von meinen Eltern zu Weihnachten ein goldenes Kreuz geschenkt gekriegt. Ich habe später erfahren, dass das von meinem Vati ausgegangen ist. Der hat gesagt: „Das holen wir ihr. Sie ist schon auf dem richtigen Weg!" Das war für mich dann auch so ein Rückenhalt, wo ich gesagt hab: „Doch ich mache weiter." Meine Mutti kommt bis heute noch nicht darüber hinweg, dass ich mich dort durchgesetzt habe.
Die Kirche ist eine Art neue Heimat für mich geworden. Da habe ich mich geborgen gefühlt. Das ist so schwer zu beschreiben. Also, was mich fasziniert hatte, war die Erleichterung durch die Beichte vorher, dass es die Möglichkeit gibt, die Last, die man mit sich rumschleppt, abzuwerfen. Ja, eben das Loslassen der Last. Dass man sagen kann: „Ich muss das nicht immer mit mir rumschleppen."
Ich kann sagen: „Bis hierhin und nicht weiter!"
Was ich hinterher auch als sehr positiv empfunden habe ... die vielen Glückwünsche. Wer da plötzlich alles dastand und mir die Hand geschüttelt hat. Das kannte ich ja

auch in dem Maße überhaupt nicht, dass man gesagt kriegt: „Toll, dass du das so gemacht hast, und schön, dass es in der Osternacht ist!" Da bin ich das erste Mal eigentlich so angenommen worden, wie ich bin.

Zum Osterfrühstück war ich dann bei meiner Patentante, zum Mittag kam der Pfarrer mit dem Kaplan zu uns nach Hause, und danach sind wir dann zum Osterreiten bei den Zisterzienserinnen nach Marienstern gefahren. Das war für meine Eltern ein Erlebnis. Mein Vati wollte das schon Jahre lang, und es ist nie dazu gekommen. Das hat sich dann halt ergeben.

Und nun steht ja noch etwas Größeres ins Haus, nämlich die Hochzeit. Nach zwei Jahren hat mich dann der besagte Mann, der mich damals im Gästezimmer fragte, ob ich etwas zu trinken will, doch mal erwischt. Sonst hat er wahrscheinlich nur die Mutti am Telefon gehabt. Die hat mir aber nicht gesagt, dass da jemand für mich angerufen hat, und nach der Kirche war ich immer gleich weg. Was sollte ich mich hinstellen, wenn ich eh niemanden zum Quatschen hab.

Wir trafen uns dann das erste Mal zu so einem Kolpingabend. Da war so ein Vortrag über den islamischen Glauben, wie das eigentlich wirklich ist ... wie viel Gläubige eigentlich die Attentate, die ständig passieren, verabscheuen. Das war genau eine Woche vor dem Attentat auf das World-Trade-Center. Dadurch kann ich mir den Termin relativ gut merken ... Ja, und dann hat sich das so nach und nach entwickelt.

Seit der Taufe kann ich bei mir im Leben auf jeden Fall ein stetiges Bergan feststellen. Bin offener geworden den Leuten gegenüber. In der Familie hat sich auch einiges wieder beruhigt, und arbeitsmäßig hat es jetzt auch geklappt. Zum 1.1.2003 bin ich halbtags in der Friedhofsverwaltung angestellt. Unsere gemeinsame Wohnung, seit ersten Oktober, wird vorgerichtet. Irgendwann sind wir an-

gesprochen worden, ob wir das hier machen wollen ... Also, so schnell konnte man das gar nicht organisieren, und es hat alles recht gut geklappt ...
Therese von Lisieux ist meine Patenheilige, Namenspatronin. Als ich mich so allgemein mit Heiligen auseinander gesetzt habe, hab ich einen dicken Wälzer vom Pfarrer geliehen. Wir haben ja vermittelt gekriegt, dass man sich zur Taufe einen Schutzpatron raussuchen darf. Also nicht zur Taufe, sondern eher zur Firmung.
Ich hab erst danach geguckt, was so um meinen Geburtstag herum ist, aber da war eigentlich nichts, was mich fasziniert hat. Bei der Therese von Lisieux fand ich, dass sie eben durch ihre Bescheidenheit ganz groß ist. Sie wollte nie – wie kann man das sagen – sie wollte nie im Mittelpunkt stehen. Ich hab auch geschwankt zwischen Theresia von Lisieux und Bernadette von Lourdes. Weil die Bernadette ja halt als ganz einfaches, armes Mädchen zu einer Gnade gelangt ist, die kaum nachvollziehbar ist, und ihr wurde ja das Leben auch schwer gemacht. Ja ... im Endeffekt war es Therese, weil das Geburtsdatum näher dran ist.
Nach der Taufe kam dieses Selbstvertrauen ein bissel ... schrittweise. Ich bin offener geworden für andere Leute, für die Sorgen anderer Leute. Das Gebet war zu der Zeit eher eine kritische Sache, so einen richtigen Faden habe ich nicht gefunden. Irgendwann hatte ich immer so das Gefühl, bis zur Zimmerdecke und weiter reicht es eigentlich gar nicht. Und ja, die Gebetspraxen ... Regelmäßiges Beten gab es zu dem Zeitpunkt bei mir noch nicht. Ich hatte immer das Gefühl, dass das Gebet nicht bis zum Herrn hoch kommt, dass es einfach zu weltlich gedacht ist, dass ich mich noch nicht so richtig öffnen kann, dass ich nicht mit dem Herzen bete, sondern einfach nur mit dem Verstand. Ohne die vorgefertigten Gebetstexte komm ich eigentlich gar nicht vorwärts im Gebet. Aber ich hab

so lange gebraucht, bis ich zum Glauben gefunden habe, dann kann das Beten ja auch nicht von Heute auf Morgen klappen.

Seitdem ich hier in Dresden bin – somit auch ein ganzes Stück weit weg von den Eltern – hab ich da ein besseres Gefühl, so dass ab und zu schon mal so ein persönliches Gebet, auch unabhängig von der Tageszeit, kommt. Zum persönlichen Gebet hatte ich noch nie eine Beziehung. Das hat immer ein bissel gefehlt. Dadurch dass ich in der Wohnung, als ich noch bei meinen Eltern gewohnt habe, keinen Raum für mich hatte, wo ich sagen konnte: „Ich mache die Tür zu und die bleibt zu!" Nein, die wurde aufgemacht. Da hatte ich immer das Gefühl, hier finde ich keine Ruhe.

Eine Zeitlang hat es mir geholfen, dass ich sonntags immer in die Kirche gegangen bin, nach der Taufe, aber das ist dann zwischenzeitlich mal eingeschlafen. Da war ich wieder so depressiv, dass ich mich kaum raus getraut habe, geschweige denn irgendwohin gegangen bin, wo Leute sind. An Gott gezweifelt habe ich da nicht, aber die Gemeinschaft mit der Gemeinde, die war noch nicht so ausgeprägt, da ich eher ein zurückhaltender Mensch bin, eher abseits stehen geblieben bin.

Jetzt gehe ich wieder in die Kirche, jede Woche ... und zu allen Feiertagen, selbst Ostern und Weihnachten. Ich habe ja immer gemieden, an hohen Feiertagen zu gehen, wo die Kirche rammelvoll ist. Da krieg ich immer Platzangst oder ein mulmiges Gefühl.

Gott ist für mich die schützende Hand in einer unwahrscheinlich schnellen Zeit. Zufluchtsort, Geborgenheit, Ruhe, wenn man sich ganz auf ihn einlässt ... aber auch manchmal der Vater, der mit erhobenem Zeigefinger dasteht und sagt: Was hast du denn da wieder angestellt? Familienzugehörigkeit. Gott ist wirklich wie ein Vater. Man kann sagen, er macht einen liebevoll auf die dümmsten Dinger der Welt aufmerksam, was man so versaubeutelt hat, was man zum Teil auch vergisst. Und was schön ist: Er offenbart sich einem immer wieder neu, meist kriegt man es erst hinterher mit, dass er irgendwie wieder ganz schön was gemacht hat, damit es in die richtigen Bahnen geht.

Ich sehe Gott als drei Wesen im Grunde genommen, die sich untereinander brauchen. Dreifaltigkeit in dem Sinne, ob ich das so richtig begriffen oder verstanden habe, weiß ich jetzt nicht. Ich kann mir schwer vorstellen, dass der Vater auch gleichzeitig der Sohn sein kann. Also für mich sind das schon drei Sachen. Der Heilige Geist wird ja vom Vater ausgesandt durch den Sohn. Das eine bedingt das andere, und ohne einen von den Dreien ginge es nicht, aber dass das eins ist, das ist das, was ich als Mensch schwer begreifen kann.

Das ist eben dann auch so ein Stück Geheimnis des Glaubens, genauso wie die Auferstehung. Es war ja keiner von uns dabei. Das muss ich annehmen einfach, denn selbst wenn wir es hinterfragen, werden wir doch zu keiner Antwort kommen. Das ist mit unserem menschlichen Verstand nicht zu begreifen. Das ist vielleicht das, was bei vielen den Glauben im Grunde zerstört, wenn man alles hinterfragt, wenn man alles erklären will. Wir sind nun mal bloß Menschen mit vielen Fehlern und mit einer stark begrenzten Aufnahmefähigkeit von nicht wissenschaftlich erklärbaren Dingen. Ich denke, ein Stück Grundglauben ist in jedem Menschen drin, vielleicht bloß ab und zu verbuddelt, sodass er ihn nicht gleich findet. Wiederfinden kann er den, denke ich, nur durch seine innere Stimme …

Bei mir war es so, dass ich damals das Buch in der Bücherei gesehen habe. Da waren Klosteradressen drin. Das war für mich ja der Anfang, wo ich 1997/98 an das Kloster geschrieben habe. Ich war immer mal in diese

Ecke in der Bücherei gegangen, wo religiöse Bücher standen. Da gab es die verschiedensten Bücher über Heilige oder Namenspatrone und eben auch über Klöster ... Da hab ich mir damals eine Adresse rausgeschrieben: Alexanderdorf bei Berlin. Das war das einzige, was ich nach Ostdeutschland zuordnen konnte.

Ich hatte schon gezweifelt, dass ich jemals wieder Antwort krieg von denen, weil der Brief bestimmt ein viertel Jahr lang dort gelegen hat. 1998 kam dann Antwort zu Weihnachten, am 24.12. Da erfuhr ich, dass man nicht von heute auf morgen in ein Kloster kann, dass es ein ganzes Stück Weg ist. Da ist mir erst mal bewusst geworden, dass hinter dem Glauben viel mehr steckt.

Ich hatte eigentlich mehr oder weniger gedacht, dass sie froh sind, wenn in der heutigen Zeit überhaupt noch jemand ins Kloster möchte, weil man ja immer wieder mal hört, dass die Klöster sehr überaltert und am Aussterben sind. Ich habe gedacht: „Na ja, die nehmen jeden." Ich hab dann halt den Tipp gekriegt, mal in ein Telefonbuch zu gucken, wo bei uns die nächste Gemeinde wäre. Ja und dann hat es halt noch bis Pfingsten gedauert ... dass es die Taufe gibt, wusste ich, aber inwieweit das bei der Katholischen Kirche so ist, wusste ich nicht.

Wie ich Gott im Alltag spüre? Eigentlich ist er ja immer allgegenwärtig. Manchmal fühle ich ihn nicht. Manchmal denke ich: „Irgendwo haste dich so verfahren, dass du wohl ganz weit weg bist von ihm", um dann zwei, drei Tage später festzustellen, eigentlich kann er gar nicht so weit weg sein, sonst wäre das eine oder andere Stoßgebet nicht erhört worden.

Ich bin auch relativ schnell anfällig für Depressionen, und jetzt bei der Hitze habe ich da meine argen Probleme. Da könnte ich mich am liebsten verkriechen, aber dann kommen eben auch die Momente, wo ich merke: Es gibt ja nicht nur das Negative, was ich mit der Sonne manchmal verbinde. Sie ist auch einfach Geborgenheit, ein Stück Wärme. Also, aufs Wetter schimpfen ist irgendwie falsch. Man muss es sich halt richtig einrichten. Dann merke ich, es kommt ja wieder einmal eine Wolke, die die Sonne verdunkelt. Also hat Gott doch Erbarmen mit denen, die die Sonne nicht mögen. Ich spüre Gott auch in der Beziehung zu meinem Freund. Dadurch dass ich überhaupt einen habe, dass ich fähig bin zu einer Beziehung, nachdem ich mich ja doch relativ versteift hatte auf ein Leben im Kloster.

Gott schenkt uns Menschen unheimlich viel Freiheit. Auch die Freiheit, selbst zu entscheiden: Wollen wir glauben oder wollen wir nicht glauben. Das ist die wahre Liebe. Für mich ist der Glaube ein Stück Sicherheit auch in die Zukunft hinein. Ich brauche mich nicht verrückt zu machen, was wird mal sein, wenn ich alt bin. Hab ich dann noch jemanden um mich rum, der sich um mich kümmert? Durch die Gemeinschaft in der Kirche haben wir eine ungeheure Möglichkeit, auch im Alter Leute um uns herum zu haben, ob wir nun Kinder haben oder nicht.

Ich merke das jetzt bei den Eltern. Meine Mutti ist unwahrscheinlich verzweifelt, ich bin ja das einzige Kind, dass ich so weit weg bin, nur ca. 40 km. Was ist, wenn der Vati nicht mehr da ist? Wo ich sage, sie ist nie ganz alleine, denn noch gibt es mich hier auf Erden. Von daher … und dann ist ja Alleinsein nicht unbedingt nur etwas Negatives. Durch den Glauben sehe ich nicht nur die eine Seite der Medaille, sondern auch die andere. Es hat alles Für und Wider, aber im Großen und Ganzen ist es eine arge Befreiung, dass wir glauben können. Viele sagen ja auch: „In der Kirche gibt es nur Tabus!" Das ist auch so ein Irrglaube, der bei den Nichtkatholiken – sag ich jetzt mal so – verbreitet ist. Es ist doch schon allein eine riesengroße Freiheit, dass man selber entscheiden kann, will man glauben oder will man es nicht.

Ich denke, dass es im Alltag wirklich schwer ist, immer an Gott zu glauben, zu Gott zu stehen. Also der Glaube ist schon da, aber die Beziehung zu Gott ist halt manchmal etwas flacher und manchmal intensiver. Es ist ein stetiges Auf und Ab, wie Ebbe und Flut, so als Vergleich. Momentan fällt mir nichts Besseres ein. Der Mensch denkt ja gerne in Bildern. Wenn man mal so einen Punkt erreicht hat, wo man selber vielleicht nicht mehr so richtig weiß, wie es weitergeht, sollte man sich dann auch mal die Zeit nehmen und sagen: „So, jetzt find ich ein Stück weit wieder zu mir selber." Wenn ich zu mir selber finde, spüre ich auch Gott wieder intensiver.

Gott finden ... na ja ... einfach Entscheidungen aus dem Bauch heraus fällen, ohne an die weltliche Konsequenz zu denken. Also nicht alles so in Geld messen ... nur ein Beispiel, aus meiner täglichen Arbeit. Das war so ein Tag, da hatte ich wirklich absolut keine Lust, irgendetwas zu machen, intensiver nachzudenken über die Vorgänge, wie sie halt sind in der Firma. Man muss sehr konzentriert sein, und das war an dem Tag irgendwie für mich nicht möglich.

Es war Sprechzeit, und es kam eine Kundin und ich dachte: „Auch das noch ...!" Und dann hab ich so kurz nach Beginn des Gesprächs schon das Gefühl gehabt: „Genau das brauchte ich jetzt!" Eine Kundin, die ganz konkrete Fragen stellte. Die Frau wollte das Grab der Schwiegereltern eigentlich auflösen und wollte es eigentlich auch nicht. Ihr Mann ist schwer krank und sie war zur Reha-Kur. In den drei Wochen sollte sich ein Geschwisterteil darum kümmern, dass gegossen wird, und es war nichts passiert. Ihr selbst fällt es auch immer schwerer, das zu machen. Da kam sie eben an, händeringend, völlig verzweifelt: Kann man das auflösen und was muss da gemacht werden und was würde das kosten? Dann sind wir halt so ins Gespräch gekommen, und ich hab mitgekriegt, dass ich ihr helfen konnte. Einfach durch meine ruhige Art, die ich an dem Tag dann doch hatte, obwohl ich vormittags mehr als gezweifelt hab an mir. Ich konnte ihr Möglichkeiten aufzeigen, was es für Wege gibt.

Die Frau war heute früh noch mal kurz da und sagte dann: „Ach, noch einmal vielen Dank, Sie haben mir so eine Last abgenommen." Ja, das war dann eben wieder so ein typischer Fingerzeig Gottes: Du brauchst dich nicht in die Ecke stellen und dich nicht klein machen, du bist schon Wer. Du schaffst deine Arbeit schon, musst eben noch ein bisschen mehr an dich selber glauben.

Das ist der Weg, den ich gehe. Also von jemandem, der sich am liebsten ständig verkriechen würde, zu jemandem, der anderen was geben kann. Da hilft mir Gott unwahrscheinlich dabei. Das war ja eigentlich auch das, was ich immer mit dem Kloster verbunden habe: Helfen, ohne es in Rechnung stellen zu müssen.

Ich kam schon immer mit dem finanziellen Denken in der Welt nicht zurecht. Das ist etwas, wo ich sage: Wir haben eigentlich immer genug Geld. Auch in der Zeit, als ich Arbeitslosenhilfe bekommen habe. Es war sehr wenig, aber es hat gereicht. Es ist nie so gewesen, dass ich am Hungertuch hätte nagen müssen. Und trotzdem ist man hier im westlichen Europa, in der westlichen Welt so unzufrieden. Auch wenn ich sehr bescheiden leben musste, bin ich doch immer satt geworden. Da bin ich Gott dankbar, dass ich überhaupt so leben kann, oder froh, dass ich dankbar sein kann für das, was ich habe. Andern geht es nicht so gut.

Natürlich ist es schwer zu glauben, dass Gott für jeden von diesen Milliarden von Menschen, die auf der Erde existieren, einen Plan hat und dass es da, wie es immer so schön heißt, ein Buch gibt, wo schon alles drin steht. Das, was dort drin steht, ändert sich aber ständig. Einfach durch die Menschen selbst. Dadurch dass sie sich ja oft nicht auf Gott einlassen und natürlich auch dadurch, dass es ja noch die Gegenseite gibt, die sehr am Wirken ist, auch wenn wir glauben, dass Jesus schon gewonnen hat gegenüber dem Tod.

Der „Andere" ist ganz schnell da, wenn es um Konsum geht, oder wenn es darum geht: „Ich will unbedingt besser sein als meine Mitarbeiter", oder: „Ich will unbedingt alles perfekt machen." In meinem Garten muss eben noch ein größerer Grill stehen, der muss noch teurer sein als der, der im Nachbargarten steht. Dieses gegenseitige Neidischsein. Man muss nicht alles vom Neuesten, vom Feinsten haben. Wir sollten auch ein Stück weit zurücktreten in der ganzen Esserei, in den ganzen Lebensumständen.

Ich meine, da konnte ich eh noch nie große Sprünge machen, und da fällt es mir jetzt auch nicht schwer, mich da ein bisschen im Zaum zu halten und nicht soviel ... na, zum Beispiel: im Sommer Orangen zu kaufen, die es eigentlich nur im Winter gibt. Muss da wirklich unbedingt was aus Afrika importiert werden, um das ganze Jahr Bananen zu haben? Das machen wir uns meist nicht mehr bewusst. Der Konsum ist das, was uns unheimlich zu schaffen macht. Sicher, es gibt vielleicht Menschen, die nur Gutes tun, aber wir sind alle Menschen. Jeder Mensch macht Fehler. Jeder Mensch lässt sich beeinflussen durch die negative Kraft, die es gibt. Es gibt nicht nur die positive Kraft Gottes. Es gibt immer zwei Pole.

Ich denke, Gott will für alle Menschen nur Gutes, aber durch den „Anderen" kann es nicht so sein. Ich meine, klar, es wäre schön, wenn auf der Erde alle satt werden könnten. Nur müsste da die westliche Welt ein ganz schönes Stück zurücktreten und ein Stück weit von ihren Vorstellungen, was notwendig ist, weggehen. Himmel hat für mich sehr viel mit Ausgeglichenheit zu tun. Also, die Waage halten zwischen dem, was sein muss, und dem, was sein kann.

Ich habe heute keine Angst mehr vor dem Tod. Die Erfahrung mit ihm habe ich ja gemacht, als ich die Selbstmordversuche hatte und dann wirklich nur durch einen glücklichen Zufall nicht gestorben bin. Von da an war für mich die Suche nach Gott wichtiger geworden als meine Sehnsucht nach dem Tod. Ich hatte die Gewissheit, dass es noch was anderes geben muss als die Welt hier. Wo die Gewissheit herkam, das kann ich nicht beschreiben. Vielleicht, weil es nicht geklappt hat. Na gut, so intensiv an die Zeit erinnern kann ich mich auch nicht mehr. Das ist wohl so eine Art Schutzmechanismus von mir, dass ich sehr viele negative Sachen verdrängt habe. An die ersten siebeneinhalb Jahre meines Lebens kann ich mich ja kaum erinnern. Da kommen nur mal ganz kleine Bruchstücke hoch.

Ich habe viel hinterfragt in der Zeit, als ich die Selbstmordversuche machte. Habe zwar von meinen Eltern keine Unterstützung gekriegt, hatte aber trotzdem irgendwo einen Halt. Dieses „Irgendwo" lässt sich mit niemandem auf der Welt identifizieren. Also, ich kann nicht sagen: „Der und der hat mich gehalten oder getragen." Da muss etwas Größeres da gewesen sein, und von da an habe ich auch intensiver nach Gott gesucht. Das hat zwar dann trotzdem noch eine ganze Zeit gedauert, aber durch die Bibel hab ich dann doch zum Teil recht intensive Erfahrungen gemacht.

Ich habe weniger gelesen als vielmehr abgeschrieben. Ja, abgeschrieben. Ich habe Gebete abgeschrieben, die Psalmen. Erst mit der Hand, zum Teil hab ich dann die Gebete auch in den Computer geschrieben. Das habe ich eine ganze Zeitlang gemacht, einfach um Ruhe zu finden. Abschreiben ist intensiver als nur lesen. Beim Lesen, also wenn man leise für sich liest, überfliegt man viel. Da kommen einem manchmal die Sinne, also die Hintergründe nicht so. Beim Abschreiben, da liest man doch drei, vier mal eine Zeile oder einen Satz und fragt dann: Was war denn das jetzt und wie hat man das zu verstehen oder was steht da eigentlich dahinter? Da hätte ich mir jemanden gewünscht, mit dem ich drüber reden kann, denn die Bibel ist schon schwer. Die Psalmen sind auch nicht immer verständlich, aber es ist schön zu sehen: Am Anfang steht immer so eine Kritik an Gott und am Ende eines Psalms steht dann immer wieder Dank und Lob. Ich habe mir dann halt so selber Gedanken dazu gemacht, und irgendwann kam dann ja auch der Schritt, dass ich mal in die Kirche gegangen bin. Dann hat sich mein Glaube wesentlich schneller und wesentlich intensiver entwickelt.

Mittlerweile habe ich das Gefühl, dass ich wieder relativ ausgeklinkt bin, was Gemeindeleben angeht. Wenn ich die Zeit so kurz vor und nach der Taufe sehe … da habe ich soviel in der Gemeinde mitgemacht. Na gut, jetzt sind wir ja hier nach Dresden gezogen. Das ist halt ein kompletter Neuanfang … in meinen Beziehungen, mit der Arbeit… Was ja für mich eigentlich nicht das schlechteste ist, mich in der Arbeitswelt wieder zurechtzufinden, nachdem ich acht Jahre zu Hause war.

Mit der Frage: Was kommt nach dem Tod?, mit der habe ich mich ja mehrfach schon beschäftigt. Eigentlich läuft es ja auf so ein „Zentrum" zu mit dem Tod. Man kommt wieder dahin, wo man schon einmal war, nämlich zu Gott. Wir kommen ja von Gott. Wir sagen ja auch, dass jedes Kind ein Geschenk Gottes ist. Wenn man sich dann weiter fragt: Wenn ein Kind ein Geschenk Gottes ist, ist man also schon bei Gott gewesen. Nur: Wenn wir schon bei Gott waren, warum kommen wir dann in die Welt? Das sind so Fragen, auf die weder die weltliche

noch die kirchliche Ansicht irgendeine genaue Antwort finden kann. Das können wir nur glauben.
Ich denke mir, dass wir in dem Moment, wo wir sterben, ganz genau wissen, was wir falsch gemacht haben, und dass in dem Moment für uns auch die Offenbarung kommt, warum wir lebten. Wo wir vielleicht Jesus ähnlich werden und wo wir an den Punkt kommen, wo wir uns entscheiden müssen: Nehme ich die Fehler an, die ich gemacht habe und bereue ich, oder sage ich dort immer noch: „Nein!" In dem Moment, wo ich mein Leben noch einmal Revue passieren lasse, da sehe ich, was ich falsch gemacht habe, und kann sagen: So hätte ich es nicht machen dürfen und da schäme ich mich auch dafür.
Bei Kindern sieht man das ja ganz deutlich. Wenn die sich schämen, werden sie puterrot. Das ist ja eigentlich wie so ein inneres Feuer. Das sehe ich wie so ein Fegefeuer an. Wenn ich meine Fehler so annehmen kann wie ein Kind, dann kann Gott mich auch annehmen. Ich denke, wenn wir sterben, können wir nicht mehr lügen. Dort entscheidet wirklich nur noch das Innere. Das, was unsere Seele ist, die von Gott kommt und wieder zu Gott geht.
Ich kann mir auch vorstellen: Selbst wenn dort jemand nicht erkennt, was er falsch gemacht hat, das trotzdem noch ablehnt, dass, wenn dann irgendjemand für ihn bittet ... wenn meinetwegen zum Beispiel die Mutter, die früher schon zu Gott gegangen ist, für ihr Kind bittet, dass Gott der Mutter dann keinen Schmerz zufügen könnte. Eigentlich gibt es die Hölle für mein Verständnis von Gott nicht.
Ich bin mittlerweile auch der Meinung, dass meine leibliche Mutter sicherlich im Himmel ist. Sie hat zwar den Freitod gewählt, was ja auch eine der größten Sünden mit sein soll. Die Betonung liegt auf: sein soll! Für mich ist das keine große Sünde, wenn jemand, der absolut im

Weltlichen keinen Ausweg mehr findet und auch nie den Zugang zum Glauben hatte, dann kann ich es nachvollziehen, wenn er den Freitod wählt. Wenn es natürlich leichtfertig gemacht wird, na ja ... das ist immer so eine Sache. Man kann nie in einen anderen Menschen reinschauen. Also, ich denke, dass eigentlich keine Hölle existieren kann, weil Gottes Liebe unerschöpflich ist. Er kann es niemandem zumuten, einen geliebten Partner, einen Sohn, ein Kind einfach auszustoßen. Das glaube ich einfach nicht.

Ein Weiterleben in dem Sinne, wie wir uns das vorstellen, gibt es sicher nicht. Ich glaube aber, dass es für Gott keine Zeit gibt. Es heißt ja nicht umsonst: Was für ihn ein Atemhauch ist, sind für uns hundert Jahre oder tausend Jahre. Ich denke, dass es nach dem Tod andere Dimensionen geben wird, dass dieses Raum-Zeit-Gefüge dann gar nicht mehr so existiert. Was dann natürlich wieder die Frage aufwirft: Warum werden wir dann erst in Raum und Zeit gesteckt? Wo ich aber sage: Warum soll ich das hinterfragen. Ich erfahre es früh genug. Ich denke mir mal, irgendwas hat Gott sich schon dabei gedacht, dass er uns Menschen erst mal hier auf die Erde stopft, um uns dann irgendwann wieder zu sich zu rufen, den einen früher, den anderen später.

Also die Zehn Gebote; auswendig kenne ich sie auch nicht alle. Ich habe aber festgestellt, dass ich eigentlich immer schon versucht habe, nach ihnen zu leben, auch als ich sie noch nicht gekannt habe. So groß meine Freiheit auch ist, wenn ich damit die Freiheit eines anderen kaputt mache oder nicht beachte, dann ist es keine Freiheit mehr. Die ersten drei Gebote handeln ja von der Beziehung zu Gott. Die Beziehung zu Gott ist in den anderen Geboten natürlich auch mit enthalten. Ohne dem geht es gar nicht.

Wenn ich also Gott achte und ehre und ihn allein als meinen Gott ansehe und niemand anderen, dann achte und ehre ich eigentlich auch alle Menschen und deren Eigentümer, also auch das Leben anderer Menschen.

Die Gebote, die sind so sehr verwoben miteinander, dass man sie nicht einzeln sehen kann. Wenn man ein Gebot verletzt, ist die Frage: Tut man es bewusst. Wenn es einem klar wird und wenn man einsieht, dass es wirklich ein grober Verstoß war und das bereut, dann wird es uns auch vergeben. Manche Sachen hab ich auch eine ganze Zeit mit mir rumgeschleppt, eh ich dann wirklich sagen konnte: „Ich hab dafür Buße getan."

Eine richtige Sünde ist, glaub ich, nur, wenn ich ganz bewusst Eigentum eines anderen zerstöre oder schädige oder wenn ich jemanden bewusst verletze. Nicht nur tätlich, sondern auch durch Worte, durch Gesten oder einfach nur durch Schweigen. Sünde ist für jeden was anders. Für den einen ist es normal, dass er den anderen nervlich auf dem Kopf rumtanzt, und ein anderer würde sich dafür in den Boden schämen.

Man sollte sich immer wieder bewusst machen, dass Gott die Liebe ist, damit man das im Alltag auch umsetzen kann. Das ist ja manchmal ganz weit weg, und es lässt sich ja auch so leicht reden: Gott ist die Liebe! Wenn Gott mich liebt, muss ich ja auch alle anderen lieben, aber der hat mir da was der Quere getan und der hat da was gemacht, was mir nicht passte ... Also: Der war der nicht lieb zu mir, da muss ich auch nicht lieb zu ihm sein. Man ist da ganz schnell im Negativdenken.

Gott hat in meinem Leben schon so viel geregelt, als ich noch mit keiner Silbe an ihn gedacht habe. Schon allein die Tatsache, dass ich adoptiert wurde in einem für eine Adoption recht ungewöhnlichen Alter. Mit siebeneinhalb ist sonst der Zug abgefahren, oder auch allein die Tatsache, dass ich die Kraft gefunden habe zu glauben. Gott will sich finden lassen. Es gibt so einen schönen Spruch: Wer suchen und fragen kann... das ist es gerade nicht ganz,

aber irgend so einen Spruch gibt es. Also, wer sucht...
Gott lässt sich finden, man muss nur richtig suchen.
Ich denke, dass jeder Mensch so eine Phase durchmacht, egal ob er als Baby getauft ist oder als Erwachsener. Es ist ja sowieso noch einmal ein Schritt vom Kinderglauben zum Erwachsenenglauben, denn alles nur als gegeben hinnehmen, ist – denke ich – nicht der wahre Glaube. Also muss man eigentlich immer wieder suchen. Ohne dem geht es nicht.

Selbst wenn ich mich jetzt habe taufen lassen und damit sage: „Ich habe Gott gefunden und tue dann nie wieder was für meinen Glauben, dann ist Gott auch wieder meilenweit weg. Es ist ja auch so, dass die Lebenssituation sich verändert und man sich immer wieder neu an Gott ranpirschen muss. Ranpirschen ist vielleicht der falsche Ausdruck, aber: Gibt es Zufälle? Von Gott gewollte Zufälle: Ja!

Wenn mir jemand vor drei Jahren gesagt hätte, dass ich in drei Jahren verheiratet bin, dann hätte ich ihm einen Vogel gezeigt. Und dann kam eben doch der Fingerzeig Gottes, und es kam jemand in mein Leben spaziert und hat alles umgekrempelt. Zufälle gibt es nicht. Das war Fügung.

Wir Menschen sagen ja oft: „Man, ist das ein Zufall!", wo Gott im Spiel ist. So viele Zufälle, wie da die Erde entstanden sein soll ... die gibt es gar nicht auf einmal. Man sollte solche Zufälle hinterfragen als Ungläubiger oder auch Gläubiger. Es gibt ja auch viele Gläubige, die gar nicht weiterdenken, dass vielleicht so ein „Zufall" von Gott gewollt sein könnte. Es kann natürlich manchmal sein, dass wir Menschen manches zu hoch interpretieren oder viel zu viel in Sachen reindenken, aber die kleinen Wunder passieren eigentlich immer wieder. Ein Wunder ist, wenn ich im Nachhinein feststelle, dass etwas ohne Gott gar nicht möglich gewesen wäre. Wenn ich auf mein Leben zurückblicke, da gab es viele solche Wunder.

Da gab es das Wunder, dass ich ins Heim gegeben wurde, dass meine Mutter so weit gedacht hat im Grunde genommen. Dann eben das Wunder, dass ich in eine neue Familie rein gekommen bin und dass ich dort auch ein Stück Geborgenheit gefunden habe. 1989 ist dann das Wunder passiert, dass ich noch am Leben geblieben bin. 2001 im September ist das Wunder passiert, dass ich am Telefon war und nicht meine Mutti, sonst wäre es nicht dazu gekommen, dass ich jetzt heirate.
2001 ist das ja gewesen, wo mein zukünftiger Mann intensiver versucht hat, mich mal zu einem Kolpingabend einzuladen. Er hatte ja schon vorher versucht, mich zu einer Kolpingwanderung einzuladen, aber immer war irgendwas oder die Mutti war am Telefon und hat es mir nicht weitergesagt. Das war Kirche und Kirche ist ja nur Mummeln und hat ja nichts mit dem Leben zu tun: „Die ist so weltfremd!" Irgendwann war ihm das dann zu bunt und er hat spitz gekriegt, dass ich ein Handy habe. Da hat jemand in der Pfarrei geplaudert und meine Handynummer verraten. Und da hat er mich halt auf Handy erwischt. Dann sind wir zu dem Kolpingabend gewesen, und kurze Zeit später klingelte wieder das Telefon, so nach ein paar Tagen. Und da hat er dann vorsichtig angefragt: „Könnten wir nicht mal gemeinsam Kaffee trinken gehen?" So ist das dann entstanden, dass in fünfeinhalb Wochen Hochzeit ist. Ich sagte ja: fast Ehemann, fast glücklich verheiratet.
Also die letzten drei Jahre waren schon phänomenal. Wenn man das jetzt von der Taufe her sieht, dann ging es eigentlich wirklich nur bergauf. Vielleicht ist es auch einfach ein Wunder, dass ich das verstehen darf, was in meinem Leben an Wundern passiert ist. Wie viele hatten ein bewegtes Leben, ähnlich dem meinen, vielleicht noch krasser, und tun das alles als Zufälle ab. Ich kann ganz froh und bewusst sagen: „Da hat Gott gewirkt. Da sind Wunder passiert!"

Klar, es gibt immer mal so ein Zwischentief, aber es kann ja nicht nur bergauf gehen. Wie tief wäre dann der Fall, wenn man über irgendetwas stolpert.

Dass es keinen Gott geben soll, so direkt wurde das bei uns zu Hause ja nicht gesagt. Gott wurde einfach nicht erwähnt. Inwieweit meine Großeltern geglaubt haben, weiß ich nicht, kann ich nicht nachvollziehen. Es wurde einfach nicht über Gott gesprochen.

Das einzige, wo vehemente Ablehnung kam, war, als ich diese Freundin von den Zeugen Jehovas hatte: „Lass dich bloß nicht mit denen ein! Das sind Engelhascher und Menschenfänger!" Engelhascher war so ein Ausdruck meiner Mutti: „Die Zeugen Jehovas tun so, als wären sie die Engel und würden allen Menschen nur das Beste wollen, indem sie von Tür zu Tür gehen. Eigentlich tun die das doch nur, um ihren Glauben zu verbreiten. Die wollen die Leute haschen!" Es hieß immer: „Die Engelhascher sind wieder mal da und klingeln!" So denken meine Eltern. Ganz schön witzig manchmal. Von Familie zu Familie und von Region zu Region gibt es ja unterschiedliche Ausdrücke für die Zeugen Jehovas. Vielerorts sind die aber auch nur als Bibelforscher bekannt. Für mich war es ja auch eigentlich damals das erste Mal, dass ich konkret mit der Bibel zu tun bekam.

Sich einfach auf Gott einzulassen, das bringt unheimlich viele gute Erfahrungen. Vielleicht auch einfach mal das Neue Testament zur Hand nehmen. Einfach mal aufschlagen, blindlings aufschlagen, und dann mal lesen. Auf jeden Fall das Neue Testament. Das Alte Testament ist zu schwer. Da ist einfach zu viel unverständlich, denke ich. Gott kann man aber vor allem in sich drin finden, sonst wäre ich ja auch nicht zu Gott gekommen.

Wenn man von außen auf die Kirche schaut, ist Jesus oft fremd. Man sollte Jesus mal richtig ansehen. Es ist nicht immer der gekreuzigte Jesus, der dargestellt ist, sondern auch viele Male der mit dem erhobenen Kopf. Die Darstellung an sich fand ich am Anfang auch ein bisschen krass. Warum überall der Gekreuzigte? Ja, weil er halt auferstanden ist, und die Auferstehung an sich kann man nicht darstellen.

Mir ist viel später erst richtig aufgegangen, was sie bedeutet. Da habe ich selbst jetzt jedes Jahr Ostern immer noch so ein Stückchen Aha-Effekt. Den hat wahrscheinlich auch jeder Gläubige. Die ganze Wahrheit, die dahinter steckt, können wir gar nicht erfassen.

Jesus geht mit mir durch mein Leben. Der Bezug zu Jesus ist da, weil ich in jedem Gebet mit Jesus spreche, der für mich beim Vater bitten soll, oder auch mit Maria.

Meine Mutti hat mal gefragt: „Warum kann man nicht direkt zum Vater bitten?" Es ist einfacher, über einen Bruder zu bitten, der näher am Vater steht, der ihn besser versteht als ich, der dadurch alles auch besser rüberbringen kann. Indem wir zu Jesus beten oder indem wir den Heiligen Geist bitten, beten wir ja eigentlich auch immer zum Vater, sonst wäre es ja keine Dreieinigkeit.

Der eine hat halt den besseren Draht oder das bessere Gefühl, wenn er zu Maria betet, der andere, wenn er zum Heiligen Geist betet. Ich denke, das ist individuell. Das kann man nicht so pauschal sagen, dafür sind wir Menschen viel zu unterschiedlich. Was ja auch gut ist.

„Ich spreche einfach den Tag über mit Jesus."

Berko
33 Jahre, Polizeibeamter, mit Kathrin verheiratet

Zurzeit bin ich Student an der Polizei-Fachhochschule, werde Ende September mein Studium beenden. Ich bin glücklich verheiratet, habe ein Kind, bald zwei Kinder. Meine Eltern sind beide Atheisten, die mit dem Glauben nichts zu tun haben wollten. Mein Vater, also mein Stiefvater muss ich sagen, meine Eltern sind ja geschieden, war LPG-Vorsitzender, auch in der SED Parteimitglied, und meine Mutter war stellvertretende Direktorin an einer Schule und auch Parteimitglied. Der Glaube spielte bei uns überhaupt keine Rolle. Ich habe weder in der Verwandtschaft noch in der Bekanntschaft von irgendjemand jemals was darüber gehört, gar nichts.

Dann habe ich meine Frau kennen gelernt, die auch davon nichts wusste und auch von ihren Eltern nichts groß darüber mitgeteilt gekriegt hat. Und dann war es so, na ja, wie das manchmal in der Familie so hoch und runter geht, jetzt nicht hoch und runter in der Ehe, sondern einfach durch äußere Einflüsse, Firma z. B. Da meine Frau ziemlich sensibel ist, hatte sie mehr oder weniger den falschen Job erwischt. Da war sie manchmal in einem tiefen Loch. Da hat ihre Tante irgendwann gesagt: „Komm doch einfach mal zu mir!" Und dann ist sie hingefahren, und dort hat sie den ersten Kontakt mit dem Glauben gehabt.

Dann kam sie zurück und hatte eine Kassette mitgebracht ... „Die Erscheinungen der Muttergottes im 20. Jahrhundert", und sie sagte: „Guck dir das einfach mal an!" Ich kann das nicht anders sagen: Mit der Kassette gab es irgendwie so einen Knackpunkt. Ich habe gesagt: „Ja – das glaube ich!", zumal hier Kinder im Spiel waren. Ob das nun kommerziell ist oder ... soweit habe ich damals gar nicht gedacht. Für mich war es einfach klar: Die Muttergottes gibt es! Ich hatte zu Jesus in dem Moment überhaupt noch keinen Bezug.

Dann ist eigentlich ein bisschen Ruhe gewesen nach dem Film. Kathrin hat sich aber nicht zufrieden gegeben. Ich war damals 2001 schon beim Studium, da hatte ich auch andere Sachen im Kopf. Kathrin hat dann im Internet gesurft, weil sie einfach mehr wissen wollte und einen Ansprechpartner zu der Sache suchte. Und da hat sie auf einmal gefunden: „Kloster St. Marienthal" Da ging es darum: „Wir können nicht zu Ihnen kommen, aber kommen Sie zu uns!" Das hat Kathrin einfach gemacht.

Da ist dann die Verbindung mit dem Kloster entstanden, mit den Schwestern. Ich bin dann mal mitgegangen, und dort habe ich mich so wohl gefühlt, dort war so eine Wärme. Das war so angenehm für mich, dass ich dann gesagt habe: „Hier will ich mehr davon!" Ich habe irgendwie automatisch angefangen zu beten.

Also jetzt nicht das Vaterunser, sondern ich habe dann einfach so eine Freund-Basis aufgebaut. Ich spreche einfach den Tag über mit Jesus. Ich sage einfach: „Also hier, pass mal auf ... das finde ich jetzt nicht ganz in Ordnung. Wie findest denn du das? Wenn das so richtig war, dann gib mir ein Zeichen, dass ich das verstehe!" Also ich rede einfach mit ihm. Ich habe auch ein Bild im Auto. Es macht mir Spaß, und ich merke, dass ich unwahrscheinlich viele Signale kriege und auch gelenkt werde. Und dann ging alles rasend schnell ... Pfarrer Kauder war dann manchmal bei uns, um uns ein bisschen zu schulen, und dann kam schon die Taufe ... Ich bekomme unwahrscheinlich viele Hilfen, auch in der Freizeit für die Projekte, die wir so machen, wo ich sage: „Das sind keine Zufälle mehr!"

Letzte Sache, die jetzt erst wieder war... Ich war zum Lehrgang, und dort war es dann zum Abschluss des Lehrganges so, dass jeder von den Lehrgangsteilnehmern sich vorne auf einen Stuhl setzten musste und alle anderen sollten denjenigen einschätzen. Ich hab eigentlich nur gute Kritiken gekriegt ... einfühlsam ... und was weiß ich nicht alles. So kannte ich mich früher gar nicht. Da merke ich, dass ich durch Jesus auch in meinem Inneren unwahrscheinlich gewandelt wurde, und das tut gut. Dinge, die früher für mich wichtig waren, sind völlig ins Nebensächliche gerückt.

Die Natur ist für mich einzigartig. Ich erfreue mich jeden Tag an ihr. Materielle Dinge sind komplett zurückgerückt, muss ich wirklich sagen. Natürlich braucht man Geld, um sich Nahrungsmittel usw. zu kaufen, ist klar, aber es würde mich reuen, einen Fernseher für 3000 Euro hier reinzustellen. Dann gebe ich lieber das Geld und spende es irgendwo hin, wo ich sage: „Dort gibt es welche, die wären froh, wenn sie ein Stück Papier zum Malen hätten!" Ich war ja durch meine Eltern in einer sehr materialistischen Einstellung geprägt. Das hat sich komplett gewandelt.

Fragen, ob es Gott gibt, hatte ich schon immer. Ich habe mich immer gefragt: Was kommt nach dem Tod? Das war für mich eine Leere, und ich habe gesagt: Die Leere gibt es nicht! Es gibt irgendwas nach dem Tod. Wie und was, ob es da noch eine andere Welt gibt, das wusste ich nicht. Nun habe ich natürlich auch nicht, wie manche, ständig nachgegrübelt. Das war dann manchmal so, dass man mit jemandem drüber gesprochen hat. Bei mir war der Tagesablauf sowieso ausgefüllt, aber wenn ich mal so in die Richtung kam, dann habe ich schon gesagt: „Also da ist noch irgendwas, aber was?"

Auf die Kirche habe ich nie geachtet. Ich habe nicht einmal darauf geachtet, dass selbst zu DDR-Zeiten einige bei uns im Dorf in die Kirche gegangen sind. Selbst einer aus unserer Klasse war in der Kirche ganz aktiv... Das ist, wie gesagt, erst durch meine Frau gekommen und hat absolut reingehauen bei mir.

Vielleicht war es das, was ich unbewusst gesucht habe. Ich habe einen unwahrscheinlichen Drang nach Geborgenheit. Den habe ich schon immer gehabt. Also, irgendwo Liebe zu finden und Rückenhalt. Aus dieser Liebe und diesem Rückenhalt Gottes bekomme ich dermaßen viel Energie, dass ich manchmal sage: „Ich könnte vor Energie platzen!"

Es ist wirklich so, dass ich dann Sachen bewältigen kann, wo manche sagen: Wie machst denn du das alles und wann hast denn du noch Zeit für dies oder jenes? Trotzdem bin ich auch viel für meine Familie da. Ich gebe mir da auch ganz große Mühe. Und ich merke auch, wenn es bei mir zu Hause mal ... es gibt ja in jeder Ehe mal so ein paar Zwistigkeiten oder so, und wenn das mal bei mir ist, dann verliere ich sofort sämtliche Energie. Ich sacke regelrecht zusammen, aber sobald das wieder in Ordnung ist, geht es wieder. Das ist sehr selten, muss ich sagen, meistens müssen wir schon nach zwei oder drei Minuten wieder lachen, weil es totaler Blödsinn ist, über was man sich dort gegenseitig...

Wo ich immer wieder davon überzeugt wurde, dass es Gott gibt, war ganz einfach, wenn ich um irgendwas gebetet habe. Da habe ich immer Hilfe bekommen, egal wann, egal wo. Ich habe immer Hilfe gekriegt. Ich habe aber auch gemerkt, wenn Gott was nicht wollte. Er hat mir dann ständig irgendwelche Steine in den Weg gelegt, ständig. Es ging einfach nicht. Ich habe gesagt: „Wenn du das wirklich willst, dann zeig mir noch was, dass ich es nicht machen soll!", und wieder ein Stein vor die Füße... Da wusste ich dann irgendwann: Das soll ich nicht tun.

Also, ich sehe es ja so: Es gibt für mich den Vater Gott, es gibt für mich Jesus und es gibt für mich die Maria. Diesen Heiligen Geist ... für mich sind das alles Menschen, die ich immer im Bild vor mir habe. Ich denke das sehr kindlich, muss ich sagen. Also, ich kann da nicht hochtrabend denken. Für mich ist das eine Familie. Die sorgen richtig für uns. Das stelle ich fest im Alltag.

Meine Frau macht sich über viele Sachen Sorgen ... da sage ich immer: „Die machen das für uns!", und schon hat es wieder geklappt ... und dort haben wir wieder Geld gespart... Ich habe gesagt: „Wir müssen bloß geben. Wir müssen geben, die geben uns auch was zurück. Auch wenn es manchmal eng ist. Kathrin, gib das noch! Das schaffen wir schon irgendwie!" Und es funktioniert! Es funktioniert hundertprozentig. Für mich ist Jesus ein richtig guter Freund geworden. Es ist, als wenn er da wäre. Ich rede mit ihm im Auto ... er spielt im Alltag für mich eine ganz große Rolle. Natürlich gibt es auch gewisse Sachen, wo ich hinterher denke: Warum lässt er das zu? ... Vielleicht einfach, um mich zu testen.

Ich habe zum Beispiel das erste Studienjahr mit einem Junggesellen auf dem Zimmer verbracht. Der war nur am Computer, hatte keine Freunde, keine Hobbys ... Computer, nebenbei Fernsehen, eine Talkshow nach der anderen, und er ist auch nie aus dem Zimmer... Ich hatte dort das ganze Jahr über keinen Freiraum. Man war ja dort an das Zimmer gebunden. Selbst wenn meine Frau angerufen hat, ist er nicht rausgegangen. Gespräche konnte ich kaum anfangen, weil: Computer ist nicht mein Ding! Andere Themen kannte er ja nicht.

Ich war dann nach diesem Jahr psychisch so richtig am Boden. Ich habe mich aber durch meine Freizeit und zu

Hause immer wieder aufgebaut und habe gesagt: „Das muss gehen!"

Die Moral ist ja dermaßen am Boden in unserer Gesellschaft. Wie weit soll es denn noch gehen? Man hat wenig Handhaben. Der Staat macht auch nichts dagegen. Es geht ja mit den Medien schon los. Gewisse Sendungen dürfen halt erst 23:00 Uhr kommen, wenn man wirklich weiß, die Kinder sind im Bett. Aber das geht ja nachmittags schon los mit den neuesten Trickfilmen, irgendwelchen Gestalten und Schießereien. Immer stehen die hinterher wieder auf. Irgendwann können die Kinder das gar nicht mehr verarbeiten und sagen: „Wieso steht denn der jetzt nicht auf? Im Film ist er doch auch wieder aufgestanden?"

Inzwischen wissen alle, dass ich Christ bin. Die Kollegen aus meinem Studienkurs haben zu mir bei einer Auswertung gesagt: „Es war schade, dass wir mit dir so wenig zu tun hatten. Wir hätten gern mit dir mehr Zeit verbracht." Das war eigentlich sehr schön.

Ich hatte mich ja sehr viel auf mein Zimmer zurückgezogen, weil ich mit den Themen ... es gab so Sitzgruppen, wo immer gequatscht wurde nachmittags und abends. Es ging immer um ein Thema, und das war weit unter der Gürtellinie. Damit konnte ich mich einfach nicht identifizieren. Da ging ich lieber auf mein Zimmer. Da sind dann auch Leute gewesen, die zu mir gekommen sind, aber die haben das dann auch schon gewusst, dass sie mir mit so einem Thema nicht kommen können. Die wussten, dass ich Katholik bin. Ich sage das auch jedem. Ich habe damit kein Problem. Wer mich einfach kennen lernen will und dann merkt, dass ich trotzdem ein vernünftiger Mensch bin, dann ist das doch ein positives Signal. Mir ist das egal, welchen Glauben jemand hat, oder ob er überhaupt gläubig ist. Wenn er natürlich den katholischen Glauben hätte, wäre mir das das liebste, das ist richtig, aber ich verprelle keinen, auch einen Protestanten nicht.

Wir haben in der Nachbarschaft eine Familie, die in eine evangelische Kirche geht. Sie leben ihren Glauben, und das ist das Schöne. Da kann man sich auch schön unterhalten.

Die Frage nach Gott habe ich mir früher nie gestellt, die kam auch nicht auf. Durch das Video damals habe ich mir einfach gesagt: „Es gibt Jemanden, der auch auf der Welt Wärme ausstrahlt und was Gutes will." Ich habe dann die Kassette auch mitgenommen, ins Studentenwohnheim. Die haben alle interessiert zugehört, aber es kam keine Reaktion hinterher. Da habe ich auch nichts mehr gesagt.

Manche fragten mich gewisse Sachen. Da waren wir manchmal so drei, vier oder fünf Studenten ... und die haben gefragt: „Ja, wie ist denn das?" Ich habe dann einfach so erklärt, was ich denke, und das konnten sie sich einfach nicht vorstellen. Da habe ich gesagt: „Das müsst ihr euch auch nicht vorstellen, aber ich habe es so erlebt. Ich kann nur davon aus Erfahrung sprechen!"

Ich hatte ja auch eine Muttergottesstatue bei mir im Zimmer stehen und entsprechende Bilder an der Wand, aber da hat sich keiner daran gestört. Sie sind trotzdem zu mir gekommen.

Ich habe auch in meinem Zimmer immer den Rosenkranz gebetet. Inzwischen hatte ich zum Glück ein Einzelzimmer. Ich hatte mir das so gewünscht von Jesus: Ich habe gesagt: „Bitte, gib mir ein Zimmer, wo ich für mich sein kann!"

Wir mussten ja umziehen vom Grundstudium zum Hauptstudium, ein Jahr Praktikum war zwischendurch. Ich hatte dann ein schönes Zimmer, ganz oben, ruhig, und konnte beten. Da habe ich das Zimmer auch zugeschlossen...

Aber ich habe auch meine Probleme beim Rosenkranzbeten. Da habe ich nicht so die Beziehung, wie wenn ich mit Jesus rede. Ein Vater Unser, ok, aber wenn das so ein langer Rosenkranz ist ... da sage ich mir aber dann: „Die Muttergottes hat gesagt, sie kann damit Seelen retten, und Jesus hilft das, dann ist das für mich eigentlich so eine Pflichtaufgabe." Aber wie manche sagen oder wie die Kathrin auch sagt, dass beim Rosenkranzgebet eine Beziehung entsteht, kann ich für mich nicht so sagen. Für mich ist das mehr eine Pflicht, ich denke, es ist einfach wichtig, das zu tun. Ich persönlich baue in einem ganz normalen Gespräch mehr eine Beziehung auf. Auch wenn ich in der Kirche bete ... Ich bete das Vaterunser, aber dann spreche ich ganz normal mit Jesus und sage, das und das war in dieser Woche, und dafür danke ich dir ganz besonders ...

Er sagt ja auch in dem einen Buch, da war ich richtig glücklich – Kathrin ist ja eine Lesemaus – da sagt er ja auch zu der Frances so etwa: „Mir sind manchmal die lieber, die offen mit mir so einfach dahinträllern und reden, als manche, die auf Krampf einen Rosenkranz nach dem anderen beten, wo nichts dahinter ist." Das hat mich dann auch wieder beruhigt. Ich hatte schon Angst gehabt, ich bin kein richtiger Christ, wenn ich so wenig Rosenkranz bete.

Ich bin eigentlich mehr so ein Mensch, der lieber versucht, in seiner Umwelt was zu bewirken. Ich bin durch die Taufe in die Familie aufgenommen worden. Das ist das einzige, was ich damit verbunden habe. Ich bin in die Familie aufgenommen worden, und durch den Empfang der Hostie kann ich Jesus näher sein.

In diesem katholischen Fernsehen, welches wir jetzt empfangen, kam das mal, wo das Herz ... also, wo die Hostie zu Fleisch geworden ist. Das haben sie so richtig gezeigt. Da habe ich gesagt: „Das ist Jesus, der begibt sich herab, um in einem drin zu sein." Ich beiß auch nicht auf die Hostie, ich versuche, sie ganz langsam im Mund zergehen zu lassen, um ihm nicht wehzutun, seitdem ich das gesehen habe. Wenn manche Menschen das hören würden, würden sie denken, ich bin nicht ganz dicht. Ich würde das auch nicht jedem so sagen. Über solche Sachen kann man eigentlich nur schwer reden.

Ich denke schon, dass Gnade zum Glauben dazugehört, aber Gott schenkt sie jedem, man muss sie bloß annehmen. Wir Menschen nehmen ja lieber was Negatives an als was Positives, leider ... Gucken Sie mal in die Gesellschaft ... die Menschen regen sich doch lieber über was auf, als den anderen mal zu loben. Dann sind die Menschen auch für Gott nicht offen. Durch diese Beeinflussung durch die Medien wird das noch verstärkt. Ich denke, wir hätten mehr Kirchliche, wenn ganz einfach ... der KTV zum Beispiel und die Sendungen, die dort zum Teil kommen, auf sechs Programmen laufen würden. Ich muss aber natürlich auch dazusagen, dass die Kirche meiner Meinung nach auch zu wenig macht. Wie viele „wahre Christen" sind denn nun wirklich in der Kirche und wie viele gehen nur, weil sie meinen, sonntags halt gehen zu müssen. Wie viele leben den Glauben wirklich? Zu glauben ist unbequem. Wer geht denn zum Beispiel noch zur Beichte?

Mir selbst tut die Beichte unwahrscheinlich gut, obwohl ich oft merke, dass ich immer wieder in gewisse Sachen zurück verfalle, wo ich mich das nächste Mal dann wieder dafür entschuldigen muss. Das ist mir dann schon peinlich, wieder und wieder dasselbe anbringen zu müssen, und dann versuche ich eigentlich wirklich, das abzustellen, aber es klappt noch nicht. Dann komm ich wieder damit an ... da sag ich mir oft: „Oh Gott, wenn ich das jetzt wieder sage ..."

Wir haben dann mal mit einer Frau aus der Kirchgemeinde gesprochen. Ich halte sie für ganz tief gläubig, weil sie auch in der Wochenmesse mit dabei ist. Wenn ich frei habe, versuche ich auch in die Messe in der Woche zu gehen ... mit der haben wir gesprochen, und sie sagte: „Also, sie als Ehepaar bewundre ich, dass sie so zur Beichte gehen können. Ich könnte das nie." Gerade die, hatte ich gedacht, geht regelmäßig zur Beichte, weil es ja auch erleichternd ist, einfach mal was loswerden zu dürfen, um Jesus wieder einen Schritt näher zu sein und um diese Schuld auch abgenommen zu bekommen ...

Leider finden die meisten Menschen Gott erst dann, wenn es ihnen schlecht geht. Dann suchen sie oft irgendwo einen Halt. Das haben wir zumindest gemerkt. Entweder, sie finden dann in dieser Zeit die Verbindung zu Gott so stark, dass, wenn es ihnen wieder besser geht, der Glaube bleibt, oder es ist so, wie es auch bei einem Freund von uns war: Er ist mit uns in die Messe gegangen ... ihm ging es richtig dreckig. Er ist Unternehmer ..., aber als es ihm wieder besser ging, war alles wieder weg, beeinflusst auch durch seine neue Lebenspartnerin, die überhaupt nichts von Gott wissen will. Jetzt ist er ganz abgesackt. Dabei ging es richtig bergauf, die Firma ging wieder ... und jetzt ... ich denke mal, er ist kurz vor dem Konkurs.

Ich habe mit ihm gesprochen, und ich habe gesagt: „Das liegt einfach an deiner Lebenseinstellung und wie du auch mit deinen Kollegen, mit deinen Mitarbeitern umgehst, das kann nicht funktionieren!"... Aber da ist eine Wand davor. Er hört sich das zwar an und sagt: „Ich will ja!", und ich sage: „Nein, du willst ja gar nicht!"

Ich denke mal, in der heutigen Gesellschaft: Entweder man ist offen für Gott und ist auch ein Optimist und sagt einfach „Ja" zu Gott, oder man steckt in einer ganz tiefen Krise und sucht Halt, und es kommt ein Christ vorbei, der einen auffängt und sagt: „Hier gibt es noch was anderes!" Bei dem können es die Leute komischer Weise

immer am ehesten annehmen. Meistens auch gerade in der Advents- oder Weihnachtszeit. Da sind die Menschen irgendwie sensibel für solche Sachen, mehr offen als das Jahr über. Dieses ganze Ambiente zu Weihnachten und die Kerzen und dann das Dunkle und so ... irgendwie ist das anheimelnd für den Menschen.
Natürlich, sobald es dann im Februar wieder mit dem Fasching los geht, ist es vorbei. Uns geht es einfach zu gut, denke ich manchmal. Viele Erkenntnisse haben die Wissenschaftler schon revidieren müssen. Gott hat es geschaffen, das Ganze, das kriegen sie halt nicht auf die Reihe. Wir sollen die Erde nutzen und die Natur, hat er gesagt. Man braucht ja bloß mehr Bücher lesen, dann versteht man auch alles. Also diese ganze Panik halt, das will Gott gar nicht. Jesus sagt ja selber: „Ich rette meine Kinder, egal was kommt!", und da vertraue ich darauf, egal was kommt.
Wenn er aus irgendwelchen Baumwollkneueln ein Brot machen kann, dann bin ich davon überzeugt, dass wir vielleicht, wenn eine große Not kommt, mal hier draußen von diesem Strauch die Blätter essen können. Davon bin ich überzeugt. Er kann das und er lässt uns nicht im Stich. Die haben den Schutzmantel über unsere Familie geworfen. Das spüre ich ganz deutlich. Uns geht es gut! Ich habe auch kein Problem, wenn den Beamten jetzt das Urlaubsgeld weggenommen wird. Dann haben wir eben was weniger. Wenn sie es doch wenigstens woanders vernünftig einsetzen würden ...
Als es voriges Jahr um das Hochwasser ging, da haben wir sehr viel Geld gespendet. Da haben die Kollegen gesagt: „Du bist ja blöd", und „das kommt doch nie an!" Aber ich habe gesagt: „Ich habe es im guten Willen gegeben. Wenn es da Menschen gibt, die es nicht in den Griff kriegen, oder wenn das irgendwo untergeht, brauche ich mich nicht dafür zu verantworten. Jesus wird irgendwann mal

denjenigen zur Verantwortung ziehen, der das nicht genutzt hat. Ich gebe es im guten Glauben weg!"
In der Schule damals als Kind hatten wir ja auch diese ganze Astronomiegeschichte und alles, das mit den Planeten und der Unendlichkeit. Für mich war das damals alles schwarz. Er war für mich da nichts da. Es gab die Planeten, und dahinter ging das nur als Leere weiter. Man ist ja immer davon überzeugt, da kommt noch mal eine Grenze, und dann kommt wieder eine andere und immer so weiter. Ich habe damals keine Lösung gefunden. Ich habe den Gedanken dann beiseite gedrängt, aber heute bin ich voll davon überzeugt, dass ich eigentlich schon seit meiner Jugend gelenkt werde, unwissentlich. Das mag komisch klingen.
Da war so eine alte Bauernfamilie bei uns im Dorf, und da bin ich mit helfen gegangen als Kind. Meine Eltern waren viel unterwegs, und der Tag war für mich immer voll ausgefüllt, und abends bin ich kaputt ins Bett gefallen. Eigentlich habe ich erst durch Kathrin über gewisse Sachen nachgedacht. Ich kann es mir jetzt ohne den Glauben gar nicht mehr vorstellen. Das Leben wäre so leer. Man wird bestimmt auch ohne Glauben leben können, aber da fehlt doch eigentlich der Sinn. Für mich ist das der Sinn des Lebens, der Glaube. Jesus führt mich durch meinen Alltag. Es mag kindisch klingen, aber es geht schon beim Teppichkauf los.
Kathrin hat die Wohnungsverwaltung abgegeben, und wir müssen ein bisschen aufpassen mit dem Geld. Wir brauchten noch so einen runden Teppich unter den Esstisch, und da waren wir bei Porta … Da lag einer für 379 Euro. Da haben wir gesagt, nein, so viel Geld für einen Teppich, das muss doch nicht sein. Da sagt Kathrin plötzlich: „Du, den sollen wir auch nicht kaufen, den sollen wir liegen lassen!" Da sage ich: „Na gut, wenn du das sagst, dann wird das schon so sein, dann lassen wir den

jetzt hier liegen. Es gibt ja noch Roller." Und dann fanden wir den runden Teppich für 100 Euro. Andere würden sagen: „Das ist Zufall!" oder: „Das war eben eure Intelligenz!" Ich kann nicht mehr an Zufälle glauben. Das geht nicht mehr. Das kommt aus dem Herzen. Jesus ist ja im Herzen drin. Diese Verbindung kann man finden.
Man muss sich unbedingt im heutigen Leben einen Ruhepol schaffen, damit man auch mal ganz ruhig nachdenken kann. Gucken wir uns doch mal an, was läuft: Hektik, Stress, die Menschen dürfen gar nicht zum Überlegen kommen.
Ich kenne viele Atheisten, die die Kirche unwahrscheinlich gut finden, weil man dort Ruhe findet. Ich kenne z. B. einen Schauspieler. Der diskutiert knallhart mit uns, aber gibt auch zu, wenn er so richtig die Nase voll hat, geht er in eine Kirche und setzt sich in die Kirchenbank, weil er dort Ruhe findet. Ich kann mir vorstellen: Wenn man sich mit manchen einfach mal so unterhalten würde, dann findet man immer irgendwo einen Funken, wo vielleicht Gott schon anklopft, aber der Mensch muss es erkennen, sich einfach öffnen in diese Richtung …

*„Ich bin nicht in einen Fußballverein eingetreten,
ich bin auch nicht in eine Partei eingetreten,
mit deren Zielen ich vielleicht auf einmal
nicht mehr einverstanden bin ..."*

Kathrin
34 Jahre, Wohnungsverwalterin, verheiratet mit
Berko, erwartet ihr zweites Kind

1997 habe ich mich selbstständig gemacht, als Wohnungsverwalterin. Ich habe eigentlich von Tuten und Blasen keine Ahnung gehabt. Ich habe mich dort voll reingeschmissen und gesagt: „Das mache ich jetzt!" Jenny war erst 1 Jahr alt. Ich hatte mich dann dort in eine Situation reinmanövriert, die war einfach nicht mehr länger haltbar.
Ich habe bis in die Nacht gearbeitet und musste früh wieder raus. Es wurden immer mehr Häuser, und ich habe immer Angst gehabt zu sagen: „Nein, ich nehme Ihr Haus nicht." Das waren alles Bekannte von uns, die uns irgendwann mal was Gutes getan hatten. Das ging dann soweit, dass mein Mann fast zusammengebrochen ist und gesagt hat: „Du, ich halte das nicht mehr aus. Wir müssen hier was ändern."
Mein Mann ist Beamter, hat seine ganz normale Arbeit. Erst Hausbau, dann war das Haus gerade fertig, da wollte ich die Wohnungsverwaltung aufbauen. Glücklich war ich nicht. Es war furchtbar, dieser Ärger mit den Mietern. Dauernd zanken sie sich um die Wäscheleine oder solche nebensächlichen Sachen. Ich hatte früh Angst aufzustehen und abends Angst vor dem nächsten Tag, und ich habe mich einfach nicht daraus befreien können. Ich habe immer gesagt: „Hier ist so eine hohe Arbeitslosig-

keit, und was soll ich denn dann machen? Ich muss das irgendwie durchstehen."
Dann ist meine Mutti zu ihrer Cousine ins Ruhrgebiet gefahren. Da kam ich auf die Idee: Da wirst du mal anrufen, die soll ein Branchenbuch mitbringen. Vielleicht ist ja eine Geschäftsidee drin, die du machen kannst und die dir einfach besser liegt. Dann habe ich meine Tante angerufen und habe ihr das gesagt, und da sagte sie: „Branchenbuch ... na denkst du, dass du deine Probleme damit loskriegst?" Da sagte ich: „Na, das habe ich mir so eingebildet!" Darauf sie: „Na, also weißt du, das Beste wäre, wenn wir uns mal persönlich darüber unterhalten ... so am Telefon ... und Branchenbuch, das kann ich mir nicht vorstellen." Da hab ich spontan gesagt: „Na gut, dann komme ich dich besuchen!"
Gut, wir haben das so gesagt und ich habe den Hörer aufgelegt und denke: „Was hast du denn jetzt gemacht? Jetzt hast du versprochen, du kommst sie besuchen!" Sie ist damals 66 gewesen, also schon eine ältere Dame. Da war ich hinterher so erschrocken. Sie hat mir dann später erzählt, dass ihr auch fast der Hörer aus der Hand gefallen ist, als ich spontan sagte, dass ich komme. Ich habe danach dann nur immer wieder gedacht: „Jetzt hast du ihr das versprochen, jetzt musst du dorthin!"
Ich bin dann im Herbst 1998 hingefahren. Sie hat sich riesig gefreut. Wir hatten uns jahrelang nicht gesehen, und dann eine Woche total aus dem Stress raus... Sie hat mich dann irgendwann ganz vorsichtig gefragt: „Was ist denn eigentlich los?" Ich habe ihr den ganzen Schlamassel erzählt, dass ich mich total überfordert fühle und dass ich dort nicht rauskomme, und dass das eigentlich auch überhaupt nicht die Arbeit ist, die meinem Naturell entspricht ... Sich mit Leuten rumzuzanken ... Da muss man einfach auch mal knallhart die Tür zu machen. Das konnte ich nicht.

Meine Tante hat sich das alles ganz geduldig angehört und dann gesagt: „Weißt du, Kathrin, es gibt für jede Situation im Leben einen Ausweg. Jede Situation kannst du ändern. Du musst versuchen, dich zu befreien. Entweder musst du weniger machen oder ganz aufhören." – „Wie stellst du dir denn das vor?"
Das ging ja alles nicht in meinen Kopf. Materialismus war im Prinzip das Dominante. In der Schule, diese Darwinsche Theorie mit der Abstammung vom Affen, da habe ich damals manchmal gedacht: „Und wo sollen die Affen hergekommen sein?" Das ist mir nicht so richtig aufgegangen, aber dadurch, dass meine Eltern eine materialistische Weltanschauung hatten ...
Ich habe immer die armen Christen bedauert, die in die Kirche gerannt sind. „Da hat irgendjemand so eine Bibel geschrieben...", habe ich immer gedacht. „Irgendwann hat sich mal jemand was ausgedacht, und Jahrtausende rennen sie immer noch in die Kirche, und glauben diesen ganzen Quatsch!" Wenn ich in die Buchhandlung gegangen bin und nach einem interessanten Buch geguckt habe ... der Titel war super ... also blättert man ... Da brauchte nur irgendwo das Wort Gott auftauchen, da habe ich das Buch wieder weggestellt. Ich war absolut weit weg vom Glauben. Bei meinem Mann war das ähnlich. Er kommt auch aus einem materialistischen Elternhaus. In keiner Weise hat er von Gott was wissen wollen.
„Nachdem du gestorben bist, da kommen Milliarden von Jahren, und dich soll es einfach nicht mehr geben ...!" Das war für mich eine Vorstellung, die einfach erschreckend war. Und dann hat meine Tante damals auf einmal gesagt: „Weißt du, da gibt's in Jugoslawien Medjugorje, und dort erscheint die Gottesmutter." Da habe ich dann erst mal tief Luft geholt ...
Meine Tante ist evangelisch, aber sie war immer so eine Art Mitläufer. Sie ist nie in die Kirche gegangen. Dann

war ihr Mann gestorben vor 10 Jahren, und da ist sie in ein Loch gefallen und hat keinen Halt mehr gefunden. Sie hat dann in der Esoterik gesucht. Also, die ganze Strecke Esoterik ist sie abgelaufen.
Einige Monate bevor ich sie besuchte, hatte sie einen Traum. Sie hatte geträumt: Auf einem Berg steht ein großes Kreuz, und sie liegt unten und umklammert dieses Kreuz und guckt ins Tal ... Sie hat danach immer gedacht: „Was sollte denn dieser seltsame Traum?" In dieser Zeit sagte irgendjemand zu ihr: „Wir fahren nach Medjugorje. Wir haben noch einen Platz. Willst du mitkommen?" Und da hat sie sich gesagt. „Na, ehe ich gar nichts vorhabe, da fahre ich eben mit. Mal gucken, was da losgeht."
Und dann steht sie in Medjugorje auf diesem Berg oben und sieht das Kreuz und diese Ebene ... genau, wie das im Traum war. Es fehlte bloß noch, dass sie auf dem Bauch liegt und das Kreuz umarmt. Das war haargenau das Gleiche. Das hat sie fürchterlich erschüttert. Da hat sie angefangen, sich damit zu befassen. Sie hat sehr viel gelesen, und nun hatte sie ja auch aus dieser ganzen Esoterikstrecke ... sie hatte einen Vergleich. Das war eine ganz interessante Sache für sie. Als ich dann bei ihr war, hat sie von Medjugorje und diesen ganzen Sachen erzählt. Da fing sie dann auch an mit diesen Botschaften ... und ich sage auf einmal: „Denkste?"
Die Woche war anstrengend, das muss ich ehrlich sagen. Wir haben ja eigentlich mein ganzes Leben durchgesprochen. Ich war nicht abwehrend. Das fand ich spannend, was sie erzählte, und ich habe gesagt: „Sechs Kinder, Kinder die sich hinstellen und sagen: Die Muttergottes erscheint uns." Ich konnte mir vorstellen, dass die Kommunisten das bestimmt nicht lustig fanden und dass die Kinder dann lieber gestorben wären, als dass sie gesagt hätten: „Es ist alles geschwindelt", das hat mich unwahrscheinlich beeindruckt.

Meine Tante hatte einen Film: „Die Erscheinungen der Muttergottes im 20. Jahrhundert". Den hat sie mir gezeigt. Er ging mit Fatima los. Das war ja dort ähnlich, die drei wären ja auch lieber in dieses heiße Fass mit dem Öl gegangen, als zu sagen: „Das ist nicht wahr." Da habe ich gedacht, Kinder, und soviel Mut. Also, wenn ich geschwindelt hätte, spätestens dann hätte ich gesagt: „Das stimmt nicht, ich nehme das alles zurück."
Ich bin nach Hause gefahren und habe zu meinem Mann gesagt: „Du, Tante Inge hat gesagt: Es gibt einen Gott, und da erscheint die Mutter Gottes." Da hat er gesagt: „So. Hm." Danach habe ich bestimmt vier Wochen überhaupt nichts mehr davon hören wollen, weil mich das innerlich so aufgewühlt hatte. Es war ja doch eine Grundfeste, die erschüttert war bei mir. Für mich stand auf einmal die Frage: Gibt es einen Gott, der alles geschaffen hat?
Meine Tante hatte mir im Prinzip versucht zu erklären, dass ich mich von dem, was mich fesselt, lösen muss. Dann bin ich heim und dann ging das nicht. Es hatte sich überhaupt nichts geändert. Ich habe so weitergewurschtelt wie vorher. Wir haben dann immer telefoniert, Stunden ... Ich habe da bestimmt die unmöglichsten Fragen gestellt, und sie hat sie mit viel Geduld beantwortet.
Sie hatte mir damals versprochen, dass sie mir eine Kopie von dem Film schickt. Mein Mann hatte ja nicht ja und nicht nein gesagt. Der war absolut neutral. Dann kam der Film und den haben wir uns angeschaut. Das weiß ich noch wie heute, er saß da und ich saß hier... Als er zu Ende war, da hat mich mein Mann angeguckt und hat gesagt: „Du, wenn das wirklich so ist, wie die das dort darstellen, was soll denn der Himmel dann noch machen?" Dann ist er ins Bett gegangen, hat keinen Ton mehr gesagt. Da war eigentlich das Eis gebrochen. Er fing auf einmal auch an darüber nachzudenken.

Wir haben dann ganz viel gelesen. Durch ganz viele Gespräche ging das und wurde immer fester. Ich musste ja auch erst mal für mich klären: Gehe ich jetzt einen Weg, wo ich in irgendeine ... na, in so eine Art Sekte gerate ... Das war ja auch eine Gratwanderung: Lass ich mich jetzt voll und ganz darauf ein und merke dann irgendwann: „Na toll, jetzt haben sie mir aber wieder ein Zeug erzählt ..."

Dann kam der Urlaub. Da habe ich im Internet gesurft ... Jedenfalls fand ich da was, da ging es um die Erscheinungen, auch direkt um Medjugorje, das Für und Wider. Dann sagten welche: „Ja, es gibt ja auch Ufos... Und warum soll DAS stimmen? Es gibt vielleicht Außerirdische, aber es gibt keinen Gott und keine Muttergottes!" Da habe ich gedacht: „Was hast du denn jetzt wieder gemacht ..." Hin und her ging das. Das war ganz komisch, wie so eine kleine Prüfung: „Bleibst du jetzt in den 14 Tagen, wo meine Tante Inge echt nicht greifbar ist, bleibst du am Ball oder schubst du das alles um?" Und da hat mein Mann gesagt: „Jetzt tust du gleich wieder den anderen Mist glauben! Bleib doch jetzt erst mal auf deiner Linie!"

Bei ihm war das von Anfang an so, wo ich mich bemüht habe um Wissen, um Hintergrundwissen ... er hat das einfach angenommen, wie ein Kind.. Er hat für sich gesagt: „Das ist so in Ordnung, ich kann damit umgehen", und damit hat er dann überhaupt keine Skrupel mehr gehabt. Ich dachte immer noch: „Na, wenn das nun nicht stimmt, was dann?"

Im Herbst 2000 bin ich dann wieder zu meiner Tante gefahren, wieder eine Woche. Da war sie schon so weit, dass sie den Weg in die Kirche gefunden hatte. Sie war zum katholischen Glauben konvertiert. Seitdem ging sie auch regelmäßig zur Messe, mittlerweile fast jeden Tag, wenn sie es irgendwie schafft. Da hat sie dann gesagt:

„Wollen wir mal zusammen gehen?" Ich sage: „Na gut, gehen wir mal!"
Wir sind halt in die Messe gegangen. Ich habe keine Ahnung gehabt, was die Leute dort überhaupt tun, aber gut fand ich es irgendwie. Mit dem Beten fing ich dann auch so ganz langsam an. Ich habe mit Jesus nichts anfangen können, aber mit der Muttergottes. Ich konnte mich mit ihr unterhalten. Ich habe zu ihr gebetet, aber sobald das ging: „Stell dir mal Jesus vor!", da war ich blockiert. Da hat meine Tante immer gesagt: „Das macht nichts, weil die Muttergottes sagt immer: Ich führe euch hin." Berko ist es genauso gegangen ... Wir haben beide den Weg zu Jesus nur über die Muttergottes gefunden.
Als ich heimgekommen bin, habe ich zu meinem Mann gesagt: „Wollen wir mal zusammen in die Messe gehen?" „Hm", hat er gesagt, „gut, ok. Wo gehen wir denn hin?" Ich kannte weder einen Katholiken noch einen Pfarrer. Meine Tante riet mir: „Ruf doch mal in Zittau an. Da muss es doch einen Pfarrer geben. Guck mal, was du für eine Antwort kriegst!" Gut, da habe ich mich dann irgendwann überwunden und habe Pfarrer Dittrich angerufen. „Ja", sagt er, „das ist ja ganz gut und schön, aber ich fahre jetzt in den Urlaub. Es tut mir leid. Melden Sie sich nur bitte nach meinem Urlaub noch mal!" Das war ja ganz nett, aber so richtig zufrieden war ich nicht. Da habe ich gesagt: Jetzt hast du dich überwunden, jetzt fährt er in den Urlaub. Ist ja verständlich, dass er in den Urlaub fahren muss ...
Jedenfalls hat mir das zu lange gedauert. Da habe ich wieder im Internet gesurft und da fand ich den „Tag des Herrn", und da stand was drin, von den Marienthaler Schwestern ... also sinngemäß: Die Schwestern können ja nicht zu den Gläubigen kommen, aber die Gläubigen könnten ja mal zu den Schwestern kommen! Da habe ich gedacht: „Wenn die das so rein schreiben, machst du das."

Dann habe ich im Kloster angerufen. Schwester Immaculata sagte: „Ja, da müssen Sie mal mit der Äbtissin reden!" Und sie hat mich dann durchgestellt. Die Äbtissin war eigentlich ziemlich reserviert. Die hat gesagt: „Ja, wissen Sie, dann schreiben Sie mir erst mal alles auf, was Sie haben und was Sie wollen." „Gut", habe ich gedacht, „na ja, dann mache ich das."

Habe ich mich hingesetzt und hab das aufgeschrieben, was uns bisher passiert war. Dann rief sie zurück und sagte: „Dann kommen Sie mal!" Wir haben einen Termin gemacht. Das war der 6. Dezember, Nikolaus 2000. Irgendwie war es Liebe auf den ersten Blick. Also die mochte mich und ich mochte sie. Wir haben uns eine ganze Weile unterhalten und da hat sie dann gesagt: „Kommen Sie doch bitte mal in die Messe zu uns, und dann hinterher würde ich gern Ihren Mann mal kennen lernen, Ihre Familie!"

Das war das erste Mal, dass wir in die Messe gegangen sind, alle drei zusammen. Wir haben ganz hinten gesessen, damit wir auch sehen, wann wir aufstehen und wann wir knien mussten. Dann haben wir ein bisschen betreten geguckt, als alle zur Kommunion vorgingen. Das wussten wir, das dürfen wir nicht. Aber so richtig wohl gefühlt haben wir uns nicht, als wir nicht mit vorgehen durften. Irgendwie war das komisch …

Wir sind dann hoch zur Äbtissin und haben uns eine ganze Weile ganz nett unterhalten, und da ging es dann darum – da waren wir ja schon so weit, dass wir gern getauft werden wollten –, dass wir sie fragten, wie das geht. Das wusste sie auch nicht so richtig.

Dann hat sich das so eingebürgert, dass wir immer sonntags nach der Messe zu ihr hoch sind und redeten. Irgendwann kam Schwester Theresia mit dazu. Auf einmal war Halt da. Pfarrer Dittrich hatte ich schon lange wieder vergessen, als er anrief. Es war ja alles in Ordnung. Was wir wollten, ging ja jetzt in die richtige Richtung. Ihm haben wir alles erzählt, und dann haben die sich erkundigt, wie das mit der Taufe geht. Wir haben uns dann am 8. Mai taufen lassen, alle Drei zusammen. Unsere Umwelt stand Kopf, das ist klar. Meine Eltern und Berkos Mutter, die waren sogar zur Taufe mit, aber sie konnten absolut nichts damit anfangen.

Mit meiner Arbeit war das dann so, dass ich endlich irgendwann gesagt habe: „Ich nehme jetzt all meinen Mut zusammen und gehe zu dem einen hin und sage: Deine Häuser, ich muss die wieder abgeben, ich drehe sonst durch." Dann hatte ich eine Angst, und da hat meine Tante gesagt: „Bete zur Muttergottes, sie möge mitkommen und dir helfen!" Ich habe mich an der Muttergottes festgeklammert und habe gebetet: „Hilf mir bitte!"

Ich bin dann dort hin und habe gesagt, es sieht so und so aus, ich kann nicht mehr, es geht nicht mehr, und finden wir einen Weg? Normalerweise muss man ja immer das Kalenderjahr fertig machen wegen der Abrechnung und es war im Juli. Da hat er plötzlich gesagt: „Ja, wenn es dir so schlecht geht, dann müssen wir das natürlich sofort machen. Was hast du für eine Idee?" Da hab ich gesagt, die und die Verwalterin käme vielleicht in Frage von meiner Seite her. Und da sagt er: „Ist in Ordnung." Ich war die Häuser binnen vier Wochen los. Von da an ging es mir besser. Ich habe dann mit einer Begeisterung meine Hauswirtschaft gemacht, habe Fenster geputzt und habe gesagt: „Das ist die schönste Arbeit, die es überhaupt gibt!", so sehr hat mich das befreit. So bin ich Schritt für Schritt vorgegangen und habe dabei gelernt, auch wenn ich weniger mache, wir kommen als Familie trotzdem über die Runden.

Dann kam noch mal ein ganz verlockendes Angebot ... und da habe ich wieder gebetet: „Was soll ich denn jetzt machen?" Ich habe gesagt: "Wenn ich das nicht annehmen soll, dann mach, dass das Treffen nicht zu Stande kommt!" Das Treffen kam nicht zu Stande. Dann rief der Herr aber am nächsten Tag an und hat gesagt: "Ich habe das nicht geschafft, können wir nicht einen neuen Termin machen?" Da habe ich wieder gebetet: "Wenn ihr wollt, dass ich das mache, dann soll das glatt gehen, und wenn nicht, dann lasst mich krank werden oder irgendwas!" Da bin ich krank geworden. Jedenfalls habe ich das nicht angenommen. Ich habe dann immer nur gebetet: "Helft mir! Ich habe jetzt verstanden, dass das nicht mein Weg ist, aber was soll ich denn dann machen?"

Dann passierte wieder etwas ganz Komisches. Ich habe noch nebenbei an einer Euroschule Textverarbeitung unterrichtet. Jetzt suchten die plötzlich in Görlitz nach Jemandem, der das macht, und da bin ich halt dorthin und habe mich vorgestellt. Parallel dazu hatten die Schwestern sich ausgedacht: "Es wäre doch schön, wenn die Frau Thomas noch ein Baby kriegen würde!" Ich habe immer gesagt, der Abstand zwischen den Kindern sei schon zu groß und was man dann alles so für Ausreden hat.

Letztes Jahr im Juli haben wir Mutter Äbtissin nach Aachen gefahren zu ihrem Geschwistertreffen, und dort ist was aufgebrochen. Mein Mann und ich haben danach gesagt: "Unser Kind kann so was überhaupt nie machen. Es hat nicht ein Geschwisterchen!" Irgendwie ist dort der Gedanke geboren: Ein zweites Kind wäre schön! Es hat aber nicht geklappt, und da haben wir eben gesagt: "Na gut, dann ist es eben nicht Gottes Wille."

Dann kam plötzlich das Angebot, in der Euroschule zu arbeiten. Ich habe mich gefreut, und drei Wochen später war ich schwanger ... Da habe ich gelernt, wenn ich was abgebe, weil es mir wirklich nicht gut tut, und wenn ich dann bete, die helfen einem, dass man wieder in die richtige Richtung kommt. Das war für mich eine ganz tolle Erfahrung, zu merken, es geht auch ohne Wohnungsverwaltung. Jetzt habe ich noch drei Häuser. Das ist wirklich das absolute Maximum, das schaffe ich nebenbei ... und ich habe mich neu orientieren können. Ganz neue Werte sind wichtig geworden für uns beide. Wichtig ist uns vor allem die Harmonie in der Familie – auch mit Jenny.

Man kann sich einschränken. Das haben wir auch durchs Fasten gelernt. Von heute auf morgen haben wir gesagt, die Muttergottes in Medjugorje wünscht sich fasten, das probieren wir mal, was kommt denn da raus? Das haben wir dann gemacht, meistens freitags, bei Wasser und Brot, konsequent. Am Anfang bin ich fast gestorben, aber wenn man dann wieder betet: „Hilf mir dabei!", dann hält man das aus.

Was uns früher immer gestört hat, war, dass wir nicht zur Kommunion gehen konnten. Soweit hatten wir das ja schon verstanden: Jesus kann in dir besser wirken, wenn du zur Kommunion gehst. Der Pfarrer hatte dann irgendwann gesagt: „Ihr müsst mit dem Kind in die erste Reihe. Dort hinten stirbt euch das Kind ab. Das ist langweilig." Jetzt saßen wir in der ersten Reihe. Wir wollten dazugehören und wir wollten gern zur Kommunion gehen.

Hildegard von Bingen hat ja mal gesagt. „Wo nicht die Frage im Menschen ist, ist auch nicht die Antwort des Heiligen Geistes." Da ist was dran. Es kommen ja immer wieder Fragen zwischendurch hoch, und da habe ich gemerkt, wenn man betet und sagt: „Ich verstehe das nicht. Hilf mir bitte!", dann kommen Antworten. Irgendwann habe ich dann gemerkt: „Eigentlich betest du jetzt mehr zu Jesus." Der Übergang ist fließend gewesen. „Der kürzeste Weg zu Jesus ist der über die Muttergottes." Für uns stimmt das hundertprozentig.

Man denkt oft: „Na ja, ich mach doch nichts Schlechtes!" Wenn man sich aber mehr damit befasst, merkt man, wo die Ecken sind und was Sünde ist. Durch die Taufe ist dann diese große Gnade gekommen und hat alles weggenommen. Ich hatte wie ein weißes Kleid an, wie man es halt auch zur Taufe kriegt... Also, für mich persönlich war das eigentlich so, dass ich erst im Nachhinein wirklich verstanden habe, was da passiert ist, richtig in seiner Tiefe.

Ich gehe auch in die Wochenmesse, wenn ich kann, und ich merke immer wieder, wie man dadurch wächst. Am Anfang der Schwangerschaft ging es mir so schlecht, dass ich an den Tropf musste, und auch in keine Messe gehen konnte. Da hab ich auf einmal gemerkt, da fing dann an, etwas abzubröckeln. Das war ganz seltsam, ich habe gespürt: Wenn du die heilige Messe nicht hast, fängst du an, im Glauben nachzulassen.

Man braucht immer wieder diese Ergänzung, sonst fällt man zurück in den alten Trott. Als ich dann wieder zur Messe gehen konnte, war wieder alles wie früher. Es gibt ja diese Vision von Don Bosco: Die Kirche ist ein großes Schiff und der Papst steht am Ruder. Es ist ein Wahnsinns-Sturm, und der manövriert dieses Schiff unter größten Mühen zwischen zwei Säulen durch und macht es dann an diesen Säulen fest. Auf der einen Säule ist die Eucharistie und auf der anderen Seite die Muttergottes.

Das ist für mich nachvollziehbar, nachdem was ich gefühlt und erlebt habe. Wenn ich zur Kommunion gehe, weiß ich, Jesus ist jetzt wirklich da, und ich sage dann auch: „Du kannst in mir wirken!" oder „Mach das bitte!" Er sagt ja immer: Wer viel bittet, dem kann ich auch viel geben.

Ich sage auch zu Jenny immer, wenn ihr irgendwas schwer fällt: „Versuche es mit Liebe für Jesus zu machen, dann kriegst du eine Perle im Himmel"... Neulich, da haben

sie sich um Sticker gezankt, beim Geburtstag. Sie hatte einen gewonnen und das andere Mädchen wollte unbedingt den Sticker haben. Was hat Jenny gemacht? Die hat ihr dann den Sticker gegeben. Das ist für sie ein Opfer gewesen. Sie war so traurig, und da habe ich gesagt: „Siehst du, Jenny, der Sticker liegt schon lange im Papierkorb, aber deine Perle im Himmel, weil du dem anderen eine Freude gemacht hast, die hast du noch!"
Ich habe oft eine kranke alte Frau besucht. Sie hat mit ihrem Mann eine fürchterliche Ehe geführt. Die haben sich so oft wehgetan. Sie wird bald neunzig, und jetzt sitzt sie in ihrem Rollstuhl und arbeitet das alles auf. Es ist nicht gerade leicht, zu ihr zu gehen und sie zu besuchen. Wenn ich dann dort hingehe und sage: Ich mache das jetzt Jesus zuliebe und opfere das auf, dann kann ich es leichter ertragen.
Wir haben ja jetzt den katholischen Fernsehsender KTV. Da ging es mal um Innere Heilung, und da wurde gesagt: „Was der Mensch nicht aussprechen darf, kann er nicht verarbeiten." Ich sitze eigentlich nur bei der Frau und höre ihr zu. Ich weiß, dass ihr das gut tut, dass ich nicht ständig sage: „Das ist doch alles Schnee von gestern, vergiss das mal!" Ich höre ihr zu und sage: „Du hast aber wirklich ganz schön gelitten, da ging es dir wirklich nicht gut, und das war bestimmt eine schwere Zeit für dich." Das tut ihr irgendwie gut, und dadurch verarbeitet sie das und wird das eben auch vielleicht noch ein Stück weit los, bevor sie stirbt.
Was für mich auch eine ganz große Sache war: Mein Mann macht so gerne Musik. Das ist ein ganz fröhlicher Typ und ein ganz aufgeschlossener Mensch. Er wollte schon immer Tanzveranstaltungen machen, um den Menschen einfach Freude zu bringen und ihnen zu sagen: „Es gibt auch noch was anderes als immer Geld verdienen und schuften!"

Ich war dagegen, habe immer gesagt: „Wir haben doch schon so viel um die Ohren, muss das auch noch sein?" Das ist eigentlich ein Prüfstein für unsere Ehe gewesen. Ich habe immer gebetet und gesagt: „Also, wenn ihr wollt, dass er so was macht, wenn ihr das gut findet, Jesus, dann helft mir!"
Mein Mann ist dann ohne mein Wissen überall hier rumgefahren und hat geguckt, wo denn ein Objekt wäre, aus dem man was machen könnte, und dann hat er auch eins gefunden. Das ist ein Kuhstall gewesen, mit einer schönen Decke, mit so Kreuzbändern ... also richtig toll, und oben drüber ist so ein größerer Saal gewesen, den haben sie früher auch genutzt, aber alles war total verfallen ...
Er hat dann immer wieder gesagt: „Das wäre schön. Das möchte ich gerne machen, aber ich habe doch kein Geld, Jesus! Was soll ich denn machen? Also, wenn du das auch so gut findest wie ich ..." So in der Richtung redet er ja immer mit ihm: „... dann musst du mir helfen, dass ich Geld kriege!"
Dann ist er auf die Gemeinde gegangen. Dort bekam er die Antwort: „Na ja, wir haben auch kein Geld!" Er hat aber immer weiter gebetet, und 14 Tage später riefen sie an: „Herr Thomas, wir sind Förderdorf geworden, und da gibt es jetzt einen Fördertopf, der würde nur auf das Objekt, was sie sich ausgesucht haben, passen! Das Objekt ist Dorfmittelpunkt, den wollten wir sowieso fördern. Sie müssen sich mal nach Kamenz wenden an das „Amt für ländliche Neuordnung"! Dort sagte man ihm: „Ja, das könnten wir uns vorstellen. Machen Sie mal ein Konzept! Aber, da müssen Sie einen Verein gründen!"
Ich habe getobt: „Bist du wahnsinnig! Was soll denn das?" Und dann sitzen die schließlich alle hier und sagen: „Da könnten wir doch ... und das wäre doch gut!" Und sagen alle „Ja", und da habe ich gesagt: „Ihr habt alle eure

Arbeit! Ihr wisst überhaupt gar nicht, auf was ihr euch dort einlasst!" Ich habe versucht, mich zu wehren, mit Händen und Füßen, mit all meiner Kraft, muss ich ehrlich sagen. Ich war richtig „verrückt". Ich habe gesagt: „Das gibt es doch überhaupt nicht, jetzt kriegt er das Geld, und dann findet er auch noch Idioten, die da mitmachen." Ich war richtig am Ende. Und dann ging das alles Schritt für Schritt ... Die haben auf dem Amt dann wirklich gesagt: „Ja, was Sie dort machen, da können Sie einen gemeinnützigen Verein gründen." Das Finanzamt hat auch gesagt: „In Ordnung, könnt ihr machen."
Ich habe dann gebetet, ich war so am Ende: „Also, weißt du, Muttergottes, ihr helft meinem Mann auf Biegen und Brechen, dass er das macht und alles gut läuft, und ich, ich drehe hier bald durch. Jetzt müsst ihr mir aber auch helfen!" Und von da an, es ist nicht geschwindelt, von da an konnte ich mit dem Problem umgehen.
Den „Hainewalder Kulturverein" haben wir gegründet. Wenn früher das Gespräch auf dieses Projekt gekommen ist, hat es mir den Magen umgedreht, mir ist schlecht geworden, ich hatte so eine panische Angst. Ich dachte, wie sollen wir denn das überstehen. Und auf einmal war diese Angst weg.
Mein Mann hat sich gewundert. Er konnte auf einmal heimkommen und konnte darüber mit mir reden, was vorher absolut nicht möglich war. Wir haben ja für 350 000 Mark Eigenleistung bringen müssen. Also, wir haben richtig schwer arbeiten müssen. Ich bin mit hingegangen. Ich habe mich voll als Vereinsmitglied einklinken können und habe dort mitgearbeitet. Ich habe mit diesen Problemen umgehen können, und das waren große Probleme.
Wir hatten zwar einen Fördertopf in Kamenz, aber die Mitarbeiter waren auf diesen Fördertopf nicht geschult hinsichtlich der Abrechnung. Es hingen auf einmal 120 000 Mark in der Luft. Und 120 000 Mark ... wir

waren insgesamt vier Familien, wenn wir dafür hätten aufkommen müssen, das wäre schon eine ganz schöne Masse gewesen.

Mein Mann ist dann hingefahren. Da haben sie sich mit ihm gestritten. Da hat er gesagt: „Ich hol jetzt den Vorgesetzten an den Tisch. Wir haben einen anderen Fördertopf unterschrieben, als ihr uns jetzt hier erzählt!" Und da ist rausgekommen, dass die das noch nicht wussten. Aber für uns hat das bedeutet, eine Woche lang zu beten und zu sagen: „Heft uns jetzt! Was machen wir denn jetzt?", und wir haben soviel Hilfe gekriegt ...

In dem Haus, welches wir ausbauten, da im Eingangsbereich gibt es so eine Nische, und ich hatte dann irgendwann mal nur so eingeworfen: „Wisst ihr was, was dort gut hinpassen würde? Eine Mutter-Gottes-Statue! Die würde da super reinpassen!" Da haben die anderen mich angeguckt. Ich hatte nur laut gedacht. Das war mir ja einfach so rausgerutscht.

Und dann gegen Ende der Bauzeit sagt der Eine zu mir: „Ach, übrigens die Nische, die mache ich dir fertig für die Mutter-Gottes-Statue. Das haben wir jetzt alle schon besprochen." Die Anderen waren alle Atheisten ... „Aber die Muttergottes, die musst du besorgen!" Da war ich „baff". Als wir das den Schwestern erzählten, haben sie gesagt: „Eine Muttergottes haben wir noch stehen, eine schöne weiße, die ist noch von der Vorgängeräbtissin. Die Statue ist jetzt hundert Jahre alt, die könnt ihr haben, die würden wir euch schenken."

Wir haben dann im Januar die Schwestern eingeladen. Da war alles schon fast fertig. Wir hatten Silvester 2002 die erste Veranstaltung gemacht, und dann kamen die Schwestern im Januar und haben die Muttergottes in die Nische reingesetzt und haben das Objekt gesegnet.

Das war dann noch mal ein richtiger Kampf, weil meine Schwiegereltern gesagt haben: „Ihr seit wohl wahnsinnig! Ihr könnt doch nicht die Muttergottes dort rein stellen! Dann kommt doch keiner mehr! Die Leute denken doch, ihr habt einen Knall! Bekannte von uns, die sind auch gläubig, die haben maximal ein Bild im Schlafzimmer, aber doch nicht in der Wohnstube!"

Da haben sie alles rausgelassen, was sie so an Frust gegen uns hatten, und ich habe nur gesagt: „Jetzt will ich dir was sagen ..." Das Objekt heißt ‚Roaperradl'. Das ist ein Oberlausitzer Begriff und bedeutet soviel wie ein Rad von einer Schubkarre. Rad ist für uns das Sinnbild für: Wir wollen die Menschen mitnehmen, und Schubkarre das Sinnbild für: Wir wollen was weitergeben, was transportieren ... Ich habe gesagt: „Ich gebe euch ein Stück weit Recht, was im ‚Roaperradl' steht, das geht den Verein was an, aber was in meiner Wohnstube steht, das ist meine Sache, das geht bloß mich was an, und wenn dir das nicht gefällt, dann tut mir das leid!"

Aber eins hatten sie erreicht, dass ich ganz unsicher geworden bin, dass ich dann gedacht habe: Es ist unser Glaube. Glaube ist zwar keine Privatsache unbedingt, aber ich wollte auch nicht, dass die anderen denken, dass da irgendwas passiert und wir dann Ärger kriegen. Da hat mein Mann dann gesagt: „Jetzt verstehe ich dich überhaupt nicht mehr. Was du der Muttergottes unterstellst, dass sie uns die Gäste verscheucht, das ist ja wohl der Gipfel!"

Jedenfalls steht die Muttergottes, und das „Roaperradl" läuft so gut, dass wir uns nicht retten können vor Gästen. Wir machen jeden Monat eine Veranstaltung, eine Tanzveranstaltung. Es kann jeder kommen, dem die Musik gefällt, richtige Tanzmusik. Wir haben wirklich so einen Zulauf, dass die Leute sagen: „Es ist wunderbar bei euch, aber eins stört uns, man kriegt keine Karten!"

Wir sind jetzt schon ausgebucht bis Jahresende. Es liegt so viel Segen auf dem Objekt, es ist unglaublich. Unten

in dem kleinen ehemaligen Kuhstall, da machen die Leute so gerne Familienfeiern. Das wächst uns natürlich auch irgendwo über den Kopf. Jetzt haben wir einen Deal geschlossen, mit dem Gastwirt daneben. Der macht uns jetzt diese Veranstaltungen unten, da müssen wir uns jetzt nur noch auf die Tanzveranstaltungen konzentrieren ... Deko und so ...
Auf den Eintrittskarten steht immer irgend so ein Satz. Wir wollen die Leute erreichen. Die sollen mal wieder in eine andere Richtung denken. Das Wort Gott wird nicht fallen, aber zum Beispiel steht mal drauf: „Haben Sie heute schon gelächelt!" oder „Haben Sie heute schon mal Jemandem was Liebes gesagt?" Es gibt ja solche Sprüche, wo man wieder ein Stück weit in eine andere Richtung denken muss, weg von diesem Materialismus, weg von diesem Egoismus.
Weihnachten hatten wir von Schwester Theresia Strohsterne machen lassen. Da hat jeder Gast einen Strohstern gekriegt, und dann lasen wir auch die Strohsterngeschichte. Wie der entstanden ist und wie die Hirten zu Jesus gegangen sind, und dass der Kleinste von ihnen einen Stern für ihn als Geschenk aus Stroh mithatte, als Sinnbild für Liebe, für Verständnis und für Freude untereinander. Da haben die Leute zugehört. Heute sagen sie: „Man fühlt sich bei euch wie zu Hause, bei euch ist irgendwas."
Gott ist für mich eine absolute Lebenshilfe geworden. Früher hab ich gesagt: „Hoffentlich wird das Geld reichen!" Ich hatte Angst abzugeben, loszulassen. Es wäre weitergegangen, sicher... Ich wäre Dozentin an der Euroschule geworden ... es wäre überhaupt nichts passiert, aber ich habe losgelassen, auch diese Wohnungsverwaltung, die mir absolut nicht gut getan hat.
Eine Tür geht zu und eine neue Tür geht auf. Dieses Vertrauen zu lernen. Das Leben ist kurz. Es ist gemessen

an der Ewigkeit wie ein Augenaufschlag. Jetzt zu wissen: „Ich muss das hier durchstehen, und ich soll das auch auf gute Art und Weise durchstehen, aber das richtige Leben geht dann erst los", dafür bin ich unendlich dankbar. Da würde ich so gerne wollen, dass die Menschen das verstehen, dass das, was hier jetzt läuft, nur eine Vorstufe ist von dem, was uns mal erwartet. Es wird so sein, wie wir es uns jetzt nicht vorstellen können.
Manchmal denke ich, was wäre, wenn unser Schöpfer nicht so wäre, wie Gott ist, wenn er nicht die Liebe wäre ... Was würde uns denn dann erwarten ... Gott ist Liebe!
Klar kommen immer wieder Fragen, die ich mir früher auch gestellt habe. Wenn Gott Liebe ist, warum passiert dann das und das? Aber man muss dann halt die ganzen Zusammenhänge sehen. Wenn ich Anderen weh tue, dann tut ihnen ja nicht Gott weh, dann tu ich ihnen ja weh. Und wenn der Andere dann sagt: „Das fand ich so gemein von dir, jetzt tue ich dir auch weh!" Diesen Kreislauf zu verstehen und zu merken, den muss man durchbrechen, dann wird es uns Menschen besser gehen. Gott steht oft hilflos daneben und sagt: „Ihr habt euren freien Willen. Ich verneige mich vor eurem freien Willen." Das ist eben diese Erkenntnis, wo ich heute sage: „Die wollen uns ja helfen."
In der Bibel steht: „... wenn die Menschen nicht sprechen, werde ich die Steine sprechen lassen." Wie oft weint eine Statue der Muttergottes, wo wir wirklich davorstehen und sagen, es sind menschliche Tränen, es ist nicht manipuliert.
Wir sind auch in Schio gewesen, in Italien, in diesem Wallfahrtsort. Da ist ein Mann, der ist um die Sechzig. Der hatte halt diese Vision, wo die Muttergottes sagt: „Ich flehe euch an, ich bettele euch an. Was soll ich denn noch machen. Ihr müsst aufwachen. Ihr müsst euch bewusst werden, was ihr macht!" Dort geht sie auch ganz kon-

kret vor gegen Abtreibung, auch gegen Euthanasie. Da hat sie gesagt: „Kinder, das ist der schlimmste Krieg, der bei euch überhaupt tobt, dass die Mütter ihre Kinder abtreiben." Das hat ja alles eine Wirkung. Jedes böse Wort hat eine Wirkung. Alles, was ich anderen Menschen antue, hat eine Wirkung.
Und das ist ja auch physikalisch alles gemessen. Das kam jetzt mal in diesem katholischen Fernsehen. Da haben sie über Sterbenden Mikrofone angebracht und auch Messungen gemacht. Eine Frau, die mit ihrem Leben sehr im Einklang war, hat Gott gedankt für ihr Leben, für alles, was war. Da haben sie die Wellen gemessen und dann waren die so ergriffen von ihrem Gebet, das waren alles atheistische Forscher … und mit einem Mal schlug der Zeiger im positiven Bereich an die Endmarke an. Gleiches haben sie gemacht mit einem, der geschimpft hat und Gott und die Welt verfluchte, und dort ging die Nadel bis zum Negativ-Ende. Das erst mal zu verstehen … Wenn ich etwas Gutes aussende, dann kommt etwas Gutes zurück.
Wenn mir früher jemand gesagt hätte, ich würde mal in die Kirche gehen, ich würde das alles mal so annehmen können, dann hätte ich gesagt: „Du musst doch einen Knall haben!" Die Schwestern sagen immer: „Das ist Gnade, dass wir es alle so annehmen können, alle drei." Aus uns heraus, denke ich mal, können wir wenig, aber wenn man sich Gott öffnet … Gott braucht nur unseren guten Willen, dass man ihn finden will. Alles andere macht er dann schon.
Unsere Nachbarn zum Beispiel, das ist auch so eine Fügung … ihr Sohn ist so schlimm verletzt worden, als er mit Feuerwerkskörpern gespielt hat. Ich habe sie dann angerufen, obwohl wir nur per „Sie" sind und „Guten Tag" und sonst nie was anderes geredet haben, und habe gefragt: „Wie geht es Ihnen? Wie läuft es denn?" …

„Na ja, es geht schon", sagten sie, und ich habe ihnen versichert: „Wir werden für euch beten!"
Ich kann bis heute nicht sagen, warum ich das getan hatte. Das hat die Frau so erschüttert. Sie hat immer gesagt: „Wenn es Gott gibt, dann hätte er das nicht zugelassen, dass unserem Kind so etwas passiert." Und jetzt sage ich ihr: „Wir werden für euch beten." Das war wieder ein Wendepunkt für sie. Die hatten auch niemanden, an dem sie sich festhalten konnten. Ihr Mann hat immer gesagt: „Gott, wenn es dich gibt, dann überzeug mich, dass es dich gibt!" Das war für mich dann so eine Bestätigung, dass das funktioniert, wenn ich Gott wirklich sage: „Hilf mir!"
Ich kann das ganz schwer erklären, das muss man einfach erlebt haben, diese Führung. Ich kriege auch immer die Bücher zur richtigen Zeit, die ich brauche. Ich habe einen ganz anderen Sinn für das Leben gefunden. Zum Beispiel habe ich mal gebetet: „Was willst denn du, was ich machen soll? Wo ist denn mein Sinn?"
Da habe ich ewig drüber gegrübelt. „Jeder hat doch eine andere Aufgabe! Was ist denn der Sinn für mich?" Da habe ich dann mal in der Klosterkirche gesessen. Das weiß ich noch, und da kam als Antwort: „Kümmere dich um deine Familie und hilf den Schwestern, so weit wie du das kannst!"
Da war an einen zweiten Kinderwunsch überhaupt noch nicht zu denken. Meine Kinder sind für mich ein Stück weit Sinn geworden, weil, wenn es mir gelingt, sie auf den richtigen Weg zu führen, ist das eigentlich: für die Kinder etwas für die Ewigkeit zu tun. Ich habe irgendwo gelesen: Wenn eine Frau ein Kind kriegt, dann ist das für sie ein Opfer. Sie opfert sich auf für ihr Kind. An der Stelle stehe ich jetzt. Manchmal kommen halt so Gedanken die trösten, wenn man da sitzt, total traurig ist und eigentlich nach einer Variante sucht ... Es sind nur

Gedanken, wo man dann hinterhersagt: „Wo kam denn das jetzt her?"
Das geht mir auch oft so, wenn ich Angst habe. Ich bin ein ganz ängstlicher Typ. Vor allem Möglichen habe ich Angst. Das ist was, wo mein Mann dann immer schon feixt und sagt: „Du machst dir jetzt schon um Sachen einen Kopf, die passieren vielleicht überhaupt nicht!"
Irgendwo habe ich mal so was gelesen in der Art: „Ihr kommt zwar immer in die Kirche, und alles Mögliche gebt ihr hin und erzählt mir euren ganzen Kummer, und ich höre euch ja auch gerne zu, aber dann nehmt ihr den ganzen Rucksack mit dem Kummer wieder mit, anstatt ihn bei mir zu lassen! Ihr habt ihn mir doch gegeben, und dann steht ihr auf, geht raus und nehmt den ganzen Prassel wieder mit." Das sind so Bilder...
Ich hatte meine Tante und bin mit allem zu ihr gegangen, und sie hatte auch auf so wunderbare Weise auf so vieles eine Antwort. Wo ich heute sage: „Gehen Sie mal zu irgendeinem Katholiken und stellen Sie mal eine Frage. Kann sein, da kommt nichts, weil er es selber nicht besser weiß." Viele sind da reingewachsen. Wenn man sich bewusst selber entscheidet, ist das sicher anders, als wenn die Eltern den Glauben mitgeben. Wichtig ist, man muss den Glauben leben. Das merken wir jetzt auch bei unseren Freunden im Verein.
Wir haben mal am Gardasee Urlaub zusammen gemacht. Vom Gardasee ist es nicht mehr weit bis Schio. Da kam ich auf die Idee: „Ich möchte dort hin!" Und da haben die anderen gesagt: „Da kommen wir mit, oder willst du uns da nicht?"
Sie sind alle mitgekommen, und wir hatten auch das Glück, dass der Seher sich eine Stunde für uns Zeit genommen hat. Sie haben hinterher nicht darüber diskutiert. Es hat jeder eigentlich was mitgenommen und erst mal in sich eingeschlossen, so für sich selber.

Ich weiß nicht, warum die Menschen Gott so ablehnen, aber ich habe es früher ja gemacht. Einfach, weil es unbequem war, an Gott zu denken, und weil mein Geist vielleicht nicht so weit gereicht hat, weiter zu fragen.

Unser Pfarrer hatte dann verlangt – weil wir ja jetzt in diese Gemeinde hier rein gehören, nachdem wir getauft sind –, dass wir uns auch der Gemeinde vorstellen. Ich wusste, mich kennen dort dreiviertel der Leute. Das hat mich eine unwahrscheinliche Überwindung gekostet. Damit geht das ja eigentlich schon los: Sonntags in die Kirche gehen ... Man muss sein ganzes Leben irgendwo umstellen ...

Man müsste mal eine Umfrage machen: Warum lehnen Sie Gott ab? Gott will ja nur das Beste für uns. Wir Menschen, wir beleidigen Gott eigentlich von früh bis spät ... wie viel Langmut steckt in Gott. Das kann bloß Liebe sein. Das geht gar nicht anders.

Was mich traurig macht, sind die endlosen Diskussionen, die in der Kirche geführt werden, ob das nun so oder so sein soll. Es gibt ja auch Pfarrer, die so wenig Glauben haben. Ich kann mich nicht als Pfarrer auf die Kanzel stellen und von Geflügel reden, wenn ich die Engel meine. Wenn man überzeugt ist von dem, was man predigt, von Gott und auch ein Stück weit von dieser Liebe, kann man dann so reden?

Wenn ich jemanden lieb habe, dann versuche ich doch, alles zu tun, dass ich demjenigen Freude mache. Und wenn ich dem dann noch mein Leben geweiht habe, egal ob man nun mit jemandem verheiratet ist oder nicht, wenn ich weiß, der mag das nicht, dann mache ich das doch nicht unbedingt. Die Priester geben sich ja doch noch mal ganz anders hin als wir. Keine Familie, sie verzichten auf so viel ...

Da ist irgendwie was verloren gegangen. Warum sind wir dabei, die Kirche moderner zu machen? Wenn ich zum

Beispiel frage, wie steht die Kirche zur Empfängnisverhütung, und man kriegt dann zur Antwort: „Ach lass doch den Papst labern ...!" Aber der Papst redet ja nicht so, weil es ihm selber so gefällt oder weil er das erfunden hat. Er nimmt es ja auch wieder nur aus dem Evangelium.
Der hat noch den Mut zu sagen: „Leute, es ist aber so angedacht gewesen!" Man darf nicht, nur um modern zu erscheinen, sagen: „Ach, macht doch, wie ihr denkt!" ... Auch zum Beispiel das Sakrament der Ehe ... Ich denke, dass das eine unwahrscheinliche Wirkung hat. Gott hat das so gewollt und ich sträub mich dagegen, immer zu diskutieren, ob das nun richtig oder notwendig ist.
Wenn er das so will, dann nehme ich das an. Wenn er sagt: „Ich möchte das, dann hat er sich was dabei gedacht." Der Papst sagt: „Ihr solltet verheiratet sein und euren Kindern eine Familie geben." Wir kriegen es doch überall mit. Die Kinder kriegen einen halben Klaps, wenn die Eltern sich trennen. Ich glaube, dass Gott die Familien schützt, wenn man ihn darum bittet. Wir haben ein Evangelium, da steht eigentlich alles drin. Es wird immer versucht, alles dem Menschen anzupassen, anstatt dass der Mensch fragt: „Warum hat Gott uns das so gesagt?" Das hat ja alles einen Sinn. Da zerfleischt man sich, und der Eine will es so und der Andere will es so. Und dann kommt oft: „Das brauchen wir überhaupt nicht machen!", oder: „Der Papst ist ja unmöglich ...!"
Ich bin nicht in die Kirche eingetreten, um irgendwelche Faxen zu machen. Meine Mutti zum Beispiel hat damals gesagt, als es darum ging, Taufe und Eintritt in die Kirche: „Du wirst aber noch manches Mal von den Katholiken enttäuscht sein!"
Es ist auch so, aber es tut mir nicht weh, weil ich nicht wegen der Menschen in die Kirche gegangen bin. Ich habe mich weder meiner Tante zuliebe taufen lassen, noch

den Schwestern zuliebe. Das ist einfach aus der Liebe heraus passiert und aus dem Glauben ... aus der Liebe zu Gott, und dadurch kann ich nicht enttäuscht werden von den Menschen. Ich bin nicht in einen Fußballverein eingetreten, ich bin auch nicht in eine Partei eingetreten, mit deren Zielen ich vielleicht auf einmal nicht mehr einverstanden bin. Ich bin eingetreten aus der tiefen Überzeugung, dass das für mich der richtige Weg ist.

Ich glaube an Gott! Und ich habe ganz genau gewusst, als ich mich taufen ließ: Von mir wird dann das und das verlangt. Es ist nicht gut, wenn wir daran herumdrehen. Zum Beispiel diese Frage: „Kann man nun die Pille nehmen oder nicht?"

Das war auch so eine Sache. Auf einmal ist es mir eingefallen: Da war doch irgendwas mit der Pille. Das hatte ich mitbekommen, dass der Papst mal gesagt hat: „Ihr dürft die Pille nicht nehmen!" Da habe ich immer gesagt: „Nein, Muttergottes, also wenn ich jetzt meinem Mann noch mit solchen Sachen komme ..." Das war noch ganz am Anfang ... „Wenn du das willst, dann musst du das klären!" Ich habe meinem Mann wirklich kein Sterbenswort von diesen Überlegungen gesagt. Und irgendwann kommt er und sagt: „Ich habe mir jetzt mal überlegt, ob die Pille für dich so gut ist, für eine Frau generell. Wollen wir das nicht lieber lassen?"

Ich bin davon überzeugt, wenn man sagt: „Ich möchte deinen Weg gehen!", die helfen einem und führen einen auch ganz genau und sagen: „Dort ist noch eine Schwachstelle. Versuch das doch mal!", aber so vorsichtig, dass man sich nicht überfordert fühlt.

Wenn ich Angst habe vor irgendwas zum Beispiel ... Jesus hat mal gesagt: „Wenn ihr Angst habt, dann müsst ihr an mich denken. Ihr müsst euch auf mich konzentrieren, dann geht die Angst weg!" Wenn ich heute Angst habe vor irgendeinem Gedanken ... ich kann mir ja sonst was für Luftschlösser zusammen bauen ... wenn ich es da schaffe, an Jesus zu denken, geht das weg. Die Angst geht weg, wenn ich an ihn denke und sage: „Ich geb das dir!"

„Glaube ist also nicht irgendeine Schwärmerei und irgendwas Unbestimmtes, sondern Glaube ist auch etwas, was wissenschaftlich durchdrungen wird, wo Intellekt dahinter ist."

Henry
40 Jahre, Politologe, gelernter Werkzeugmacher, verheiratet, zwei Töchter

Alles, was mit Religion zu tun hatte, war für mich etwas Historisches, Vergangenes, Überlebtes. So wurde uns das ja auch in der Schule beigebracht. Ich dachte, dass Religion durch Wissenschaft und Erkenntnis widerlegt sei. Ich habe sie überhaupt gar nicht wahr- und auch nicht ernst genommen. Auch meine Eltern haben keinerlei Bezug zu Religion und Kirche gehabt. Schon meine Großeltern väterlicher- und mütterlicherseits waren aus der Kirche ausgetreten.

Anstöße, anders zu denken, hatte ich zunächst nicht. Allerdings habe ich als Heranwachsender sehr viel gelesen, zahlreiche Biografien. Goethe beispielsweise, oder auch von Politikern und historischen Persönlichkeiten. Da werden ja häufig auch philosophische und religiöse Fragestellungen erörtert. Dadurch ist dann doch etwas in mir gewachsen. Ein Interesse vor allem.

Die zentrale Frage, die ich hatte, war die nach dem Sinn des Lebens. Diese Frage stellte sich für mich besonders, als ich aus der Schule kam. Ich musste meine vertraute Umgebung verlassen, als ich eine Lehre begann. Plötzlich war ich unter völlig Fremden und musste mich neu orientieren. Meine Überlegung war damals: „Was wird nach der Lehre kommen?"

Das war ja in der DDR recht festgelegt. In der Regel kam die Armeezeit, eine sehr unangenehme Zeit. Dann arbeitete man halt in seinem Beruf, sparte auf eine Schrankwand und einen Trabant und machte seine Urlaubsreisen. Natürlich innerhalb der eingeschränkten Möglichkeiten, die es gab. Es war ausrechenbar, was einen im Leben erwartete. Diese Vorstellung erfüllte mich mit einer großen Abneigung und auch zunehmend mit einer Depression.

Dazu kam noch meine Abnabelung vom Elternhaus. Wir haben uns viel gestritten. Ich bin nicht mehr zurechtgekommen mit meinen Eltern. Sie natürlich auch nicht mit mir. Ich hatte sehr radikale Ansichten. Es war einfach die Zeit da, wo ich raus wollte, wo etwas Neues beginnen musste.

Damals begann ich mich für Philosophie zu interessieren, soweit wie mir das halt möglich war mit meinen Voraussetzungen. Ich begann, mich mit Fragen zu beschäftigen, nicht nur: Wie wird es später? Wie gestalte ich mein Leben? Sondern ich fragte mich auch: Was soll das alles? Und worauf läuft das hinaus?

Ich fühlte mich von dem, was Sozialismus war, was DDR ausmachte, zunehmend abgestoßen. Sozialismus war für mich nie ein Ideal oder eine Utopie, der man hätte folgen können. Da gab es zunächst als die einzige Alternative, die überhaupt greifbar war – jedenfalls institutionell –, die Kirche, das Christentum.

Die Kirche wurde vom Staat nicht positiv gesehen, sondern regelrecht geschnitten. Leute, die sich als Christen bekannten, wurden benachteiligt. Das schien mir als „frischgebackenem" Sozialismusgegner sehr interessant. Viele junge Leute haben sich damals mit Religion beschäftigt, sind in die „Junge Gemeinde" gegangen, haben sich da engagiert und dort eine freiere Atmosphäre gefunden. Es war nahe liegend, sich dorthin zu wenden.

Die Kirche war, obwohl so wenige zu ihr gehörten, sehr anerkannt, selbst in der Arbeiterschaft.

Ich fing damals auch an, in der Bibel zu lesen. Zunächst natürlich aus einer Antihaltung heraus. Ich war ja auf der Suche nach Lebenssinn ... nach Weisheit. Es musste irgendeinen tieferen Sinn geben! Nach dem habe ich halt gesucht. Da sprachen mich dann natürlich vor allem die biblischen Bücher der Weisheit an, auch das Auftreten Jesu, die Bergpredigt und verschiedene Anweisungen, wie die Zehn Gebote ... aber was ich nicht hatte, war der Glaube.

Ich konnte an diesen Gott nicht glauben, und ich habe die Stellen, wo von Gott direkt die Rede ist, wo diese transzendente Wirklichkeit, die das Diesseits überspringt, durchkam, damals überlesen. Gott hatte für mich keine Relevanz. Er befand sich außerhalb meines Vorstellungsvermögens. Ich erinnere mich noch, wie ich damals zu einem Freund sagte: „Eigentlich beneide ich die Menschen, die das glauben können."

Ich lernte dann in der Lehrzeit neue Leute kennen, die sehr westlich orientiert waren. Die argumentierten auch sehr antikommunistisch. Das beeindruckte mich. Ich begann mich dann zunehmend für die Bundesrepublik zu interessieren. „Da ist Demokratie, da ist die Freiheit!" dachte ich.

Ich fing dann an, Vergleiche zu ziehen zwischen der Bundesrepublik und der DDR, und es entwickelte sich bei mir in relativ kurzer Zeit, also während meiner Lehre, in meinem politischen Denken eine Hinwendung zur Bundesrepublik. Ich hatte den Eindruck, das könnte ein lebenswerterer Staat sein als die DDR.

Ich führte dann viele Gespräche mit engen Freunden, die Ähnliches bewegte, und in mir wuchs langsam der Gedanke, die DDR vielleicht zu verlassen. Einen Ausreiseantrag zu stellen, hatte nicht viel Sinn. Mit achtzehn Jahren,

ohne Westverwandtschaft, wie hätte man den begründen sollen? Wir begannen deshalb zu überlegen, inwieweit wir uns durch Flucht dem Ganzen entziehen könnten.
Die innerdeutsche Grenze schien uns zu gefährlich zu sein. Es war ja bekannt, wie stark sie abgesichert war. Wir hatten dann die Idee, eine Urlaubsreise nach Bulgarien zu nutzen, um zu sehen, wie die Bedingungen vor Ort sind. Das Problem war ja, man konnte nichts planen. Wir hatten keine Informationen, wie das Grenzregime dort konkret aussah. Wir konnten nur Spekulationen anstellen. Ich weiß bis heute nicht, wie die Grenze dort ausgesehen hat...
Wir machten also diese Urlaubsreise. Es ist dort sehr gebirgig im Südwesten von Bulgarien, Dreiländereck ... Griechenland, Mazedonien, Bulgarien ... Wir wollten die Gegend zunächst erkunden und sind dort runter gefahren, als Tramper.
Wir hatten uns eine Stadt ausgesucht, die lag laut Karte nahe der Grenze: Petric. Die Karten waren ja auch alle gefälscht. Wir hofften, einfach in diese Stadt zu kommen, und von dort wollten wir es versuchen, übers Gebirge. Auf der Karte war auch eine Schutzhütte eingezeichnet. Natürlich konnte man die nicht erwandern, weil das schon Grenzgebiet war. Wir bildeten uns aber ein, nachts das Licht dieser Schutzhütte im Gebirge leuchten zu sehen.
Wir wollten nach Petric und gingen mitten am Tage auf einer Landstraße lang. Da kam dann ein Schild: „Grenzzone", auf deutsch und bulgarisch. Wir fragten uns: „Was machen wir jetzt, zwanzig Kilometer vor der Grenze?" Wir gingen einfach weiter und erreichten eine Bushaltestelle. Von dort wollten wir auf den Bus warten und nach Petric rein fahren. Wir fragten auch einen Bulgaren nach dem Weg. Der sagte nur: „Ja, ja. Da lang!" Wir gingen einfach immer weiter.

Nach vielleicht einer halben Stunde kamen Soldaten und haben uns, nachdem sie unsere blauen DDR-Ausweise sahen, einfach festgenommen und in eine Kaserne gebracht. Da waren wir dann in Petric!

Dort fanden wir uns plötzlich jeweils in einer Einzelzelle wieder. Die hatte einen schwarzen Ölsockel. Es gab ein ganz kleines Fenster und eine Stahltür. An der Wand hing über mir so ein Ring. Ich kannte das vorher nur aus Filmen... Das war für mich ein Schock.

Ich hatte ja in der DDR ein ganz normales Leben geführt. Das war bis dahin keineswegs von Verfolgung, Inhaftierung oder Stasi geprägt, ganz im Gegenteil. Plötzlich saß ich in dieser Zelle, von einer Stunde auf die andere... Wir wussten zwar, was es bedeutet, wenn wir erwischt werden, aber die wirkliche Gefahr hatten wir verdrängt, um mit der Angst umgehen zu können. Man könnte sagen: „Wie naiv war das!", aber wenn wir die Gefahr nicht verdrängt hätten, hätten wir es uns vielleicht nicht getraut.

Diese Situation in der Zelle war ganz schlimm für mich. Irgendwie fing ich damals an zu beten, weil ich Angst hatte. Ich dachte: „Das ist jetzt das einzige, was dir noch hilft!" Ich habe mich da einfach an Gott gewandt. Das war plötzlich möglich in dieser Notsituation, und war auf einmal ganz selbstverständlich ... und es pflanzte sich fort, also ... es ergriff Besitz von mir.

Ich kann jetzt nicht sagen, dass ich unmittelbar gleich so eine Art Hilfe Gottes verspürt hätte. Das wäre sicher übertrieben, aber es entwickelte sich aus dem Gebet heraus sofort Hoffnung und auch irgendwie Trost. Es war zunächst ein Strohhalm, den ich ergriff, wo man natürlich auch sagen kann: „Na gut, dem ging es schlecht, dann betet man halt. Später vergisst man das!" ...

Es war nicht das erste Mal, dass ich gebetet habe. Das erste Mal habe ich vermutlich so was wie ein Gebet gesprochen nach dem Anschlag auf den Papst. Ich sagte damals so was in der Richtung: „Wenn es dich gibt, dann rette diesen Mann!" Ich sah als Jugendlicher die Aufnahmen im Fernsehen. Von den religiösen Hintergründen des Papstamtes wusste ich nichts. Der Papst strahlte für mich einfach so etwas personifiziertes Gutes aus. Ich konnte nicht verstehen, warum auf so einen Menschen ein Attentat verübt wird.

Ich hatte den Papst schon 1980 im Fernsehen gesehen, als er in Deutschland war. Ein Gottesdienst wurde übertragen. Das hat mich beeindruckt. Der kam aus Polen, aus dem Osten und kannte den Kommunismus. Er hatte eh ein hohes Renommée im gesamten Ostblock. Heute passieren ja viele furchtbare Dinge, aber damals empfand ich diesen Anschlag so, als wäre damit eine Schwelle überschritten worden.

Wir sind dann damals in Petric zur Vernehmung geholt worden. Man hat uns mit Gewalt gezwungen, ein Geständnis zu unterschreiben. Die bulgarischen Offiziere waren sehr zupackend in ihrem Verhör. Wir waren danach insgesamt drei Wochen in verschiedenen Haftanstalten in Bulgarien unter sehr unwürdigen Umständen. Dann wurden wir in die DDR überführt, per Flugzeug.

Ich bin das erste Mal in meinem Leben geflogen: Fensterplatz mit Handschellen! Diese Maschinen flogen wöchentlich. Es sind Hunderte, vor allem Jugendliche wie wir, jedes Jahr in den verschiedenen Ostblockländern bei Fluchtversuchen gefasst worden. Es war ein eingespielter Mechanismus. Wir landeten in Berlin/Schönefeld und wurden dann in die zuständige Untersuchungshaft der Staatssicherheit gebracht. Ich kam mit meinen beiden Freunden nach Leipzig, weil meine Heimatstadt Altenburg zum Bezirk Leipzig gehörte.

Dort bekam ich dann nach einigen Tagen einen „Leidensgenossen" auf meine Zelle, einen katholischen Theo-

logiestudenten! Der hatte einen Fluchtversuch in Ungarn gemacht. Genau in dem Moment, wo ich mich an Gott wandte, war der dann plötzlich da ... Er wollte eigentlich Priester werden, hatte aber auch mit Mädels irgendwie Kontakte. Der war aber in seinen Lebensansichten sehr liberal. Er war nicht der typische fromme Katholik, so wie ich ihn mir bis dahin vorstellte, sonst hätte er wohl auch keinen Fluchtversuch unternommen. Offenbar hatte sich das mit dem Priesterwerden für ihn schon erledigt zu dem Zeitpunkt.
Aber er konnte mir vieles erzählen, und das habe ich ausgiebig genutzt. Ich habe die ganze Bibel gelesen während dieser Zeit in der Untersuchungshaft. Viele Passagen, gerade Psalmen erschließen sich in so einer Situation sehr. Die Worte gewinnen eine ganz konkrete Bedeutung. Ich weiß noch, wie mich das bewegte, als ich das erste Mal las: „Aus tiefer Not schreie ich zu dir" ... Wenn ich heute Psalmen lese oder bete, das ist nicht vergleichbar mit damals, als ich im Gefängnis war. Da hatte ich einen anderen Zugang. Die Psalmen wurden automatisch zum eigenen Gebet.
Glaube hat auch etwas mit Gemeinschaft, mit Kirche zu tun. Das war für mich von Anfang an klar. Da musste ich nicht erst drauf gestoßen werden. Wobei es bei mir so war, dass ich Gott gefunden habe, als ich noch keinerlei Kontakte zur Kirche hatte. Natürlich, man kann Kirche auch weiträumiger verstehen. Der Theologiestudent war ja auch Teil der Kirche. In dem Moment war er die Kirche für mich.
Wir haben uns so viel ausgetauscht, auch über die Unterschiede zwischen evangelischer und katholischer Kirche. Eigenartig war: Ich fühlte mich von Anfang an zur katholischen Kirche hingezogen.
Es gab verschiedene Gründe. Zum einen war es die Gestalt des Papstes, die mich ja schon immer fasziniert

hatte, und dann auch: die katholische Kirche grenzte sich so eindeutig von Diktaturen ab. Sie erschien wie ein Fremdkörper in diesem Sozialismus. Es gab da auch keinerlei Überlegungen, wie man den Sozialismus besser machen könnte. Dort wurde eine völlig andere Welt gelebt. Es war klar: Distanz zur SED, zum Staat, zum Sozialismus. Diese Klarheit hat mir gefallen.

Das war bei der evangelischen Kirche, so wie ich sie damals wahrzunehmen begann, nicht der Fall. Die evangelische Kirche hatte zwar eine viel größere Bedeutung, war viel präsenter, aber da war eben, gerade auch unter jungen Leuten, Sozialismus irgendwie eine Option. Da wurde darüber nachgedacht, wie man die DDR verbessern könnte. Für mich war der Sozialismus nie eine Option. Für mich war das System eigentlich ... man konnte es nur abschaffen, bekämpfen! Spätestens im Gefängnis war ich davon überzeugt.

Die katholische Kirche faszinierte mich durch ihre Andersartigkeit, Fremdartigkeit. Auch durch ihre strenge Moral und diese dogmatische Klarheit, die mir allmählich deutlich wurde. Ich hatte bisher nur die Vorstellung: „Da sind ein paar alte Omis mit Kopftüchern", und das ist was ganz Strenges, Abwegiges ... Es stand für mich dann irgendwann fest: „Ich will katholisch getauft werden!"

Als ich damals begann, die Schwelle zum Glauben zu überschreiten, und diese Schwelle war ja sehr hoch, war ich der Meinung, diesem Schritt müsse eine konsequente Änderung meines eigenen Lebens folgen, eine radikale Umkehr einfach. Gottes Wirklichkeit gibt es, das hatte ich für mich erkannt. Ich glaubte an Gott, und das musste Folgen für mein Leben haben, die auch nach außen deutlich werden sollten. Mein Weg führte geradlinig in die katholische Kirche. Das war, glaube ich, Gnade Gottes. Ich kann mir das nicht anders erklären.

Warum nicht mehr Menschen dieser Zugang zu Gott gewährt wird, das ist mir ein großes Rätsel. Sicher, wenn man die Existenz Gottes zweifelsfrei erkennen könnte ... aber da würde Gott ja ein thronender Diktator sein, und wir könnten an ihm nicht vorbei. Wir können an ihm „vorbei", wir haben die Freiheit.
Ich bin dann am 21. Dezember 1981 vom Kreisgericht Altenburg zu achtzehn Monaten Freiheitsentzug verurteilt worden, wegen „Des Versuchs eines ungesetzlichen Grenzübertritts im schweren Falle", weil wir es zu dritt gemacht und es „geplant" hätten.
Ich hatte nach der Verurteilung fast sechs Monate rum und bin dann im Januar in den Strafvollzug überführt worden. Wir mussten vor der Überführung in Leipzig in der Kästnerstraße antreten. Es wurden Namen verlesen. Wir erfuhren, wer in welche Strafvollzugsanstalt kommt. Als ich da hörte: „Krause – nach Brandenburg!", begann sich um mich herum alles zu drehen. Brandenburg gehörte im Knastjargon zu den „drei goldenen B's", Brandenburg, Bützow, Bautzen. Schon allein die Namen dieser Gefängnisse verbreiteten Angst.
Brandenburg war in der DDR das Gefängnis, wo die schweren Fälle hinkamen. Dort waren Lebenslängliche, „Langstrafer". Ich war ja gerade achtzehn Jahre damals. Plötzlich in eine Zelle zu kommen mit Mördern, Sittlichkeitsverbrechern und Kriminellen ... Ich habe wahnsinnig viel Angst gehabt. Mit Heldentum oder Widerstand hatte das nichts zu tun. Ich versuchte einfach zu überleben.
Zunächst kam ich in Brandenburg auf Arbeitsreserve. Anfang des Jahres wurden ja immer die Flüchtlinge vom Sommer eingeliefert. Im Herbst saßen sie in Untersuchungshaft, zum Jahreswechsel waren die Gerichtsverhandlungen, und Anfang des Jahres wurden sie aufgeteilt in die verschiedenen Haftanstalten. Da war es also ziemlich voll überall.

Ich kam dann nach zwei Monaten auf „Arbeitskommando" und musste Kabelbäume löten für Telefonschaltrelais. Mir hatte auf „Zugang" irgendjemand den Tipp gegeben: „Du musst gleich am Anfang sagen, du seiest evangelisch oder katholisch, da kannst du dann den Gottesdienst besuchen!" In der DDR war ja Konfessionsangabe nicht üblich. Ich konnte also einfach behaupten, ich sei katholisch. Ich stand dann in der Liste und wurde einmal im Monat „rausgeschlossen" zum Gottesdienst.

Ich habe meinen ersten Gottesdienst in einer sehr abwegigen Situation mitgefeiert. Da standen die Offiziere ringsum und feixten und quatschten, und in der Mitte befand sich die Gemeinde. Den Priester durfte man nicht sprechen. Der lief da nur hoch und zelebrierte die Messe. Ich habe sie mitverfolgt und versuchte zu tun, was die anderen taten. Ich bemühte mich auch, die Lieder mitzusingen.

Ich habe mir das Liederbuch dann einfach mit „auf Zelle" geschmuggelt, drinnen geblättert und versucht, mich mit den Texten und Liedern vertraut zu machen. Einige Lieder haben sich mir damals tief eingeprägt: „Großer Gott, wir loben dich" oder „Maria, breit den Mantel aus". Die haben wir fast jedes Mal gesungen. Sie haben mir Trost gespendet. Wenn ich die heute singe, muss ich immer ans Gefängnis denken ...

Den katholischen Priester konnte man, wie gesagt, nicht sprechen, den evangelischen Pfarrer aber schon. Der hatte „Schlüsselgewalt" in Brandenburg. Man wusste, dass er mit Vorsicht zu genießen war und dass man ihm nicht vertrauen durfte. Im Nachhinein erfuhr ich, dass er Major des Innenministeriums war und für die Staatssicherheit gespitzelt hat ...

Ich hatte mal ein kurzes Gespräch mit ihm. Man konnte über ihn theologische Bücher und die Bibel bekommen. Ich las dann von Dietrich Bonhoeffer die „Nachfolge".

Ich kann nicht behaupten, dass ich das alles verstanden hätte, aber mich beeindruckte allein schon, dass es offenbar intellektuelle und kluge Menschen gibt, die an Gott glauben, und dass es so was wie eine „Wissenschaft vom Glauben" gibt. Glaube ist also nicht irgendeine Schwärmerei und irgendwas Unbestimmtes, sondern Glaube ist auch etwas, was wissenschaftlich durchdrungen wird, wo Intellekt dahinter ist.

Für mich war wichtig, meine naturwissenschaftlichen Kenntnisse und Vorstellungen in meinen Glauben integrieren zu können. Ich habe mich im Gefängnis viel mit Mithäftlingen unterhalten, mit „Politischen", aber auch mit „Kriminellen", über Politik und Geschichte und natürlich auch über Religion. Das war ein ganz wichtiges Thema. Die „Politischen" gingen fast alle zum Gottesdienst, evangelisch oder katholisch.

So entwickelte sich dann mein Wissen über Glaubensdinge. Ich habe versucht, irgendwie eine Gottesbeziehung zu entwickeln, was natürlich dort, ständig unter diesen Menschen, unter diesem extremem Stress ... man war mit zwölf, fünfzehn Leuten auf zwanzig Quadratmetern eingesperrt, zum Teil psychisch auffälligen Menschen ... sehr schwer war. Irgendwelche Meditationsübungen konnte man da nicht machen.

Trotzdem entwickelte ich eine Beziehung zu Gott. Ich sprach ihn einfach an und hatte dann das Gefühl, da ist auch Jemand. Ich glaubte einfach. Ich kann gar nicht sagen, dass der Glaube durch diese oder jene Erfahrung kam. Er war plötzlich da, und es war wie ein Geschenk, das von außen kam. Ich habe ihn mir nicht erarbeitet oder ermeditiert. Er war einfach da und es fiel mir dann leicht zu glauben. Ich wusste, wenn ich entlassen werde – ich hoffte ja auf eine Entlassung in den Westen, normalerweise wurde man ja verkauft –, gehe ich sofort in die örtliche Pfarrei und bitte den Pfarrer um die Taufe.

Das habe ich dann auch getan ... Ich bin wider Erwarten in die DDR entlassen wurden. Mein Vater holte mich ab vom Gefängnis, und als ich dann in Altenburg war, bin ich noch am selben Tag in die katholische Pfarrei gegangen. Ich habe beim Pfarrer geklingelt, das war damals unser heutiger Bischof Joachim Reinelt, und erzählte ihm meine Geschichte, wo ich gerade herkam, was ich erlebt hatte, und bat um die Taufe.

Vermutlich wusste er nicht so richtig, was er mit mir anfangen sollte. Ich hätte ja auch von der Staatssicherheit sein können. Aber ich wurde dann aufgenommen und habe beim Kaplan mit dem Taufunterricht begonnen. Ich war da nicht der Einzige. Es wurden auch immer mehr.

Im Taufunterricht haben wir über verschiedene Aspekte des Glaubens gesprochen. Parallel dazu kam mein Reinwachsen in die Gemeinde, und das brauchte halt ein bissel Zeit. Ich habe mich am Anfang immer ganz hinten in die Kirche gesetzt.

Mir war ja alles fremd, die Messe, der Ablauf. Es hat sehr lange gedauert, bis ich wusste, was da genau gemacht wird, und auch begriff, was es inhaltlich bedeutet. Dieses Begreifen ist bis heute noch nicht abgeschlossen. Die Liturgie ist von so großer Tiefe und von so erstaunlicher Symbolhaftigkeit und Weite ... Ich glaub, man braucht sein ganzes Leben dazu, das zu begreifen.

Den Durchbruch im Kontakt mit den Jugendlichen der Gemeinde brachte dann eine „Woche des gemeinsamen Lebens" im Pfarrhaus. Wir übernachteten da und gingen tagsüber zur Arbeit. Wir lebten einfach zusammen. Dann machten wir noch eine Jugendwallfahrt nach Rosenthal.

In dieser Zeit bin ich näher mit den anderen in Kontakt gekommen. Ich fühlte mich aufgehoben, angenommen und hatte den Eindruck: Ich kann mich einbringen, auch mit meinen Erfahrungen, die ich im Gefängnis gemacht habe. Ich erzählte davon, was ich erlebt hatte, dem Pfarrer, den Jugendlichen und auch den Leuten auf meiner Arbeitsstelle. Das bedeutete aber, dass ich unter Umständen hätte auch wegen Hetze wieder inhaftiert werden können. Ich wollte mich aber dadurch nicht einschüchtern lassen.

Der Taufunterricht währte ein Jahr, und die Taufe sollte in der Osternacht 1984 erfolgen. Einige Wochen davor habe ich, ich weiß noch, es war in der Faschingszeit, die Ausreisegenehmigung bekommen ...

Es gab zwischen den Gemeinden in Altenburg und Hof in Oberfranken Kontakte. Ein Jugendpfleger der katholischen Jugendarbeit in Hof besuchte uns regelmäßig mit Jugendlichen von dort. Die waren also öfter in Altenburg, und da ich keinerlei West-Verwandtschaft hatte oder nähere Bekannte und sowieso nach Bayern wollte, entschloss ich mich, nach Hof zu ziehen. Ich kannte in Hof dadurch gleich viele junge Leute und eben auch diesen Jugendpfleger. Er half mir dann dort sehr und wurde auch mein Taufpate.

Mein Altenburger Pfarrer hat dann bestätigt, dass ich den Unterricht durchlaufen habe, und dadurch war die Taufe ohne weitere Vorbereitungen möglich. Ich bin dann doch in der Osternacht, allerdings in Hof in St. Konrad getauft worden. Erwachsenentaufen waren damals dort noch sehr ungewöhnlich.

Die Taufe an sich war eigentlich kein Akt, wo ich jetzt sagen könnte: Dabei hatte ich eine tiefe religiöse Empfindung. Eigentlich war alles Wesentliche schon vorher passiert. Die Taufe war eher der Abschluss eines langen Prozesses.

Mit der Kirche im Westen und der Realität in den Gemeinden, wie die Menschen dachten, wie sie ihren Glauben lebten oder auch nicht, damit hatte ich zunächst große Schwierigkeiten. Ich kam mir mit meinen Erlebnissen, meinen Erfahrungen, mit meiner Art von Religiosität sehr fremd vor, obwohl ich ganz viele Menschen kannte und auch kennen lernte.

Ich hatte immer den Eindruck: Wir teilten eigentlich gar nicht diesen katholischen Glauben, den ich erworben hatte im Osten. Im Westen war man viel lockerer im Umgang mit Glaubensdingen. Es herrschte eine gewisse Distanz zur Kirche. Der Glaube, so erschien es mir jedenfalls, war den Leuten kein tieferes Anliegen. Sie lebten zwar im Kontext der Kirche, aber gerade für die jungen Leute war der Glaube eher etwas Selbstverständliches, nichts Besonderes. Dazu kam auch, dass in den achtziger Jahren in der Bundesrepublik die Friedensbewegung und die Umweltbewegung sehr angesagt war. Die Jugendlichen orientierten sich mehr in diese Richtung. Es fiel uns schwer, eine gemeinsame Sprache zu finden.

Mit den Eltern und Großeltern war das kein Problem. Das waren in Hof in der Regel Vertriebene aus dem Sudetenland. Die konnten sehr gut nachvollziehen, was es bedeutet, die Heimat zu verlassen. Daraus ergab sich die groteske Situation, dass ich mich mit den Eltern der Gleichaltrigen sehr gut verstand, das aber mit den Gleichaltrigen selbst zum Teil sehr schwierig war. Ich dachte sehr politisch, war auch sehr engagiert. Mir waren Politik und Religion ganz wichtige Themen, auch meine Hafterfahrung.

Für die jungen Leute dort waren das keine existenziellen Fragen. Das musste ich erst begreifen, dass die Menschen im Westen einen anderen Bezug zur Kirche haben. Sie sind anders aufgewachsen. Kirche ist für sie irgendwie etwas Gegebenes, Getauftsein selbstverständlich und Glaube etabliert. Kirche ist im Westen etwas, das Teil des großen Ganzen ist und gerade oppositionelle radikale junge Leute nicht unbedingt anspricht.

Ich kam ja aus einer völlig anderen Welt. Diese Erfahrungen waren weitgehend inkompatibel. Die Religiosität, die ich empfand, hatte plötzlich keinen Ort mehr. Ich fühlte mich religiös unbehaust, obwohl ich regelmäßig zur Messe ging, auch in der katholischen Jugend überall mit dabei war. Ich hatte plötzlich das Gefühl: Gott ist nicht mehr da!

Ich habe dann mal mit einem der Jesuiten dort gesprochen, St. Konrad ist ja eine Jesuitenpfarrei. Die Jesuiten, die nach Hof kamen, hatten vorher häufig irgendwo in Brasilien oder in Asien gedient. In dieser saturierten Umwelt hatten sie selber große Schwierigkeiten. Die konnten mich verstehen.

Ein Pater hat mir gesagt, dass das ganz typisch sei, dass man nach einer intensiven religiösen Erfahrung in eine Wüste kommt ... Dann prüft Gott einen. Da müsse man dann versuchen, auf eigenen Beinen zu laufen, und auch immer wieder versuchen, Gott im Vertrauen zu antworten. Ich solle einfach den eingeschlagenen Weg weitergehen in der Hoffnung, dass Gott sich irgendwann wieder mehr zeigt und wieder diese Nähe entsteht. Das hat mir damals sehr geholfen. Mittlerweile weiß ich, dass Durststrecken dazugehören zum Weg des Glaubens.

Diese Ortlosigkeit und diese Fremdheit in der Kirche, die ich nach meiner Übersiedlung in den Westen empfand, hat mich sehr lange bedrückt. Ich habe dann aber einen Hafen gefunden. Freunde aus meiner Heimatgemeinde in Altenburg schrieben mir, dass sie regelmäßig zu den Benediktinern auf die Huysburg fahren. Sie schickten mir begeisterte Briefe. Das war ein neu gegründetes Kloster im Osten. Das Einzige bis dahin.

Ich konnte ja nun leider nicht dorthin fahren. Ich erkundigte mich dann aber, wo es in Franken ein Benediktinerkloster gibt. Das nächstgelegene war in Münsterschwarzach. Da bin ich dann erstmalig Ostern 1986 zu so einem Jugendkurs hingefahren, und von da ab dann jedes Jahr. Dort habe ich das gefunden, nach was ich so verzweifelt suchte. Ich habe in dieser Abtei – es ist ja eine der größten in Deutschland mit etwa einhundert Mönchen – mein Idealbild von Kirche gefunden. Diese feierliche Liturgie, in die ich von Jahr zu Jahr tiefer hineinkam, die Gregorianik, hat mir völlig neue Welten erschlossen.

Ich habe später dann selber in einer Gregorianikschola gesungen. Für mich war das ein Wunder, dass jemand wie ich, der überhaupt gar keine musikalische Ausbildung hat, plötzlich Gregorianik singt, was ja eine völlig andere Art von Vertonung ist.

Jedes Jahr zu Ostern kommen in Münsterschwarzach an die dreihundert Jugendliche aus ganz Deutschland zusammen. Es war immer so eine Freundlichkeit, so eine Offenheit dort, so ein Aufeinander-zu-gehen, auch von den Mönchen her. Pater Anselm Grün hat damals die Jugendkurse geleitet. Dieses lockere, dieses freie, verbunden mit dieser strengen, würdigen, feierlichen Liturgie, das war eine sehr schöne Mischung. Die passte vielleicht nicht unbedingt so zusammen, aber für mich waren das einfach verschiedene Seiten von Kirche, und zwar in einer großen Intensität.

Das Eindringen in das Ostergeheimnis ist ja an sich schon ein gewaltiges Drama, wenn man es richtig von Gründonnerstag bis Ostermontag feiert, und dann in der Verbindung mit dem Stundengebet, mit der Liturgie der Benediktiner. Münsterschwarzach wurde für mich der Hafen, der Ort, wo ich das fand, wonach ich suchte.

Ich bin immer mit großer Wehmut weggefahren, das ist bis heute noch so. Die Zeit im Kloster hat mir immer sehr viel Kraft gegeben, mein Glaubensleben inspiriert. Ich wusste dann, so kann Kirche auch sein. Das hat mich über den Gemeindealltag, der dann in Berlin wieder anders, ja, fast schon absurd gewesen ist, was die Nichteinbindung in die Gemeinde als junger Mensch betrifft, hinweggerettet.

Ich bin nach zwei Jahren in Hof nach Berlin gezogen. Ich fand in Berlin in meinem erlernten Beruf als Werkzeugmacher Arbeit. Mir reichte die Kleinstadt Hof einfach nicht mehr aus. Unter dem Westen hatte ich mir mehr vorgestellt. West-Berlin war aber auch so ein Stück Osten. Da lebten ja viele aus Ostdeutschland, ganze Kolonien gab es da. Man lernte viele Leute kennen...
In Berlin war es in religiöser Hinsicht eigentlich noch schwerer. Da gab es kaum junge Leute in den Gemeinden, und die, die da waren, waren oft distanziert zur Kirche eingestellt. Ich freute mich immer, wenn der Bischof, der Kardinal Meisner, im Westteil des Bistums war und irgendwo predigte. Niemand mochte ihn leiden, weil er nicht in die zahlreichen liberalen Hörner blökte. In mir war da immer so ein trotziges Gefühl und ich dachte: Der Kardinal und ich, wir sind hier die beiden letzten Katholiken! Ich bin jahrelang in Neukölln in die Kirche gegangen, zu der ich gehörte, und habe trotzdem nie jemanden kennen gelernt. Erst als ich selbst Familie hatte, bekam ich Kontakt zu anderen.
Ich hab dann zwei Jahre als Werkzeugmacher gearbeitet und dann 1988 begonnen, das Abitur nachzuholen, im zweiten Bildungsweg am Berlin-Kolleg ... Dort habe ich auch meine spätere Frau kennen gelernt.
Für mich kam das Ende der DDR eigentlich ein bisschen zu früh, weil ich natürlich gerne sofort in den Osten zurückgegangen wäre, um dort zu helfen, aber ich war mitten im Abitur und habe danach erst ein Studium angefangen. Ich habe Politikwissenschaft an der Freien Universität studiert von 1991 bis 1996.
Ich bewarb mich in verschiedenen west- und ostdeutschen Städten und bekam ein Stellenangebot hier in Dresden. Wir fühlen uns sehr wohl hier. Dresden ist nicht so riesig wie Berlin, wo alles so anonym ist, sich irgendwie verläuft... Es ist schwer dort, verbindliche Beziehungen

aufzubauen. Hier in Dresden ist das völlig anders. Das Leben ist überschaubarer, verbindlicher. Ich denke, dass Gott uns hierher geführt hat...
Gott ist für mich eine große Wirklichkeit, die für mich mit dem Verstand nicht fassbar ist. Wenn man meint, es wäre naturwissenschaftlich gar nicht denkbar, dass Gott existiert, sollte man sich fragen: „Wäre dann so eine Schöpfung denkbar und diese Wunder der Natur? Kann es überhaupt sein, dass es gar keinen Schöpfer gibt?" Das schien mir jedenfalls zunehmend unwahrscheinlicher, dass ohne diesen göttlichen Urgrund die Welt entstanden sein soll. Es gibt diese göttliche Realität, die ja auch in anderen Religionen aufgegriffen wird.
Auf meinem Weg zum Glauben war ich eigentlich sehr schnell auf Christus fixiert. Mit Dreifaltigkeit habe ich mich damals nicht so intensiv beschäftigt. Ich habe zunächst die schwierigen theologischen Probleme, wo ich dann vielleicht auch in Zweifel hätte geraten können, ein bisschen ausgeklammert. Es ist auch heute für mich nicht das Entscheidende, dass ich beispielsweise die Dreifaltigkeit völlig verstanden hätte oder erklären könnte. Das konnte der heilige Thomas von Aquin wahrscheinlich auch nicht vollendet, obwohl er dicke Bücher darüber geschrieben hat und sicher einer der klügsten Theologen gewesen ist. Ich kann auch nicht urteilen oder irgendetwas wissen über die Jungfräulichkeit Mariens. Es stellt sich immer die Frage: Wie wichtig ist mir das für meinen Glauben?
Es kann manchmal sein, dass einzelne Dogmen oder Glaubensgeheimnisse erst mal gar keine Rolle spielen, dass sie aber im Verlauf des Glaubenslebens an Bedeutung gewinnen: So wie für mich beispielsweise der Begriff „Gnade" sehr wichtig geworden ist. Auch „Die Vertreibung aus dem Paradies", der so genannte Sündenfall ... Das war für mich früher eher eine kitschige Geschichte,

die man aus Karikaturen kannte, die aber in ihrer tiefen Weisheit und in dem, was sie über den Menschen aussagt, sich mir gerade in den letzten Jahren sehr erschlossen hat. Das entwickelt sich...

Ich glaube, am Anfang war es vor allem Jesus, der mich faszinierte. Zunächst als Mensch, aber dann auch als auferstandener Christus. Auf meinem Grabstein soll mal stehen: „Unruhig ist unser Herz, bis es ruht in Gott". Das ist vom heiligen Augustinus. Das ist ein Satz, der meine Erfahrung und mein Gefühl sehr auf den Punkt bringt. Unruhe hat mich immer angetrieben, dieses Suchen nach Gott, nach einem Sinn hinter dem Leben.

Es gab Momente, wo ich mich Gott sehr nahe gefühlt habe, aber ich denke, dass diese ständige Nähe Gottes, wenn man die immer fühlen würde, in diesem Leben gar nicht auszuhalten wäre. Das ist eine Spannung, die wäre auf Dauer nicht zu ertragen. Wenn ich mich Gott nahe fühlte, war das ein so umwerfendes Gefühl, so irgendwie zwischen Freude und Schmerz. Münsterschwarzach zum Beispiel ... Ich sehne mich das ganze Jahr nach Ostern. Mir kommen fast die Tränen, wenn ich dort wegfahre und wieder in diesen Alltag rein muss. Wiederum bin ich auch froh, wenn ich wegfahre und der Alltag wieder beginnt und ich ganz normale Dinge machen kann, also nicht mehr in dieser Ergriffenheit leben muss.

Ich denke, dass diese Nähe zu Gott, diese „Schau Gottes", etwas ist, was erst nach dem Tod wirklich möglich ist. Deswegen auch: „Unruhig ist unser Herz, bis es ruht in Gott." Wir werden, solange wir leben, immer Zweifel haben an Gott und gleichzeitig die Sehnsucht nach seiner Nähe verspüren, die aber nie vollständig erfüllt werden kann.

Für mich ist der Sinn des Lebens: den Willen Gottes herauszufinden. Herausfinden heißt für mich, offen zu sein, zu versuchen, sensibel zu sein, gegenüber seiner Ansprache.

Ich habe es ja erlebt, dass alle wesentlichen Entscheidungen in meinem Leben irgendwie von innen heraus inspiriert waren. Heute weiß ich, dass mich Gott immer schon begleitet hat. Ich wollte auch nie nach Berlin. Das kam von innen! Die Entscheidung war über Nacht plötzlich da, und ich wusste dann: Das ist es! Das mache ich! Ich hab über Nacht den Entschluss gefasst, nach Berlin umzuziehen, und bin dann am nächsten Tag aufs Arbeitsamt und habe mich erst mal danach erkundigt: Wie kann ich den Umzug von Hof nach Berlin überhaupt realisieren … Genau so war es, als ich drei Jahre zuvor zur katholischen Kirche marschierte, beim Pfarrer klingelte und um die Taufe bat.

Erfahrungen dieser Art habe ich sehr oft in meinem Leben gemacht, eigentlich bei allen grundsätzlichen Entscheidungen. Im Nachhinein, wenn ich diese Entscheidungen aneinanderreihe, sehe ich einen roten Faden. Ich denke, wenn es Gott gibt und er wirklich für uns da ist, dann hat da Gott gewirkt. Wenn das Gott nicht war, gibt es keinen Gott für mich …

Es ist nicht so, dass ich mich da in meditative Übungen hineinsteigere, mit irgendwelchen Atemübungen, wie das heute überall modisch angeboten wird. Da komme ich nicht zu Gott. Da verkrampfe ich mich. Das ist furchtbar. Das hat für mich nichts mit Gott zu tun. Ich kann mir nicht vorstellen, dass man die Nähe oder die Gnade Gottes durch eine Technik erarbeiten kann.

Gott finden, heißt für mich im Alltag offen zu sein für seinen Anruf. Der kann in der Straßenbahn kommen, der kann in einer Menschenmenge kommen, der kann nachts kommen. Und er erfolgt mit einer Intensität, dass ich dann genau weiß: „Das mache ich jetzt." So war es jedenfalls bei mir.

Die meisten Menschen verstehen, glaube ich, ihr ganzes Leben diesen Anruf Gottes nicht. Viele Menschen haben überhaupt nie das Gefühl, Gott zu spüren. Die sind manchmal lange auf der Suche nach einem Sinn. Die sind offen und die suchen und machen und tun, aber sie spüren diesen Anruf Gottes nicht. Ich habe viele solche Menschen kennen gelernt. Die gehen dann manchmal in die Irre. Das ist für mich ein Rätsel, warum Gott sich da nicht mehr zeigt. Oft ist es ja wirklich auch so, dass sich Jahre lang nichts auftut, und dann plötzlich ist es da. Man merkt das in dem Moment gar nicht. Man kann im Nachhinein nur vermuten, dass sich Gott da gezeigt hat.
Augustinus ist ja ein gutes Beispiel für die jahrelange Suche und für das Auskosten aller möglichen Höhen und Tiefen. Der Sinn des Lebens ist nicht zusammenfassbar mit wenigen Sätzen, weil er so vielfältig ist. Er kann für jeden Menschen etwas anderes sein.
Ich vermute auch, es gibt viele Wege zu Gott. Ich kann mir vorstellen, dass es auch in anderen Religionen möglich ist, Gott nahe zu sein, und dass das auch von Gott gewollte Wege sind. Jeder ist anders in seinem Empfinden als Mensch, allein von seiner Mentalität her... Ich denke dennoch, dass diese Wege nicht gleichwertig sind mit dem Weg, den uns Christus weist.
Ich hab ja erwähnt, dass ich mich schon sehr früh für die katholische Kirche entschieden habe, ohne eigentlich zu wissen, was sie bedeutet. Mich hat an der Katholischen Kirche einfach unglaublich fasziniert, dass sie schon im 19. Jahrhundert ein eigenes Milieu, eine eigene Gesellschaftslehre entwickelt hat. Sie stellt den modernen Entwicklungen etwas entgegen, so dass sich aus ihr sogar Vereine, sogar eine Partei und verschiedene Bewegungen entwickelt haben.
Diese klare Ablehnung und Abgrenzung von modernen Ideologien, auch zu vordergründigen, liberalen Entwick-

lungen kann ich in anderen Konfessionen nicht feststellen. Da ist immer eine starke Symbiose mit dem jeweiligen Zeitgeist da. Natürlich hat das auch was Positives – man will ja auch offen sein für das, was jeweils aktuell ist – aber es führt auch ganz schnell in die Irre.
Das haben wir ja mehrfach erlebt, Drittes Reich usw... Bei der Katholischen Kirche beobachtete ich irgendwie so eine Eigenständigkeit, eine eigene Weltinterpretation, eine eigene Lehre. Dieses logische Gebäude, was dort im Laufe der Jahrhunderte entwickelt worden ist, auch diese Verbindung zwischen Theologie und Philosophie, diese Verknüpfung zwischen, man kann sagen, zwischen Jerusalem, Athen und Rom, das ist etwas unglaublich Kraftvolles, Wunderschönes und Tiefes. Natürlich mit vielen Ecken und Kanten, gerade für moderne Menschen ... aber diese römisch-griechisch-jüdische Tradition, die finde ich zumindest sehr, sehr wichtig. Bei der Gregorianik zum Beispiel, diese Melodien, die reichen bis ins Judentum, bis in den Orient reichen die wohl zurück. Das sind ganz tiefe Wurzeln, die nicht zeitgebunden sind, sondern ewig gültig. Das ewig Gültige ist das Entscheidende!
Dieses konservative katholische Prinzip hat mir geholfen und hat mir Orientierung gegeben in diesen vielen modernen Veränderungen, denen wir ja als Menschen unterworfen sind. Ich weiß, mit meinem Denken stelle ich mich vielleicht etwas ins Abseits. Christ zu sein bedeutet für mich, die Welt skeptisch zu betrachten und ihr etwas Eigenes entgegenzusetzen.
Für mich ist die katholische Kirche eine gewaltige Autorität im positiven Sinne. Diese Autorität ist aber nur eine Autorität, wenn sie legitim ist. Also wenn ich sie verstehen kann mit meinem rationalen Verstand. Das Lehramt ist wie ein Filter. Es ist gut, dass dieses Amt überhaupt noch existiert. Wie lange noch, weiß ich nicht.

Unser jetziger Papst ist Pole, ein Osteuropäer, der den Kommunismus erlebt hat, unter den Nazis verfolgt wurde, im Arbeitslager war und im Untergrund gewirkt hat. Der Papst hat mich aber nicht dadurch, sondern er hat mich vor allem als Mensch angesprochen. Ich bin fest davon überzeugt, dass Johannes Paul II. ein Heiliger ist.

1993 war ich mit Theologiestudenten in Rom, weil ich mich in Berlin auch in Theologie eingeschrieben hatte. Die Reise nach Rom hab ich damals auch gemacht, weil ich die Frage an Gott hatte: „Soll ich mit meiner späteren Frau zusammen bleiben? Entscheide ich mich für die Ehe, oder soll ich vielleicht doch in ein Kloster gehen?" Ich habe mich lange gefragt, ob ich vielleicht Priester werden soll, über viele Jahre hinweg. Der letzte Anruf war aber halt dann doch nicht da. Man muss es herausfinden, was Gott von einem will, und das wiederum geht nur durch Gebet und durch Offenheit.

In Rom habe ich vieles erlebt und gesehen, was man als normaler Tourist nicht so gezeigt bekommt. Wir haben auch eine Papstaudienz mitgemacht. Die gehörte zum Programm, ist klar. Sie war in dieser großen Audienzhalle. Wir standen ganz hinten, und alle stellten sich die Frage: „Wo kommt der Papst rein?" Alle warteten und es war eine gewisse Spannung da. Schließlich kam er hinten rein. Wir standen dort, an dieser Barriere. Er ging vorbei und alle blitzten ihn mit den Kameras an. „Der arme Mann!" dachte ich, „er schaut in die Menschen und wird angeblitzt." Das war eigentlich furchtbar.

Jedenfalls stand ich dort an dieser Barriere mit meinem Freund und den anderen Mitstudenten. Wir guckten halt und der Papst schüttelte Hände. Ich streckte mich auch nach vorn, und dann ... es existieren mehrere Fotos, wie dort ... mein langer Arm mit meiner Hand hindurchreicht, und ich habe in der Tat die Hand des Heiligen Vaters berührt ...

Er ist dann nach vorn gegangen und hat seine Ansprache gehalten. Ich glaube, da ging es sogar um das Amt des Priesters. Ich weiß nicht, was mit mir los war. Ich war wie in einem anderen Zustand, ich war wie benommen.
Die Theologiestudenten, natürlich alles fortschrittliche Kräfte, gingen schon vor dem apostolischen Segen. Man hatte es ja eilig, hatte ja andere Termine oder weiß ich was. Mein Freund und ich, wir blieben. Dieses Schlagen des Kreuzes, das war wie ... es durchging mich wie ein Schauer. Es war ein unglaubliches Gefühl. Ich bin dort rausgegangen und war tagelang berührt.
Das klingt vielleicht ein bisschen lächerlich, vielleicht wirkt es auch kitschig, wenn ich das so sage, aber es geht etwas aus von diesem Mann, was mich bewegt, was mich anspricht und was mir viel Kraft gibt. Ob das nun durch sein Charisma oder durch sein Amt oder durch beides kommt, dass weiß ich nicht, aber für mich war dieses Gefühl der starken Ergriffenheit ein Zeichen von Gottesnähe. Ich war angerührt.
Ich bin dann noch mal in den Petersdom gegangen, einen Tag danach war es, glaube ich, und habe mich dort allein in ein Seitenschiff gesetzt. Ich habe gebetet und da stiegen diese Tränen auf. Es war einfach etwas, das ausgelöst worden war durch den Papst, durch diese Berührung...
So was ist, denke ich, immer natürlich eine vorübergehende Erfahrung, ein Geschenk Gottes, eine Mischung halt aus Freude und Schmerz. Das ist der Karfreitag, Christus am Kreuz. Früher habe ich das alles noch nicht so richtig verstanden. Es ist mir erst nach und nach immer mehr aufgegangen, was Auferstehung eigentlich bedeutet. Die Osterfreude ereignet sich bei mir persönlich sehr still. Ich konnte das nie, nach der Osternacht tanzen und klatschen. Ich bin da immer weggegangen.
Ich finde es auch abscheulich, wenn in Gottesdiensten solche Art von musikalischer Begleitung und Liturgie

entfaltet wird. Für viele ist das ja der Inbegriff eines schön „gestalteten" Gottesdienstes. Mich stößt das eher ab. Religiosität ist für mich eher etwas Verhaltenes, etwas Innerliches. Das kann nur durch eine würdige Liturgie, durch Feierlichkeit, durch das Sakrale entstehen.
Das fehlt für mich auch, wenn ich in einer evangelischen Kirche bin. Es gibt dort keinen heiligen Ort, und die Gottesdienste sind Versammlungen, obwohl sie so ähnlich sind. Ich weiß es nicht, woran es liegt, vielleicht weil der Priester fehlt oder ... keine Ahnung. Ich kann es nicht sagen. Das ist nur so ein Gefühl. Es wird alles genauso gemacht oder fast ähnlich, aber es fehlt irgendwie das Zentrum, der Kern.
Die katholische Kirche ist für mich einfach die Urgründung Christi, die von den Aposteln, den Jüngern heraus erwachsen ist. Die Botschaft hat sich durch 2000 Jahre getragen, ohne Unterbrechung, und trotz vieler Verfehlungen, die Menschen in ihrem Namen begangen haben...
Die Kernbotschaft Jesu von Gottes Liebe ist immer bewahrt worden. Es hat immer Menschen gegeben, die sie weitertrugen. Die „Kirche", der „Fels" ist nie in die Irre gegangen. Der steht fest.

*„Es hat einfach keinen Sinn,
sich dagegen zu verschließen."*

Marco
22 Jahre, studiert Lehramt für Englisch und Geografie

Ich bin in Dresden groß geworden. Wir sind dann nach Weinböhla gezogen. Das ist nordwestlich von Dresden. Damals kam es mir vor wie Provinz. Man gewöhnt sich mit der Zeit dran, aber Dresden hat dann doch so gesaugt, dass ich wieder hierher wollte. Ich studiere momentan an der TU Dresden, Lehramt für Englisch und Geografie, bin jetzt im vierten Semester, hab also auch Zwischenprüfung und fiebere da schon drauf zu. Bin ganz guter Dinge, also vorsichtig optimistisch.
In meiner Kindheit gab es überhaupt keine Berührungspunkte zur Kirche. Ich hatte eine sehr harmonische Kindheit. Meine Eltern waren beide immer berufstätig. Meine Oma war als Zweitmama aber immer für mich da. Da gab es immer Mittagessen und auch Abendbrot, wenn Mutti Schichtdienst hatte. Meine Großmutter wohnte im gleichen Haus. Mit Kirche hatten wir nie was zu tun.
Eines ist mir allerdings später doch bewusst geworden. Eine Familie aus unserem Haus war evangelisch, und ich hab mich sonntags oft gefragt, was die denn so zeitig losrammeln und warum der Papa im schwarzen Anzug in den Trabant steigt. Die gingen in die Kirche! Mit der jüngsten Tochter, die in meinem Alter ist, hatte ich Kontakt, aber es war nie Gesprächsgegenstand. Wir haben nie über Gott gesprochen.

Meine Mutter ist mit mir auch zweimal zur Christmette gegangen, in Dresden in die Hofkirche. Ich hab davon nicht viel gesehen. Ich war klein, saß auf einer Holzbank, mein Rücken tat weh. So blieb es mir in Erinnerung. Ich wollte nur nach Hause, weil ich dachte: „Jetzt war der Weihnachtsmann da. Ich muss heim!" Ich hab von dem Spiel eigentlich nichts mitbekommen, und ich kann mich auch nicht erinnern, dass ich verstanden habe, worum es überhaupt ging. Warum meine Mutter dort hingegangen ist, weiß ich nicht. Meine Mutter selbst ist evangelisch getauft worden als Kind. Im Zuge meiner Taufe habe ich das erst erfahren. Ich weiß nicht, ob da bei ihr was schlummert. In jedem schlummert ja so was.

Also, ich war schon immer sehr tolerant, aber für mich stand außer Frage, dass es einen Gott geben könnte. Ich war sehr rational. Ich war auch interessiert an Astronomie, sage ich mal so. Ich war nicht der Beste in Physik, aber interessiert hat mich das auch. Ich meinte, behaupten zu können, dass man alles irgendwie auf rationalem Wege erklären könnte. Das habe ich lange geglaubt, bis weit nach der Pubertät.

Als ich 19 war, musste ich dann zur Musterung. Man musste ja etwas schreiben, wenn man nicht zum Bund wollte. Also Waffen, da war ich dagegen. Das war kein religiöser Beweggrund, aber ich hatte was dagegen, mit Pistolen zu spielen. Das ist für mich nichts. Und nun musste ich mir dort was aus den Fingern saugen, und da habe ich Religion mit reingebracht, ohne dass ich mir wirklich was dabei gedacht hätte.

Im Nachhinein muss ich natürlich sagen, dass Gott die Wege eben doch ebnet. Ich wollte nie nach Weinböhla ziehen, und nur dadurch, dass ich nach Weinböhla zog, habe ich dort durch Zufall jemanden getroffen, der mir sagte: „Mensch, willst du Zivi machen, dann mach das doch im KKI." Ich hatte mich schon in Krankenhäusern beworben und mich damit abgefunden, Nachtschichten zu schrubben. Doch dann hatte ich mich irgendwie so rein gebohrt in diesen Gedanken: „Ich will dorthin. Ich will in dieses KKI."

Ich wusste damals nicht mal, was das heißt: KKI. Ich wusste, dass es eine katholische Einrichtung ist, hatte aber keine Ahnung, wer die Kapellknaben sind. Ich kannte keine Katholiken. Dieser Junge, der mir das sagte, war auch kein Katholik, er hat mir nur gesagt: „Schiebst eine ruhige Kugel dort! Mach das doch!" Und ich wollte.

Damals hatte ich mir auch schon Gedanken gemacht, was könntest du denn mal nach dem Abitur machen. Eine Zeitlang wollte ich mal Lebensmittelchemie studieren, aber der Gedanke, Lehrer zu werden, hatte mich auch schon immer gereizt. Da dachte ich dann: „Wenn ich in einer Kindereinrichtung oder Jugendeinrichtung ein bisschen Praxis sammeln könnte, wäre das ja auch nicht verkehrt." Das war dann eigentlich der Grund, im Kapellknabeninstitut Zivildienst machen zu wollen. Ich hatte mich dann richtig in diese Idee reingesteigert. Meine Eltern hielten mich für blöd. In Weinböhla habe ich gewohnt, bis Dresden fahren, das sind eineinhalb Stunden Fahrzeit jeden Morgen. Andere sind mit dem Rad fünf Minuten gefahren, aber: Ich wollte dorthin! Ich kannte die Einrichtung ja gar nicht.

Es war dann Internatsleiterwechsel, und ich hab den neuen Internatsleiter gelöchert. Ich hab dort ein paar Mal angerufen und gefragt, wie es denn mit der Entscheidung ist. Ich wollte da einfach hin. Ich war dann auch zum Vorstellungsgespräch, die Religion war da aber kein Argument. Natürlich wurde ich darauf angesprochen, ob ich das akzeptieren kann. Das stand für mich außer Frage. Natürlich: Sollen sie doch ihr Zeug machen! Neugierig war ich, weil das ja was Neues war und ich interessiere mich immer für was Fremdes, will ja auch was kennen

lernen. „Katholische Leute kennst du noch nicht, guckst doch mal!", dachte ich.
Ich hab die Stelle dann bekommen. Hab mich wahnsinnig gefreut. Bin dann ins Abitur rein, und irgendwie ahnte ich schon: „Hier kommt noch was!" Und dann kam auch was. Ich hatte gerade die letzte Prüfung geschrieben, da rief mich der Herr Hirschmann, der Internatsleiter, einen Monat vor meinem Dienstbeginn an, ob ich nicht schon eher anfangen könnte. Die brauchten noch jemand, der mit hilft. Das Internat sollte umgebaut werden. Na ja, und dann habe ich mich breitschlagen lassen, dort einen Monat eher anzufangen. Ja, und dann ging so mein Leidensweg los. Also erst mal waren meine Eltern nicht so einverstanden damit, dass ich eher anfange, aus versicherungsrechtlichen Gründen und bla, bla, bla... Ich dachte: „Jetzt bist du so froh, dass du die Stelle bekommen hast, jetzt kannst du das nicht absagen!"
Ja, und dann kam ich dort hin und von wegen Kindereinrichtung: Es wurde gebaut. Es waren noch zwei Wochen bis zum Baubeginn ... ach so, ja, ich erklär es erst mal ganz kurz: Die Dresdner Kapellknaben sind der katholische Chor der Hofkirche, wie ich später erfuhr. Das KKI ist praktisch die Stätte der musikalischen Ausbildung. Dort finden also die Chorstunden statt, die musikalische Gesangsausbildung und die Instrumentalausbildung, und die Kinder und Jugendlichen, die nicht aus Dresden sind, die können dort wohnen. Dort wird also auch geschlafen.
Das letzte Mal ist in den fünfziger Jahren umgebaut worden. Es war mehr als überfällig, die großen Schlafsäle mal auf das einundzwanzigste Jahrhundert zu bringen. Und das hieß für mich Dreck. Ich kam dort hin und es herrschte Chaos. Das war im Sommer alles noch okay, es war warm, ich hatte mich gefreut. Wir hatten halt zum

Beispiel mal fünf Couchgarnituren vom fünften Stock in den Keller zu tragen. Es hing mir zwar in gewissem Sinne auch zum Hals raus, aber irgendwie ging das noch, war erträglich. Auf die Uhr hab ich da noch nicht geguckt.

Ja und dann ging die Schule los, und alles kam ganz anders, als ich mir das vorgestellt hatte. Die Kinder sind ausgezogen, weil ja dort nicht gewohnt werden konnte. Es fand dort lediglich noch die chorische Ausbildung im Erdgeschoss statt. Alle anderen Etagen waren gesperrt, und ich musste sauber machen. Das wusste ich ja vorher, aber irgendwie ... das war alles so anders.

Ich habe die Kinder nie gesehen. Bin dort früh hingekommen, da hab ich noch die letzten zur Tür rausgehen sehen, mit einem Frühstücksbrot im Mund, wenn überhaupt ... Und ich musste wischen, saubermachen ... Da wurden Durchbrüche gemacht in den Wänden. Es wurden Zementsäcke hoch getragen, und ich sollte wischen. Das kam mir teilweise so sinnlos vor. Es war ja nicht sinnlos. Ich meine, es musste ja auch der Bereich, der genutzt wird für die Küche, der Chorsaal, die zwei Klavierräume, das musste ja trotzdem sauber gehalten werden. Das ist ja alles kein Problem, aber ich kam mir so alleine vor.

Ich hatte in der Zeit oft Abenddienst, nun nicht bis in die Nacht, aber bis 19:30, 20:00 Uhr. Es wurde ja dann immer eher dunkel, und ich war dort alleine in diesem Haus. Ich hab mir immer gedacht: „Mensch, so hattest du dir das nicht vorgestellt!" Irgendwie konnte ich mich auch keinem anvertrauen.

Ja, und irgendwann ging dann halt das große Dilemma los, dass ich geblockt habe, dass ich nicht mehr wollte. Ich hatte keine Lust mehr, in diesem Haus zu arbeiten, weil all das, was mir noch ein bisschen Spaß gemacht hatte, wie eben mal noch anderthalb Stunde Hausaufgaben oder so, wegfiel. Ich hab dann keinen Appetit mehr gehabt, war dann sehr oft krank. Ich hab keine Lust mehr gehabt, irgendwas zu essen, hab das dann richtig verweigert. Es hat mich niemand darauf direkt angesprochen. Ich wollte das aber auch nicht. Ich hab dann auch immer auf die Uhr geguckt und gedacht, Schluss, Feierabend, du gehst jetzt. Tschüss ... Inwieweit das die anderen mitbekommen haben, kann ich nicht sagen. Ich mach im Nachhinein niemandem einen Vorwurf, weil es ja nicht lebensbedrohlich für mich war, aber mir hing es wirklich zum Hals raus.

Es ging so bis Weihnachten. Da war ich dann wirklich körperlich am Ende. Ich wollte dort nicht mehr hin, ich sah überhaupt keinen Sinn mehr.

Weihnachten war ich ja dann zu Hause. Ich hab mir über vieles Gedanken gemacht ... warum und wieso... Was soll der ganze Mist... Was habe ich mir damit eingebrockt... Warum fahre ich dort überhaupt noch hin... Mich braucht doch gar keiner, warum mach ich das überhaupt, von den Kindern dankt es dir auch keiner ... was soll denn das alles? Ich habe in Jedem irgendwie nur einen Feind gesehen. Also nicht, dass sie mich persönlich angegriffen hätten, aber in gewisser Weise hab ich mich ausgeschlossen gefühlt. Ich habe mich auch geweigert, an jeglicher kirchlicher Veranstaltung teilzunehmen. Natürlich bin ich eingeladen worden...

Es gab morgens auch immer einen kleinen Gebetsimpuls aus dem Magnifikat. Das war für mich ein Schreckmoment, als ich das erste Mal eine Lesung aus dem Evangelium hörte. Aber da gewöhnt man sich ja dran. Mittags wurde der Angelus gebetet, den hab ich nicht gekonnt, wollte ich auch nicht ... Ich hab da nie dagegen gesprochen. Ich hab nichts gesagt, weil ich das toleriert habe. Ich bin nicht zu Konzerten gegangen. Es fanden auch Gemeinschaftsgottesdienste statt. Ich bin da nicht hinge-

gangen. Ich hab die Jungs nicht einmal singen gehört. Ich wusste gar nicht, wie das klingt, wenn die singen.
Und dann kam, wie gesagt, Weihnachten ... bis 6. Januar ... kam so die Zeit, wo ich mir wirklich viele Gedanken gemacht hab, und dann kam einfach der Moment ... wo ich wirklich gebetet habe. Ich weiß nicht warum, aber ich habe wirklich gesagt: „Gott, ... in welche Situation hast du mich hier rein geritten. Was soll denn das alles?" Ich kann es im Nachhinein nicht mehr direkt erklären. Vielleicht hätte ich es damals gleich aufschreiben müssen. Ich habe plötzlich gespürt, dass dieses Tal, was ich dort durchfahren habe, Sinn hat. Plötzlich wusste ich, dass man auch die negativen Seiten kennen muss, um das Gute schätzen zu lernen. Ich hab einfach wirklich gefleht in dem Moment und hab gesagt: „Herr, so kannst du mich nicht leiden lassen!" Es klingt für mich selbst jetzt noch komisch, wenn ich es so sage. Wahrscheinlich hat mich das Leben der Menschen dort im Kapellknabeninstitut doch beeinflusst. Ich habe ja gesehen: Die leiden ja gar nicht so drunter. Denen ging das auch alles gegen den Strich. Ich war ja nicht der Einzige, der dort mal was schleppen musste, aber ich hab gemerkt, dass die irgendwas trägt. Dass das Gott ist, wollte ich ja in dem Sinne auch nicht wahrhaben. Ich hab mich ja auch gewehrt dagegen. Für einen Außenstehenden ist das ja immer so wie: „Die spinnen ja ..."
Ich hab Weihnachten dann gesagt: „Gott, was soll denn das alles?" Und ich habe dann die Antwort bekommen, woher weiß ich nicht: „... du musst das Tal sehen, um das Gute schätzen zu lernen. Wie Jesus durch die Wüste gegangen ist, musst auch du deine Wüste durchschreiten." Das war wirklich die Antwort, die ich bekommen habe. Jesus war mir da natürlich schon ein Begriff. Ich hatte ja Bibelausschnitte kennen gelernt durch die Lesungen im Kapellknabeninstitut. Jeden Morgen vor dem

Frühstück um neun Uhr fand ja diese kurze Lesung statt. An diesen Lesungen musste ich teilnehmen, einfach weil ich auch was frühstücken wollte. Man saß da praktisch am Kaffeetisch, sage ich mal, und in der Regel hatte der Internatsleiter oder der Koch das Magnifikat mit. Es wurde gelesen. Es war ein ganz kurzer Ausschnitt und im Anschluss gab es einen Impuls, und dann wurde gefrühstückt. Das ging fünf Minuten, aber diese fünf Minuten nahm man sich, jeden Morgen. Insofern kannte ich dann schon ein paar Inhalte, aber es ist nicht so, dass ich jetzt hätte sagen können: „Ja genau ... in dem Evangelium ...!" Ja, klar war da was, aber ... die Sache mit Wüste gehen und Tal durchschreiten... Ich bin mir nicht bewusst, das jemals vorher gehört zu haben.

Von Weihnachten an hat sich dann vieles radikal geändert, weil ich in meinen Mitmenschen plötzlich nicht mehr einen Feind sah, sondern eben den Freund. Ich hab mir dann gesagt: „Du bist doch auch Teil der Gemeinschaft! Du musst doch mithelfen und du erträgst das doch alles viel besser, wenn du weißt, dass Jesus dich leitet. Jesus sagt dir doch, dass er dich nicht in den Tod rennen lässt, sondern hilft dir, und er sagt auch: „Guck dich um, was es alles so gibt!" Und dann zeigt er dir noch: Dort geht es hin! Spür doch die Liebe! Das ging dann vielleicht bis Anfang Februar so. Ich hab das keinem gesagt. Dieses Gebet war so um den 6. Januar rum. Als ich dann wieder ins Institut bin, war alles anders.

Das war ganz komisch, weil ich eben dort ins Kapellknabeninstitut rein bin und auf einmal rein wollte. Ich bin dorthin und hab mir gedacht: „Na ja, ist zwar schwer, aber das schaffst du schon, der Herr ist ja bei dir! Du trägst das mit. Du erträgst das, denn du weißt ja wofür. Es ist ja für die Gemeinschaft!" Anfangs war ich mir ganz stark unsicher, was das jetzt ist. Ich habe wirklich einfach Gottes Hand gespürt, wie er mich leitet und nicht mehr leiden lassen will. Das war so fundamental für mich, diese Veränderung. Natürlich haben die anderen das gemerkt.

Mich hat nie jemals jemand im Internat angesprochen, ob ich mir denn nicht vorstellen könnte, mal mehr über das Christentum kennen zu lernen. Auch in dieser Talphase nicht, wo es mir wirklich dreckig ging. Es hat nie jemand gesagt: „Komm doch zu uns! Wir beten mal zusammen!" Ich habe mich dann dem damaligen Domvikar anvertraut, habe gesagt – wir waren damals schon per du: „Du, ich muss dir mal was erzählen. Ich muss hier mal was besprechen mit dir. Es ist da was. Ich weiß nicht, was es ist." Soviel wusste ich dann ja nun auch wieder nicht von Gott und von Jesus. Ich spürte aber, dass da was ist. Ich hab mich dann mit ihm mal zusammengesetzt. Ich habe ihm erst mal von meiner Leidensgeschichte erzählt. Er wusste es ja auch schon. Das hat ja jeder mitgekriegt, und es war ihm auch ersichtlich, dass es mir jetzt besser ging. Und da, wie gesagt, das ist für mich selber so unerklärlich, wollte ich auf einmal in die Kirche. Ich wollte da auf einmal hin. Ich wollte auf einmal wissen: Was machen die dort?

Es hat eine ganze Weile gedauert, bis ich wirklich in die Kirche gegangen bin. Ich hatte vor allem Angst vor meinen Eltern, denn von dem Moment an, wo ich sonntags dann in die Kirche gegangen wäre, wäre es denen aufgefallen, und ich glaubte, das hätte denen nicht so behagt. Für mich war der erste günstige Moment, in die Kirche zu gehen, Himmelfahrt 2001. Da sind die Kapellknaben in das tschechische Kloster Osek gefahren. Theoretisch hätte ich frei gehabt, aber ich habe mir gesagt: „Ich fahr da mit! Ich will wissen, was ein Kloster ist!"

Ich bin dann dort in den Himmelfahrtsgottesdienst. Der war nicht von den Kapellknaben gestaltet und war auf Tschechisch. Ich habe kein Wort verstanden. Ich weiß nur noch, wie ich in dieser Klosterkirche saß, eine alte barocke, unheimlich bunt und unheimlich ausgeschmückt, nicht direkt kaputt, aber bisschen ramponiert, wie man sich das eben vorstellt ... ich weiß nur, dass ich von Weihrauch umringt dort drin saß und auf einmal gespürt hab: Das ist es!

Ich hab ja überhaupt nichts verstanden von dem, was der Pfarrer vorn erzählt hat. Ich habe weder die Lesung aus dem Evangelium verstanden, noch habe ich was von der Predigt richtig mitgekriegt. Aber diese Atmosphäre ... Es waren ganz wenig Leute dort in der Kirche, aber dieses harmonievolle und auch der Klang dieser Worte ... viel auf Latein. Das hat irgendwas in mir bewirkt. Irgendwie hab ich von dem Moment an gewusst: Genau das ist es, wonach du zwanzig Jahre vorher gesucht hast! Das war ... wie soll ich das beschreiben ... für mich unheimlich erlösend, dann zu spüren ... hier hat ER dich hin geführt. Da musstest du zum einen natürlich auch so ein bisschen drumrum schwänzeln ... halt ganz ohne Kirche, und dann musstest du dieses Tal durchschreiten ... Das ja war wirklich ein schlimmes halbes Jahr. Ich betrachte es im Nachhinein als sehr positiv. Zum einen weil ich das jetzt als ein Geschenk sehe, gespürt zu haben, wie man sich selbst unglücklich machen kann, indem man etwas so ablehnt. Und zum anderen hab ich dann aber auch gespürt: Gott zeigt dir alle Fassetten, und trotzdem führt er dich immer zum Guten. Es muss einfach auch mal das Tal da sein, damit du dich wieder freuen kannst!

Nach dem Himmelfahrtsgottesdienst ging es mir gut. Auch wenn ich überhaupt nichts verstanden hab, ich bin sehr glücklich rausgegangen. Ich bin dann zurück nach Dresden und war sehr traurig, dass sich die Zeit im Kapellknabeninstitut langsam aber sicher dem Ende zuneigte. Es waren nur noch sechs Wochen, und während ich anfangs ja das Ende meines Zivildienstes gar nicht genug herbeisehnen konnte, habe ich zum Schluss gehofft, es würde doch noch einen Monat länger dauern. Von Himmelfahrt an bin ich jeden Sonntag in die Kirche gegangen und hab das bis heute auch durchgehalten. Das war mir plötzlich so wichtig. Das haben dann natürlich meine Eltern mitgekriegt. Es konnte ja nicht sein, dass ich 6 Wochen hintereinander Wochenenddienst habe ...

Der Wunsch nach der Taufe entstand Himmelfahrt während dieses Gottesdienstes. Vielleicht auch schon unterschwellig kurz davor, aber letztendlich war das der eigentliche Moment, wo ich mir gesagt habe: „Ich möchte auch dabei sein!" Ich wollte Mitglied der Gemeinde sein.

Ich bin nie außenstehend gewesen, auch wenn ich nicht zur Kommunion durfte, aber ich wollte gern richtig dabei sein. Die Taufe war für mich auch wirklich der Schritt, mich zu Jesus Christus zu bekennen, dass ich nach außen hin sage: „Ja, ich bin Christ!" Ich glaub, man kann ja auch gut ohne Taufe so in christlichen Idealen leben, aber für mich stand das fest, ich möchte gern getauft werden.

Ich hatte mir dann natürlich vorher auch die Evangelien durchgelesen. Ich weiß, was mit Jesus geschah, als er getauft wurde. Ich weiß, was im ganzen Rest des Neuen Testamentes drin steht. Ich hab mir das natürlich sinnbildhaft relativ kindlich vorgestellt, dass ich dann halt mit der Taufe auch wirklich besiegelt werde vom Heiligen Geist. Ich fühlte mich schon vorher sehr geborgen in Gottes Hand. Also insofern dachte ich jetzt nicht, dass die Taufe für mich dieses finale Zeichen ist. Ich glaube, dass man auch als Ungetaufter in Gottes Gnade steht, aber verändert hat sich was insofern, dass für mich jetzt die Pflicht besteht, als Christ zu leben. Also jetzt richtig, aber ich glaube, dass auch Ungetaufte in den Himmel kommen.

Gott ist für mich zum einen die Liebe und auch die Vergebung. Ich stell mir da jetzt keinen alten greisen Mann oder so vor. Gott ist eigentlich das, was uns Jesus vorgelebt hat, dieses auch mal hinweggucken über dieses Kleinkarierte, einfach mal zu sagen: „Wir sind alle Menschen und von ihm geschaffen. Was streiten wir uns denn hier im Leben wegen solcher Kleinigkeiten!" Gott ist für mich die Chance zur Vergebung, immer egal, was man macht. Er ist einfach Liebe und dieses unheimliche Glück, getragen und geführt zu werden. Ich habe mich in dieser Hinsicht, und nicht nur in dieser, um 180 Grad gewandelt. Zum einen natürlich bedingt durch die Talphase. Das ist einfach so. Natürlich habe ich nicht den wissenschaftlichen Beweis dafür, aber ich habe gespürt, wie Gott mich lenkt.
Ich glaube, dass grundsätzlich jedem die Chance gegeben ist, zu Gott zu finden.
Ich war damals überhaupt nicht auf der Suche. Ich glaube, man muss prinzipiell offen sein. Man muss einfach ... es gibt diesen Spruch, ich weiß nicht, von wem er ist ... „Gott, gib mir den Mut, Dinge zu ändern, die ich ändern kann, die Gelassenheit, Dinge hinzunehmen, die ich nicht ändern kann, und die Einsicht, das eine vom anderen zu unterscheiden." Da ist was dran. Das sind so Sprüche, ich weiß, aber trotzdem ... vor allem diese Offenheit ist wichtig, zu sagen: „Ich kann das nicht alles mit meinem Verstand begreifen, und ich will das vielleicht auch gar nicht alles begreifen, sondern ich guck mal!" Dass man offen bleibt für die Liebe, zu gucken, wer begegnet mir im täglichen Leben und warum.
Das ist ja jetzt im Nachhinein auch so ... wenn ich sehe, wem ich so begegnet bin. Ist das nicht wieder ein Zeichen? Das war ja auch so was, was ich erfahren habe ... Damals bin ich dann zum Dompfarrer der Kathedrale. Er hat einen Glaubenskurs angeboten. Wir waren ungefähr

zwanzig Personen. Das war dann praktisch so der Unterricht zur Taufe. Das war einfach nur, dass man mal über die Sakramente was kennen lernt.

Für mich war auch ganz wichtig zu wissen: Was ist denn katholisch ...?

Ich hatte oft gehört: „Was, du lässt dich taufen, aber doch nicht katholisch!" Gott hat mich aber dorthin geführt. Deshalb bin ich mir auch sicher, dass er das so gewollt hat, und ich fühl mich dort auch sehr wohl. Natürlich gibt es Sachen, die man ändern könnte. Die gibt es immer.

Ostern sollte dann die Taufe sein. Ich war sehr aufgeregt, die Nacht davor und auch an dem ganzen Tag. Ich hab vorher die ganze Karwoche in der Kathedrale mitgemacht, auch die ganze Passionszeit, die Fastenzeit. Ich habe versucht, noch mal in mich rein zu gehen und noch mal zu überlegen. Ich dachte: „Den Schritt, den du jetzt gehst, der ist wirklich, da öffnet sich eine ganz neue Tür. Du gehst in eine ganz andere Welt!" Das war mir schon bewusst. Ich fragte mich, wie reagieren andere und was kommen für Pflichten und für eine Verantwortung auf mich zu.

Ich wusste, in dem Moment, wo ich sage: „Ich bin Christ!", heißt es ja auch: Von dir erwarte ich aber anderes! Das sind solche Sachen, dass man nicht über andere Leute herzieht und so. Also ich meine, gestohlen hab ich früher auch nie ... aber einfach dieser Respekt vor anderen, in anderen Menschen Jesus zu sehen. Ich wusste dann, dass die Taufe für mich einschneidend sein wird.

Die Taufe fand dann 2000 in der Kathedrale statt. Es wurde Wasser aus einem Krug über meinen Kopf gegossen. Ich war wie gesagt vorher sehr aufgeregt, auch weil meine Eltern da waren. Mein Vater war das erste Mal in seinem Leben in einer Kirche und dann noch zur Osternacht! Ich hatte auch in dem Sinne Angst und fragte mich: „Mensch, wie wird er reagieren? Wie empfindet er den Gottesdienst?" Mein Vater kannte das ja nicht, und die Osternacht geht von 21:00 bis fast 00:00 Uhr. Das hieß lange sitzen, stehen, knien, finster und hell, und ich dachte immer wieder: „Wie wird er das empfinden?" Ich hatte auch noch ein paar Freunde eingeladen und dachte: „Wie werden die das empfinden?" Dass ich jetzt nicht irgendwie einen Heiligenschein bekomme vor dem Altar, das war mir schon klar, aber in dem Moment der Taufe ging so ein richtiger Schauer durch mich durch. Das war so ein ganz wohliger Schauer... Ja und dann war es vorbei ... dann wurde ich gleich im Anschluss noch gefirmt. Danach stand ich vorn im Altarbereich, und das war dann ... das war so ein Wechselbad. Ich meine, ich war auf der einen Seite froh, aber trotzdem war auch Wehmut dabei. Ich sagte mir so: „Jetzt ist es passiert. Jetzt hast du das gemacht. Da hast du 21 Jahre drauf gewartet. Jetzt ist das passiert!" Das war ein sehr schöner Moment.

Meine Mutter konnte ich ja vorher schon mal überreden, mit in die Kirche zu kommen. Sie ist sehr neutral. Sie hat mir im Nachhinein erzählt, dass sie dem Ganzen nichts abgewinnen konnte, aber da kann ich mitgehen, das sind menschliche Sachen. Für mich ist da viel wichtiger, ob da innen was passiert, wenn eine Lesung stattfindet oder so. Ich hab da nicht weiter gebohrt. Sie ist mitgekommen, nicht aus Zwang, sondern sie ist freiwillig mitgekommen, und da hab ich mich sehr drüber gefreut, und mein Vater ist ja dann zur Osternacht, natürlich auch freiwillig, mitgekommen. Er war wahrscheinlich hoffnungslos überfordert. Die katholische Osternacht, das sind so viele Zeremonien, und als Atheist ist es praktisch unmöglich, dem Ganzen zu folgen. Das ist einfach viel zuviel.

Ich hatte – ich wohnte ja bis dahin noch zu Hause bei meinen Eltern – nie sonntags erzählt, worum es geht in der Kirche. Wenn ich nach Hause kam, habe ich natürlich immer gewartet und gedacht: „Na, fragen sie vielleicht mal?", aber es kam ja nie was. Als die Einladung zur Osternacht stand, hab ich wieder gedacht: „Na, vielleicht kommt jetzt mal 'ne Frage ... Was passiert denn dort?", oder: „Was machen wir denn dort? Erklär doch mal kurz was!", aber das kam nicht. Auch im Nachhinein kam überhaupt keine Reaktion.

Mein Vater fand es nicht irgendwie blöd. Er ist da auch insofern liberal, dass er andere machen lässt, wenn er sieht, dass es ihnen nicht schadet. Diese Neutralität hat mich immer schon so gestört bei meinen Eltern. Man muss sich vorstellen, ich komm aus der Kirche, und es kam nie eine Frage. Gerade in der Anfangszeit bin ich ja dann sogar werktags gegangen. Nachdem ich mit dem Zivildienst fertig war, hatte ich dann ja auch unter der Woche Zeit. Ich hätte mir so sehr gewünscht, dass meine Eltern mal was gesagt hätten, egal was. Egal, ob sie gesagt hätten: „Was du machst, finden wir gut!" oder: „Das finden wir total schlecht!" Dann hätte ich ihren Standpunkt gewusst und hätte darauf aufbauen können. Wenn sie gesagt hätten: „Das ist gut!", dann hätte ich sagen können: „Das ist so toll, dann können wir doch mal gemeinsam drüber sprechen!" Und wenn sie gesagt hätten: „Was du dort machst, das können wir überhaupt nicht akzeptieren. Das lehnen wir ab!", da hätte ich wenigstens mal ihre Argumente hören können. Dann hätte ich versuchen können, mit ihnen zu debattieren. In dem Moment, wo sie sagen: „Mir ist das egal!", da ist es ja auch egal, was ich sage, weil es überhaupt nicht fruchtet zu reden. Diese „Egalheit", die hat mich sehr gestört. Die hat mich richtig wütend gemacht.

Deswegen bin ich aber nicht ausgezogen. Es war einfach an der Zeit. Ich war alt genug, und die Fahrerei von

Weinböhla bis Dresden an die Uni war mir auch zu viel. Und dann ... na ja, ich hatte ja dort auch keine Gemeinde. Ich hab mich nicht getraut, mich in Weinböhla in der Gemeinde vorzustellen. Hier in Dresden ging das dann ganz schnell. Die Hofkirche war natürlich eine weite Distanz von Weinböhla aus. Ja und hier, wie ich dann hier in Striesen wohnte, bin ich in unsere kleine katholische Gemeinde „Maria Himmelfahrt". Da hab ich dann auch Gemeindeleben kennen gelernt. Der Pfarrer hat mich gleich willkommen geheißen. Es wusste allerdings auch fast niemand, dass ich neu getauft war. Ich hab das dem Pfarrer dann später mal erzählt. Da war er ganz angetan und wollte mich sofort noch ein paar Mal einladen, um darüber noch mal mit mir zu sprechen, weil er auch noch zwei Täuflinge hatte.

Ich denke, man kann Gottes Wege nicht vorhersehen, aber im Nachhinein betrachtet... Das ist keine gerade Spur, aber wenn man diese Etappen dann sieht... Da fügt sich eins ins andere. Jetzt wohn ich hier in Striesen und kann auch richtig Gemeindeleben spüren. Natürlich mit all seinen Ecken und Kanten, die es hat. Zum anderen kann ich meine Freiheit genießen, die man als junger Erwachsener braucht, wenn man dann nicht mehr im Hotel „Mama" wohnen will.

Ich kann jetzt nicht direkt behaupten, dass der Moment der Taufe auch dieser Moment war, in dem ich gesagt habe: „Ja ich glaube!" Es war vorher schon so viel da. Auf den Tag kann ich das nicht festmachen. In Teilen hab ich ja schon geglaubt, sonst hätte ich nicht gebetet. Wenn ich da so an den 6. Januar denke ... im Nachhinein, da kann man natürlich sagen, da hab ich ja auch schon in gewisser Weise geglaubt. Aber ob das jetzt dieser Jesus-Christus-Glaube war... Mir hatte ja vorher niemand weiter davon berichtet. Ich war dann einfach sehr wissbegierig darauf, was in der Bibel steht, wer Jesus war. Ich hatte damals eine Bibel geschenkt bekommen vom Koch des Kapellknabeninstitutes. Ich hab die auch gewissermaßen gefressen, also wie eingesaugt. Zumindest die Evangelien. Ich wollte wissen, wer dieser Jesus war. Das, was ich las, hat mich so überzeugt davon, dass es dieser Jesus ist, der mich auch leitet, dass ich dann gesagt habe: „Ja, ich glaube!" Und Himmelfahrt war dann der Moment, wo ich gesagt habe: das ist auch die Kirche, in die du gehen willst. Das ist es!

Also Dreifaltigkeit ... mein Pfarrer hat mir später mal gesagt, als Jugendlicher hinge man viel an Jesus. Jesus ist für mich Vorbild. Komisch, das ist eigentlich der falsche Ausdruck, aber Vorbild doch in dem Sinne schon, dass ich sage: „Was dieser Jesus uns vorgelebt hat, das ist es wert, dass man es nachlebt, versucht nachzuleben!" Dreifaltigkeit ist für mich einfach, dass ich weiß oder glaube, dieser Jesus ist Gott. Und dieser Jesus schenkt uns einen Teil seiner Göttlichkeit durch den Heiligen Geist, und er ist in uns drin. In jedem Menschen, auch wenn er nicht getauft ist. Der Heilige Geist ist diese Liebe, diese führende Hand.

Ich denke, Gott hat uns alle geschaffen, und er enthält niemandem seine Gnade vor. Er guckt da nicht auf den Taufschein, das tut er, glaub ich, einfach nicht. Er wünscht sich natürlich, dass wir uns zu ihm bekennen, aber wenn jemand nie davon gehört hat, dann kann er sich auch nicht taufen lassen. Diese Gnade aber, dieser Heilige Geist, der ist auch in einem Menschen, der nicht getauft ist. Vielleicht sind viele Menschen ... mir fällt jetzt kein besserer Begriff ein ... passive Christen. Es sind halt keine Christen, aber Grundideale leben sie vielleicht auch. Sie glauben halt nur nicht. Für mich war das so fundamental, dass ich irgendwann wusste: Das Leben geht auf Gott zu.

Das Grundlegendste, was sich für mich nach der Taufe verändert hat, ist, dass ich wusste, dass ich nie alleine bin. Gott ist immer für mich da. Das ist auch das, was mich trägt, weil ich spüre, wie er mich an der Hand hält, immer. Natürlich kann ich mal sagen: „Heute will ich nicht!" oder so. Aber so richtig geht das natürlich nicht. Gott ist immer da, und wenn man sich ein bisschen darauf einlässt, dann werden einem die Wege geebnet. Das sind nicht immer die Wege, die man sich vielleicht selber vorstellt. Aber es sind auf alle Fälle Wege, die Gott für uns bereitet hat. Ich weiß jetzt, es liegt in Gottes Kraft und nicht in meiner. Ich kann nicht alles selber, ich verdanke es Gott. Also, alles was ich kann, was ich tue, wohin ich gehe, das ist Gott. Er lässt mir natürlich auch die Freiheit zum Denken. Wir haben ja alle auch einen Geist, den wir entwickeln und entfalten müssen, und Fähigkeiten, mit denen wir Nutzen bringen sollen, aber dennoch: Die Grundwege ebnet er uns. Die gefallen uns vielleicht nicht immer, aber es sind die richtigen.

Es ist nicht so, dass ich früher allein war, aber ich hatte oft doch auch Momente, wo ich so dachte: „Niemand ist wirklich für dich da!" Ich sagte ja schon, dass ich keine schlechte Kindheit hatte, aber es kam trotzdem öfter vor, dass ich dachte: „Alles ist so leer" oder „Da ist ja nix. Wohin gehst du denn eigentlich?" Das war so ein Einsamkeitsgefühl. Nicht dass ich direkt drunter gelitten hätte, aber ... ich bin ja selber überrascht, wenn ich mich heute angucke. So hätte ich vor drei Jahren nicht gesprochen. Natürlich kann ich nicht sagen, der Beweis für Gottes Liebe ist der oder der, aber ich spüre ihn doch. Ich spüre doch, dass er bei mir ist und dass, wenn ich offen bin, mit offenen Augen, offenem Herzen versuche seine Stimme zu hören, dass ich dann seine Wege für mich erkennen kann.

Diese Stimme kam natürlich in dieser Notsituation zu mir. Ich habe einfach in mich rein gehorcht. Das ist nicht so, dass man sich jetzt hinsetzt und sagt: „So, jetzt antworte mir mal auf meine drei Fragen! Die muss ich mal loswerden!", sondern das ist einfach, dass man zur Ruhe kommt und dann mal so reflektiert. Dann kommt schon eine Antwort. Manchmal eine, mit der man nicht gerechnet hat. Man will diese Antwort dann gern verdrängen, weil sie vielleicht, wie ich schon sagte, einen Weg offenbart, den man selber gar nicht gehen wollte. Ich habe gemerkt, es hat dann keinen Sinn, diese Antwort wegzuschubsen.

Gottes Wege sind unergründlich, und ich weiß jetzt, wenn er dir einen Weg bereitet hat, dann musst du den gehen, denn dieser ist der richtige. Es ist oft nicht der Weg, den die Außenwelt vielleicht von einem erwartet, aber gewisse Antworten, die kommen immer wieder, wo man genau spürt, dass Gott das will. Dann kommt man nicht drumrum, das einfach auch zu machen. Es hat einfach keinen Sinn, sich dagegen zu verschließen. Das hat einfach keinen Sinn.

Nachwort

Ich hatte es mein Leben lang mit Booten. Große Schiffe haben mich schon immer fasziniert. Aber auch kleine, die still im Wasser lagen. Und ich liebte Steine. Steine auf Haufen. Steine auf Wegen. Steine im Wasser. Steine in Häusern. Manchmal verschließen Steine auch Türen. Habe ich immer darauf gewartet, dass mein Leben irgendwann anfängt? Als Kind fand ich auf einer Insel – ihr Name ist nicht von Bedeutung – am Strand einen grauen Stein. „Sieht aus wie ein Schaf!", dachte ich. Ich hielt ihn scharf auf den Strich unterm Himmel, schob ihn in meine Anoraktasche und schaute weiter aufs Meer.
Sehnsucht. Nachts lag ich oft wach im Bett und zählte Schatten. Nichts Besonderes. Ich denke, das machen alle großen Leute, wenn sie klein sind. Warten auf den Morgen, mit all diesen vielen Fragen, die wir in die Schatten werfen. Eines Tages stand ich auf mit der Gewissheit, einer Antwort nachzujagen: „Ich glaube daran, dass es etwas gibt, was größer ist als wir selbst!". Tausendmal die Nase aufgeschlagen, immer Lebenshunger, Liebe gesucht, Hände aufgerissen ... unerfüllt. Den Stein habe ich heute noch. Die Gewissheit blieb.
Mit sechzehn dann weg von zu Haus. Hochschule in Rostock. Wieder am Meer. Das Kind wurde Schauspielerin. Beruflich im Osten eine Nische, in der Sehnsucht, Freiheit und Träume gelebt werden durften. Zehn Jahre Engagements an verschiedenen Theatern. Applaus. Erfolg macht noch lange nicht glücklich. Zwischendurch die Wende. Ich erlebte sie bei Proben für ein Bühnenstück für Kinder. Die Maueröffnung zerbrach ein Weltbild, öffnete Türen, verschloss alte Horizonte. Grelle Farben statt grau. Farben. Im Westen aß ich zum ersten Mal Kiwis. – Ich begann zu schreiben, zu malen, dachte, ich

muss doch Frieden empfinden, bei allem, was ich tue. Bleibt das aus, dann muss ich doch gegen alle gefundene Sicherheit hin zur Sehnsucht in meinem Herzen zurück, im Haus des Lebens weiter wandern.

Ausstieg aus dem Beruf. Verschiedene Jobs. Ich suchte Lebenssinn. Glück. Ich zog mit meiner Tochter nach Berlin. Ging Irrwege, Umwege, verstrickte mich im Geflecht ungeglückter Beziehungsstrukturen. Mein Menschsein umfing Leere. Damit war ich nicht allein. Irgendwann fing ich an, in der Schublade zu kramen, in der der Stapel kleiner bunter Bücher lag. Sie hatten verschiedene Größen und verschiedene Einbände. Manche hatten viele beschriebene Seiten und in manchen standen nur wenige Worte. Meine Tagebücher. Jedes eine Metapher für einen Neuanfang. Jedes ein Atem. Jedes eine Sehnsucht.

Selbst bin ich im Jahr 2000 getauft. Alle esoterischen Richtungen erfüllten mich nicht. Ich hatte gesucht in verschiedenen Religionen. War gereist. Die Türen führten immer in Sackgassen. Wo ich auch hinging, das Netz von Sinnfragen klebte an meinen Fuß. Im Frühjahr 2000 saß ich in meiner Wohnung mit einer Freundin beim Frühstück. Sie erzählte von ihrer großen Liebe, ein Afrikaner, den sie in der U-Bahn kennen gelernt hatte. Sie würden auf seine Aufenthaltsgenehmigung warten, um zu heiraten. Die Volontariatsstelle in Jerusalem könne sie nun nicht annehmen. Ich stellte die Teekanne hart auf den Tisch und hörte mich sagen: „Kann ich nicht für dich fliegen?" Zwei Monate später war ich in Jerusalem. Arbeit in einem katholischen Pilgerhaus. Nach fünf Stunden wollte ich abreisen. Ich bin doch geblieben.

Das Paulushaus befindet sich gegenüber dem Damaskustor. Natürlich wusste ich um die Konflikte im Heiligen Land. Wonach ich mich sehnte, war Ruhe. Was ich dort fand, war alles andere. Ich arbeitete bei den Schwestern, und wenn ich frei hatte, versuchte ich herauszufinden,

was mich in diesem Land so eigenartig berührte. Kein Land, das ich bereist hatte, trug in seinem Innern soviel Aggression und keines so viel Liebe. Ein Land, das seine Heimat sucht. Heiliges Land? – Alle hatten irgendwie einen „Draht zu Gott", und ich fragte mich: „Warum spricht er nicht auch mit mir?" – Die Schwestern stellten mir die Räume eines Naturkundemuseums zur Verfügung. Räume mit Geschichte. Geschlossen. Mein Atelier. Nachts, wenn es draußen zu laut war, um zu schlafen, habe ich gemalt. Kreide. Mit den Fingern direkt aufs Papier.
Irgendwann gab mir jemand seine Bibel. Ein zerlesenes kleines Buch mit vielen bunt markierten Zeilen. Farbe. Lachend fragte ich: „Da also soll drin stehen, was hier vor 2000 Jahren passiert ist?" – Das war am See Gennesaret zwischen Tabgha und Kapernaum. Steine am Wasser. Zwischen den Steinen lag Müll. Hinten am Horizont Syrien. Die Golanhöhen. Ich begann zu lesen, lange, mittags, bei 44 Grad Hitze. „Leg deinen Krimi endlich weg und komm rein!" – Ich ging ins Wasser. Es war angenehm kühl. Mich berührte etwas. Ich wusste nicht was. Später in der Brotvermehrungskirche in Tabgha sah ich das Mosaik am Boden. Vor Jahren hatte ich ein Bild gemalt. Drei Häuser, ein Mensch und ein blauer Fisch. „Sieht aus wie ein Kinderbild", hatte ich gedacht, und ich wollte es eigentlich wegwerfen. Und jetzt strahlte vor meinen Füßen „ein kleiner blauer Fisch". Immer war für mich klar gewesen: die Bibel ist ein Märchen. Hier holte mich etwas ein. Meine Seele fühlte sich an wie ein Reibeisen. Hier begegnete mir jemand. Hier kam jemand auf mich zu. Wer war dieser Jesus?
Ich begann in die Frühmesse der Schwestern zu gehen. Ich wunderte mich über die Gesten und das „Auf und Nieder". Wie Sportübungen, dachte ich. So fremd. Mit wem sprechen die? Wen lieben sie so, dass sie ihn anbeten, und was macht sie scheinbar so glücklich?

Irgendwie fing ich damals an zu beten, weil das alle taten. Eine Woche vor meiner Abreise sagte der Pfarrer auf dem Gang zum Speisesaal: „Wenn Sie wollen, kann ich Sie taufen." – „Was soll sich denn ändern, wenn Sie mich mit dem Wasser überschüttet haben?", und er meinte: „Das werden Sie merken. Das kommt von innen!" Offenheit.
Zwei Tage später fuhr ich mit ans Tote Meer. Missionsgottesdienst. Eigentlich wollte ich baden. Stattdessen saß ich im Klubraum eines Kurheims, in dem ein deutscher Gottesdienst stattfand. Nach dem Raum musste ich suchen. Das Haus war groß und um mich herum hörte ich viele Sprachen. Kurz vor Beginn kam eine Frau in den Raum. Sie ging zum Pfarrer und bat, eine Meditation vorlesen zu dürfen. Der verzichtete dafür auf die Predigt. Und da waren sie plötzlich da, diese Worte, die endlich in meine Fragen griffen. Was ich aus den Worten der Frau erinnere, ist: „Als du einsam warst, hielt ich deine Hand, aber du spürtest sie nicht. Als du nach mir schriest, fielen deine Worte in mein Gesicht, aber du hattest keine Augen, mich zu sehen. Als du krank warst, habe ich vorsichtig deine Stirn kühlen wollen, aber du vergrubst sie in deinem Kissen. Als du weintest, habe ich dich trösten wollen, aber dein Herz wollte mich nicht hören. Als du endlich voll Bitternis deinen Spiegel zerschlugst, habe ich die Scherben zerstreut, damit du dich nicht schneidest."
Es war schon dunkel, als wir mit dem klapprigen Auto nach Jerusalem zurückfuhren. Die Schwester hielt auf dem Beifahrersitz lachend ein Thermometer aus dem Fenster und freute sich, wenn es dem Pfarrer gelang, durch die Fahrtgeschwindigkeit die Gradzahl zu senken. „Sind die verrückt oder bin ich es?", dachte ich, aber ich fühlte: Ich fahre nach Hause. Hatte Jesus mein ganzes Leben vergeblich versucht, mich anzusprechen? War er

mir geduldig nachgelaufen? Hatte er sich immer wieder beschimpfen, anklagen, wegstoßen lassen – bedingungslos liebend, ohne auch nur eine Antwort von mir zu erhalten? Nach all den Jahren fühlte ich seine Arme und sah ihn endlich an. Exodus: „Ich öffne dir das Meer, hindurch gehen musst du allein."

An einem Freitagmorgen kurz vor der Abreise lernte ich das „Vater Unser" auswendig. Abends erhielt ich die Taufe und am nächsten Morgen die erste Kommunion. Mittags saß ich im Flugzeug mit einer Plastikflasche in der Hand, in der sich mein Taufwasser befand. Drei Stunden später stand ich an einem Förderband auf dem Flughafen Berlin-Tegel und wartete auf mein Gepäck. Es regnete, als ich aus dem Gebäude trat. Ich war bepackt wie ein Esel. Ein unbekannter Mann fragte: „Darf ich Ihnen die Taschen zum Taxi tragen?" Er hatte für jemanden eine Rose in der Hand. Zum Abschied winkte ich ihm lachend zu. Wasser an den Scheiben. Der Taxifahrer war Ausländer. Araber. Wir fuhren in die Stadt, und ich wusste: „Mein ganzes Leben hat sich verändert". Alle Uhren standen still, und ich vertraute auf dieses Wort: „Das kommt von innen!" Zu Hause suchte ich nach dem Stein, den ich als Kind am Strand gefunden hatte. Ich hielt ihn ins Licht und dachte: „Der sieht wirklich aus wie ein Schaf!"
Die einzige Sprache, in der Gott mit uns sprechen kann, ist die Sprache der Liebe. Sie hat viele Farben und viele Namen. Öffnungen im Meer. – „Wenn das Weizenkorn nicht in die Erde fällt und stirbt, bleibt es allein, wenn es aber stirbt, bringt es reiche Frucht" (Joh 12,24). Mein Taufspruch. Sterben wir um zu leben? – Mein Leben stand „Kopf". Kein Stein blieb auf dem anderen.
In Deutschland kannte ich niemanden, der katholisch war. Meine Tochter hielt mich für „verrückt". Ich suchte

wieder Anschluss unter Christen. Manchmal nicht gerade leicht. Das wäre eine Geschichte für sich. Erstaunt stellte ich fest, wie viele Facetten die „eine, heilige, katholische und apostolische Kirche" hat. Ein buntes Bild auch hier. Ich suche immer noch – aber nicht allein ... Gott, wo bist du zu Hause? Ich kam mir vor wie in einem Labyrinth.

Würde man mich fragen: „Wie kann ich Gott finden?", würde ich antworten: „Bete einfach!" Die Gnade in unseren Herzen wartet ein Leben lang, um endlich angenommen zu werden. Tief auf dem Seelengrund weiß jeder Mensch von der göttlichen Antwort. Dort findet Glaube zur Gewissheit. Im Alltäglichen warten Glück und Lebenssinn. Und von dort finden Menschen die Kraft, aufeinander zuzugehen, die sich in den Konsumtempeln unserer Zeit oder sonstwo verloren haben. Die Zeugnisse dieses Buches sind auf ihre Art Antwort auf das Wort der Bibel, „bereit zu sein zur Verantwortung jedem gegenüber, der Rechenschaft von euch fordert, über die Hoffnung, die in euch lebt" (1 Petr 3,15). Und dafür muss man nicht Theologie studieren. Wenn es denn auch nicht schadet.

Ich lief auf Steinen, rechts war Meer und links war mehr Land. Mein Schuh war es, der sich derb einen Weg schob, hob, in kleine Mulden trat mit Sand und kleine Kiesel vergrub in die noch kleineren. Wasser, das spült. „Und da findet sie keiner mehr", dachte ich wütend. Hier findet mich keiner mehr. Hier bin ich im Meer. Hier bin ich weiter als mein Haus, und mein Arm legte sich flach auf das Meer und „wir" tranken. Das ist unser Geheimnis. Ich wusste mit dem Lamm, das ich fand, nichts anzufangen, aber es sah so schön aus. Meine Hand umschloss den Stein und ich steckte mit dem Meer Liebe in meine Anoraktasche. Ich ging weg von dem Strand, und das Lamm vergrub ich in meinem Schrank. Viele

Schubladen, Kartons und Wohnungen hat es gesehen. Gespräche belauscht, Tränen gehört, und es hat stumm gewartet. Manchmal hielt ich es weit in die Höhe und sagte: „Guck mal, das sieht doch aus wie ein Schaf!" Ich sah in sein Auge und legte es zurück in sein Versteck. Viele Jahre lag es in der Falte meines inneren Meeres. Ich suchte nach Liebe, landeinwärts und verstand seinen Blick nicht. Sein Auge sah immer in die gleiche Richtung, aufs Meer. Das Schaf schaute land-auswärts einen Spalt ins Wasser, ein enges Tor, eine hohle Gasse. Ich schlief, und als ich aufwachte, lag ich am Ufer, immer noch.

Die einzige Sprache, in der Gott mit uns sprechen kann, ist die Sprache der Liebe. Sie hat viele Farben und viele Namen. Einmalig, unwiederholbar ist jeder seiner Versuche, uns Menschen anzusprechen. Jedes Leben schreibt so seine eigene Liebesgeschichte. Eine Geschichte, die diesem Buch hinzuzufügen wäre ...

Sylvia Wolff